Texte zum Dokumentarfilm 4

herausgegeben vom
Europäischen Dokumentarfilm Institut

W0109560

Kaja Silverman / Harun Farocki

Von Godard sprechen

mit einem Vorwort von Hanns Zischler

aus dem Englischen von
Roger M. Buergel

arte
EDITION

Vorwerk 8

Texte zum Dokumentarfilm 4
herausgegeben vom
Europäischen Dokumentarfilm Institut (EDI)

Redaktion: Lars Henrik Gass

Der Verlag dankt der Kulturstiftung
PRO HELVETIA
für die Gewährung eines großzügigen
Übersetzungszuschusses

Erschienen in Zusammenarbeit mit
ARTE Deutschland GmbH

Stills Marian Stefanowski

Die Deutsche Bibliothek - CIP-Einheitsaufnahme
Silverman, Kaja:
Von Godard sprechen / Kaja Silverman / Harun Farocki.
Mit einem Vorw. von Hanns Zischler. Aus dem Engl.
von Roger Buergel. - Berlin : Vorwerk 8, 1998
(Texte zum Dokumentarfilm ; 4) (ARTE-EDITION)
ISBN 3-930916-18-5

© 1998 Verlag Vorwerk 8, Berlin
2. Aufl. 2002
Gestaltung: M. Alatur, Hamburg
Typografische Modifikation und Satz: M. Roggemann (osthafen-DESIGN), Berlin
Druck: Elbe Druckerei Wittenberg GmbH

ISBN 3-930916-18-5

Inhalt

Hanns Zischler

Dialog mit einem Dritten

Mit meinem Assistenten hab ich mir gesagt: keine Ahnung, was wir machen sollen, der Vertrag ist unterzeichnet, es gibt einen Titel, ein Drehbuch und eine Geschichte, die endlich einmal einen Schauspieler und einen Produzenten begeistert hat. Aber die Geschichte dauert einfach nicht länger als zwei Minuten, und ein Spielfilm muß neunzig Minuten dauern. Also, habe ich mir mit meinem Assistenten gesagt: pack' alle Romane zusammen, die du magst, ich leg meine dazu; bleiben noch etwa zwanzig Minuten; also, schlag nach bei Hemingway, Faulkner, Gide und nimm von denen noch Sätze. Und heute weiß man von Dreiviertel der Sätze überhaupt nicht, von wem sie stammen. Vor allem, weil sie in einigen Fällen etwas abgeändert wurden. Das ist der Grund, warum ich nicht im Abspann auftauche. Nicht ich habe den Film gemacht. Ich bin nur dessen bewußter Organisator.

Jean-Luc Godard

Zitieren.

Im Anfang war das Zitat. Das »aus dem Zusammenhang gerissene« Wort nicht weniger als das einzelne, das vereinzelte Bild, das immer schon ein Zwischenbild ist. Das zerrissene Zitat. Godard behandelt mitunter, als sei dies möglich, Bilder wie Wortzitate, ja selbst »Natur« erscheint zitierbar (so in *Nouvelle vague*) wie eine Gedichtzeile. Aufgeschnappt, festgehalten, eingerückt. Zwischen andere. Er schiebt die Wörter zwischen die Bilder (und umgekehrt) und sprengt damit die narrative Klammer, die Konvention der Zwischentitel, indem er diese autonom setzt. Wie ein Typograph. Mise en scène, mise en page, mise à l'écran. (Und er zeigt uns damit, jedesmal auf neue, welche Kraft in der Flammenschrift des stummen Films brachliegt.)

Er läßt die Wörter aus dem Setzkasten springen, und wir betrachten ihre allmähliche Verfertigung wie die geisterhafte Schrift an der Wand von Nebukadnezars Halle. Als würde ein Plakat vor unseren Augen gedruckt, um uns unmittelbar zu affizieren. Die forcierte Nähe zur *publicité*, die willkommene ›Verunreinigung‹ und Überdeterminierung der puren kinematographischen Bilder, hat uns früh gelehrt, auf die unentrinnbaren Anleihen zu schauen, und Godards Reflexion (seine sichtbare und seine unsichtbare Arbeit) hat uns gezwungen, die materiellen Reflexe einer bis dahin verpönten Ästhetik miteinzubeziehen.

Doch sind diese Setzungen und wiederkehrenden Frakturen nie nur geistvolle Bilderrätsel, deren Auflösung am Ende das eine, verheißungsvolle Wort freisetzen würde, in das die voraufgehenden Wörter und Bilder als Verlustmasse eingegangen und verbrannt sind. Vielmehr sind sie selbst die heterogenen Elemente, deren Komposition (Montage / Schnitt) erst den Blick auf die darin verarbeitete und produktiv entstellte Erinnerung freigibt. So entsteht ein neuer Zusammenhang, der die voraufgegangene Zerreißung noch als Spur bewahrt.

*

Die Tautologie, daß ein Film aus Filmbildern (und -tönen) besteht, nimmt bei Godard schon sehr früh und mit jedem neuen Film mehr eine nachgerade dialektische Volte. Denn die Bilder des Kinos sind seit je mehr und anderes als Ab- und Nachbilder einer äußeren, chronologischen Geschichte. Sie sind und signieren die Geschichte nicht weniger, als die Geschichte sich in ihnen konstituiert. Godard rezitiert vergangene Filmbilder (die eigenen und die fremden) direkt oder metamorphotisch und montiert (»schneidet«) so die Tagesreste der Film-Geschichte zu einem (Tag-)Traum vom Kino.

Wenn er in den sechziger Jahren beispielsweise an die Gesichtsobsessionen der frühen Bergmann-Filme anknüpft oder Menschen in öden Landstrichen exponiert wie vor ihm nur Antonioni, dann wiederholt er damit nicht nur deren Gestus, sondern bekräftigt einen neuen Kanon des Schönen (und Illusionären).

Er produziert Vexierbilder, die immer wieder umschlagen aus dem Fiktiven ins Dokumentarische, aus dem amerikanischen Kino in die Nouvelle Vague (*Made in U.S.A.*), aus den Vor-Bildern ins eigene biographische Bild. (Auf die Spitze getrieben vielleicht die Schauseite seiner Liaison mit Anna Karina: *remake* des Filmpaars Josef von Sternberg / Marlene Dietrich; doch daneben auch die Karina als Lilian Gish ...)

Über die Jahre und Filme kehren die Bild-Zitate (und Zitatbilder) wieder wie revenants, sie re-generieren sich wie von selbst – so wenn der unsterbliche Lemmy Caution sein Feuerzeug in *Alphaville* ›prometheisch‹ aufflammen läßt wie in einem Film Noir. Und wenn, 25 Jahre später, derselbe Caution als der schon moribunde Eddie Constantine (jetzt aber, *mise à nu*, seines Huts und seiner Perücke beraubt) dies in *Allemagne neuf zero* wiederholt – wie einst in *Alphaville*. Oder wenn eine *Stimme* (aus dem Off, dem Orkus, dort wo der Erzähler hockt) den Geist und die Geister des deutschen Stummfilms beschwört: Nosferatu.

Filmbilder, die im Lauf der ebenso rezenten wie unermeßlichen Film-Geschichte entstanden sind, bilden mitunter, bewußt oder unbewußt, ein Echo, ein entstelltes Bild, eine Metamorphose von etwas früherem. Wie zum Beispiel das Bild der unverlierbaren Geliebten, das Bild der getöteten Nana S. Diese sehr lange *Einstellung / Schuß* (*prise, shot*) scheint für Augenblicke die Montage aufzuheben. Diese Film-Tote ist nicht nur mit Poes *Oval Portrait* assoziiert, sondern auch mit der Legende, Tintoretto habe seine tote Tochter, den Leichnam seines eigenen Kindes gemalt (wofür es, einer Gegenlegende zufolge, keinen stichhaltigen Beweis gibt).

*

Zeichnen und Ausstreichen.

Bemerkenswert sind die Methode und das zeitliche Schema, deren sich Godard bei der Vorbereitung seiner Bildkompositionen bedient. In ein großes, kariertes Heft schreibt er neben ein leeres, briefmarkengroßes Rechteck einen Satz, einen Dialog, ein Zitat, einen Spruch, dann zeichnet er das Bild in den Rahmen. Man könnte es ein storyboard nennen, wenn damit nicht ein homogenes, auf narrative Kontinuität drängendes Ensemble gemeint wäre. Eher ist es ein Emblem, die verdichtete Fassung des kommenden Bild-Tones, dessen erste Spur. Ja, mehr noch ist es, wenn dieses verrückte Bild erlaubt ist, der Umriß einer Metapher. Es die Gleichung und der Bruch von Signifikat und Signifikant. Und kaum sind dieses Bild und dieser Ton hergestellt (»gedreht«), wird die Vorlage zügig und vehement durchge-x-t. Unwiderruflich vollzogen. Auslöschung und Kennung der Zeichnung: das x selbst liegt wie das Bild eines Strahlengangs über dem Gezeichneten und Geschriebenen, das in den Kasten, die camera obscura befördert wurde. Kinematographie *in nuce.*

*

MONTAGE, *s.m.*(...) Action de disposer dans l'ordre
voulu les pièces d'une machine.
Littré, 1875

Montieren.

Die Film-Montage ist die einzige und genuine Erfindung des Kinos, sie ist die ›Antwort‹ auf den Perspektivzwang der kanonisierten Malerei, und nur ihr gelang die Neuerfindung und die Veräußerlichung des Romans. (Die Literatur hat nicht weniger auf die Kinematographie geschielt als die Malerei auf die Photographie.) Für Godard ist die Montage die Manifestation der sinnhaltigen Zusammenhanglosigkeit. Auf der sichtbaren Ebene hält die Bilder, die Einstellungen ein narratives Band zusammen, während sie gleichzeitig an einen Bildfonds appellieren, der auf ihre Vorgeschichte, die – unsichtbaren – Vor-Bilder verweist. Die Montage will, daß der Film, wie Thomas es von seinem Herrn fordert, die Wunden der Erzählung und der Geschichte zeigt.

*

Die Filmstars repräsentieren das Licht oder etwas,
das schon vorbei ist und dessen man sich in einer bestimmten
Weise bedienen muß.
Jean-Luc Godard

Die Leidenschaften werfen uns um. Aber die französische Syntax
ist unkorrumpierbar.
Rivarol, nach Godard.

Von sich absehen.

Und trotz dieser unabweisbaren Verknüpfungen und auffälligen Evidenzen (Anspielungen und Echos von Anspielungen) in seinen Filmen gibt es kaum einen Cineasten, der sich so wenig für das zurückliegende, das gerade abgeschlossene Werk interessiert wie er. Er fängt in einem elementaren Sinn mit jedem neuen Film bei Null an. (So wie er jeden Film, einem Gerücht zufolge, mit dem Budget des nächsten finanziert.) Und an diesem Nullpunkt erscheinen die Stars in einem schon wie verbrauchten Licht. Die Stars (mit Ausnahme von Anna Karina) – Belmondo / Delon / Seeberg / Dutronc / Detmers / Rolling Stones / Jane Fonda, etcetc. – stehen für bestimmte ikonisierte Leidenschaften. Ihr Habitus braucht nicht neu entwickelt oder begründet zu werden. Es genügt, ihn zu exponieren. Ihre Gesichter, genauer gesagt deren photogener Part, liefern das cliché für den Prägestempel des Starsystems, dessen Negativ in Godards Filmen durchscheint.

Godards anti-narzißtischer und experimenteller Furor bewirkt, daß seine Filme in einem Maße uns überlassen und von uns weitergedacht werden können wie kaum je Filme anderer *Produzenten*. Im Gestus der Herstellung, in der Vedichtung und Überdeterminierung von Bild / Zeichen / Ton und dem *Zeigen der Montage* wie einer enträtselten Sprache wird die Perspektive des künftigen Betrachters mitinszeniert.

Jeder seiner voraufgegangenen Filme ist nicht mehr als, aber eben doch die eiserne Ration des künftigen (und des Künftigen).

Musik sehen.

Die polyphone Musik (Bachs und des späten Beethoven) ist die rätselhafte und stets erneuerbare Energie, welche die Statik, die Vertikalität, das hieratisch Stehende in die Fließbewegung des Horizontalen zwingt und gleichzeitig die Überlagerung mit sich selbst, ihren kalkulierbaren Taumel hervorbringt. Sie eröffnet jene (Zeit)Bewegung, in der auch die Filmbilder fließen. Die so zitierte Musik beschleunigt oder verlangsamt den Fluß der Bilder und macht ihn auf paradoxe Weise sichtbar. Musik nimmt bei Godard die Form einer Sehhilfe und mitunter eines Sprachersatzes an — als müßte die Sprache mitunter erlöst werden von ihrem Benennungszwang. Nicht zufällig »zitiert« Godard, wenn er seine Entfernung von konventionalisierten Sprachformen demonstrieren will, Francis Ponge.

Wenn er sagt, er improvisiere, so kann man das auch in dem zunächst ganz unerhörten Sinn verstehen, daß er die Dinge so lange und so beharrlich vor der tradierten Erzählung bewahrt, bis jene Fermate eintritt, deren großer éclat in dem Ausruf des Gärtners Jacques Chardonne in *Nouvelle Vague* sich Luft verschafft: »Sei still. Laß für einen Augenblick die Dinge ohne Namen.« Und dann spricht die Musik.

*

Who is the third who walks always beside you?
T.S. Eliot

Die Arbeit von Kaja Silverman und Harun Farocki erschließt und erweitert durch beharrliche dialogische Betrachtung, Nacherzählung,
Kommentar und Analyse den Gestus, der Godards Filmproduktion
selbst innewohnt: *recherche* — Suche und Forschung. Die in seinen
Filmen immer wieder intendierte Verlangsamung wird hier zum Anlaß
der Vertiefung durch den Text genommen. Das Ausmaß dieser Forschung ist nur stereoskopisch zu fassen: was der Filmemacher (HF)
›von innen‹ aufschließt, läßt im Licht theoretischer Reflexion (KS) einen Kontext erkennen, der dem bloß cineastischen Blick verborgen
bleiben müßte.

Als hätten sie auf ihrer weiten Forschungsreise durch die Fließ-
bilder Echolote zur Verfügung gehabt, holen sie aus den Tiefen der
Filme erstaunliche Fundstücke, die an der Oberfläche zusammengesetzt (›assoziiert‹) das große Puzzle von Fragen ergeben, das diese
Filme von jeher so irritierend macht — eben weil es Filme sind, deren
Schluß und Ende nur der unabschließbaren Betrachtung gelingen kann.
Schritt für Schritt befreien sie Godards Filme vom Stigma des Her-
metismus. Wir sollten ihnen zuhören, um Godard besser sehen zu
können.

Nana ist ein Tier

Vivre sa vie (1962)

HF: *Vivre sa vie* (1962) besteht aus zwölf Kapiteln. Sie erzählen die Geschichte von Nana (Anna Karina), einer jungen Frau, deren Schönheit, wie Patricia Highsmith sagen würde, gefährlich ist – allerdings nur für sie selbst. Alle möglichen Typen, Zuhälter wie Künstler, sehen in Nanas Erscheinung die Verkörperung ihrer Träume. Das macht es Nana schwer, ihr eigenes Leben zu leben.

KS: Zu Beginn des Films arbeitet Nana in einem Schallplattenladen als Verkäuferin. Doch ihr Lohn reicht nicht einmal für die Miete. Sie träumt ein bißchen davon, Film- oder Theaterstar zu werden, rutscht aber ziemlich bald in die Prostitution ab. Wie das in Filmen nun mal so ist, wird sie von Raoul, ihrem Zuhälter (Sadt Rebbot), nicht sonderlich gut behandelt. Wen wird es überraschen, daß sich Nana verliebt und beschließt, von Raoul loszukommen? Bevor ihr das gelingt, wird sie von Raoul an ein paar andere Zuhälter verscherbelt. Es entbrennt ein Streit, bei dem Nana von Raoul und einem der anderen Zuhälter en passant erledigt wird. Der Film endet mit einer zweiminütigen Großaufnahme ihrer Leiche. In der deutschen und amerikanischen Fassung wurde diese Einstellung brutal auf ein paar Sekunden gestutzt.

HF: Zwischen den, aber auch innerhalb der zwölf Episoden kommt es zu Auslassungen, die nie erklärt werden. Weder wird das Unwichtige einfach fortgelassen noch ein entscheidender Vorgang, indem man ihn nicht zeigt, in seiner Bedeutung hervorgehoben. Wie in Dokumentarfilmen erscheinen hier die Auslassungen so, als könne der Autor nichts dafür. Mit ihrer Hilfe lassen sich Dinge ausdrücken wie: Während der nächsten zwei Wochen haben wir unsere Heldin nicht zu Gesicht bekommen. Als wir ihr dann wieder begegneten, war sie ... Was wir sehen, wirkt dadurch mehr wie ein vorgefundenes Fragment und weniger wie etwas, das produziert wurde. Die Folge ist, daß keine Szene einer anderen untergeordnet ist. Im Gegenteil, jedes Geräusch und jedes Bild hat gleichen Rang. Das muß unsere Analyse respektieren.

Vorspann

KS: Die drei Einstellungen, auf denen die Credits liegen, zeigen uns Nanas Kopf zunächst im Linksprofil, anschließend frontal und dann von rechts. Bei jeder dieser Einstellungen werden Nanas Hals und die Ränder ihres Profils beleuchtet. Nur ihr Gesicht bleibt tief im Schatten verborgen. Indem die Kamera drei unterschiedliche Positionen filmt, versucht sie, das Geheimnis, das diese Dunkelheit suggeriert, zu durchdringen.

HF: In dieser Sequenz wird die Ausleuchtung wie bei der künstlerischen Porträtphotographie eingesetzt. Nanas Gesicht wird zum Bild. Allerdings weist diese Sequenz ein Merkmal mit auffallend dokumentarischem Charakter auf: die weißen Flecken am Ende der Einstellung. Aus einem Spielfilm würden solche Blitzer normalerweise herausgeschnitten, während sie im Dokumentarfilm die Wahrhaftigkeit des Bildmaterials steigern. Deswegen, aber auch weil die Kamera so sehr bemüht ist, den Blick auf Nanas Gesicht vollständig wiederzugeben, bekommen diese Einstellungen den Charakter von Polizeiphotographien oder einer physiognomischen Untersuchung. Sie sind die Dokumentation eines Gesichts.

KS: Weil diese drei Einstellungen aus dem Vorspann das Gesicht dokumentieren, richtet sich der Film stärker auf Karina als auf Nana. Das Geheimnis, das er auslotet, liegt in der Schauspielerin und weniger in der Figur. Nun sind diese Bilder aber nicht rein dokumentarischer Art; zugleich sind sie Elemente eines Spielfilms. Es wäre also zutreffender, wenn man sagt: hier geht es um Nanas Geheimnis *als Geheimnis von Anna Karina*. Insofern sind die drei Einstellungen emblematisch für den gesamten Film. Stärker als irgendein anderes Werk belegt *Vivre sa vie* den Wahrheitsgehalt von Godards Behauptung: »Ein Schauspieler existiert unabhängig von mir (...) ich versuche, diese Existenz einzusetzen und die Dinge um sie herum Gestalt annehmen zu lassen, so daß er weiterhin existieren kann« – in der Rolle, die er spielt.[1] Allerdings legitimiert Godard Nanas »Wahrheit« nicht mit Hilfe der »Wahrheit« von Anna Karina, da er, wie auch Brecht, das *method acting* verabscheut. Statt dessen pflegt er von seinen Schauspielern einzufordern, daß sie mit ihrer »Wirklichkeit seine [Fiktion] untermauern«.[2] Während Godard die Kategorie »Wirklichkeit« von Film zu Film anders konstruiert, scheint sie in *Vivre sa vie* soviel wie »Seele« zu bedeuten.

HF: Wie bei einem Paßphoto wird hier vorausgesetzt, daß Karinas »Wahrheit« in ihrem Gesicht liegt – oder, genauer noch, in ihren Augen. Godard scheint die alte Redensart zu beherzigen, wonach die Augen das Fenster zur Seele sind. Mehrfach studiert die Kamera Karina in diesem Sinne. Manchmal schaut sie zurück. Indem sie den Blick erwidert, kann sie sich zwar schützen, zugleich aber wird sie vorgeführt.

KS: Über die letzten drei Bilder des Vorspanns schreibt Godard die Maxime von Montaigne: »Il faut se prêter aux autres et se donner à soi-même« [Man muß sich den anderen hingeben und sich selbst treu bleiben].

HF: Für mich bedeutet das so viel wie: Besser, du gibst hier auf Erden auf dich acht, denn da ist keine höhere Macht, die das für dich übernehmen wird, und auch kein Himmel, in dem deine Tragödien wieder ausgebügelt werden.

KS: Die Untertitel der englischen Übersetzung von *Vivre sa vie* geben die Maxime wieder als: »*Lend yourself to others and give yourself to yourself*«, wodurch das Selbst gegenüber den Anderen privilegiert wird. Wörtlich übersetzt, müßte es eigentlich heißen: »*One must lend oneself to others and give oneself to oneself*«. Die in der englischen Übersetzung ausgedrückte Hierarchie zwischen dem Selbst und den Anderen fiele damit weniger starr aus. In einem Interview zum Film gibt Godard dann allerdings eine Erläuterung zu Montaignes Maxime, die deren Bedeutung völlig auf den Kopf stellt. Er sagt: »*Vivre sa vie* ist der Beweis für Montaignes Behauptung, daß man sich um die anderen, und nicht nur um sich selbst kümmern muß.« Mit dieser Erläuterung schwindet nicht nur die Unterscheidung zwischen »lend« und »give«, sondern vor allem werden die Anderen gegenüber dem Selbst privilegiert. Dieses produktive Mißverständnis wird für unser Verständnis des Films entscheidend sein.

I
Ein Café. Nana will Paul verlassen. Der Flipperautomat

KS: In der ersten Einstellung des eigentlichen Films sitzt Nana / Karina, uns den Rücken zugewandt, an der Theke eines Lokals. Wir bekommen ihr Gesicht von der Seite zu sehen, die im Vorspann als einzige nicht gezeigt wurde. Damit haben wir ihren Kopf von allen Seiten erkundet. Zugleich verschiebt sich unsere Wahrnehmung fast unmerklich von der Schauspielerin auf die Figur, und wir gleiten aus der Dokumentation in die Fiktion.

HF: In den meisten anderen Einstellungen dieser Szene sieht man abwechselnd Nana und den von ihr getrennt lebenden Gatten Paul (Andre S. Labarthe). Beide sitzen, mit dem Rücken zur Kamera, an der Theke des Lokals. Im Spiegel vor ihnen kann man manchmal Nana erkennen; einmal erhascht man auch einen Blick auf Paul. Weil ihre Gesichter nicht gezeigt werden, kommt es in dieser Szene zu einer interessanten Trennung von Ton und Bild. Das Gespräch scheint nicht von den Figuren auszugehen; die Worte, die Paul und Nana sprechen, schweben über ihnen, ohne jede körperliche Verankerung. Ihre Unterhaltung an der Theke dauert vielleicht zwanzig Minuten, umfaßt aber Ereignisse aus drei oder vier Jahren. Wir erfahren, daß sie ein Kind haben, das bei Paul geblieben ist; daß Paul ständig abgebrannt ist; daß Nana in einem Plattenladen zu arbeiten begonnen hat, aber Neigungen zum Showgeschäft verspürt; und daß sie angefangen hatte, Englisch zu lernen, damit aber bald wieder aufhörte, anders als Paul, der bei seiner Musik geblieben ist. Jahre des Streits verdichten sich in den bitteren Worten, die sie miteinander austauschen, vor allem in Nanas »Es ist doch immer dasselbe« und »Ich würde dich glatt wieder betrügen«.

KS: Wir entdecken auch einen wichtigen Zug an Nana: Wir lernen, daß sie als etwas Besonderes gelten will. Paul ist in dieser Hinsicht eine Enttäuschung; er denkt, daß »alle gleich sind«.

HF: Zweimal wird in der Szene auf kreative Weise von der Überlappung Gebrauch gemacht: Beim Drehen läßt man oft den letzten Satz der vorigen Szene am Anfang der nächsten wiederholen, um beim Schnitt mehr Spielraum zu haben. Bei Godard nun erscheinen solche zweimal gesprochenen Worte zweifach im Film. Unmittelbar bevor Nana sich beschwert, daß Paul in ihr nichts Besonderes erkennt, sagt sie zweimal: »Du bist gemein, Paul« – einmal, als wir auf seinen Rücken, und ein weiteres Mal, als wir auf ihren Rücken schauen. Kurz darauf, nachdem Paul gemeint hatte, daß seine Eltern sie mögen, antwortet Nana: »Darauf möcht' ich wetten.« Wir sehen sie aus dem Bild in seine Richtung schauen, als sie fragt: »Was soll dieser Blick?« Einen Moment später, jetzt schaut Paul in ihre Richtung aus dem Bild, stellt sie ihre Frage noch einmal. Diese Wiederholungen sind ein bißchen wie Bildsprünge, mit deren Hilfe das fiktive Moment der Erzählung unterstrichen wird. Dazu kommt, daß Paul und Nana die Worte betonen, indem sie diese zweimal äußern: als seien die Worte von solcher Wichtigkeit, daß sie dazu berechtigen, gegen die Regeln des Filmemachens zu verstoßen.

KS: Diese Wiederholungen deuten auf den Wunsch, auch das zur Sprache zu bringen, was in ihrer Unterhaltung unter den Tisch fällt. Obwohl ihr Gespräch in einigen Punkten erhellend ist, kann es doch zu weiten Teilen als ein Beispiel für »leere« oder »narzißtische« Rede gelten.[3] Sieht man von den beiden Überlappungen einmal ab, dann wenden sich die beiden nicht wirklich einander zu. Auf beiden Seiten ist das Gespräch von einem bitteren Egoismus geprägt. Sie versteifen sich auf ihre jeweiligen Ansprüche, verharren in ihrem Groll und versuchen, auf Kosten des anderen zu punkten. Formal wird das auf unterschiedliche Weise herausgearbeitet. Obwohl die Kamera in anderen Gesprächssituationen des Films unermüdlich von einem Teilnehmer zum nächsten schwenkt oder fährt, zeigt sie hier Nana und Paul in getrennten Einstellungen, so als ob sie ihre Isoliertheit klarmachen wollte. Jeder beansprucht das Bild für sich, so als ob klargestellt werden soll, daß hier für niemand anderen Platz ist. Mit jeder Einstellung geben sich Nana und Paul zu verstehen: Ich, aber nicht du. Die Hartnäckigkeit, mit der die Kamera beide von hinten filmt, deutet schließlich darauf hin, daß Paul und Nana auch metaphorisch einander den Rücken zugekehrt haben. Nana sagt an einer Stelle: »Je mehr wir reden, desto weniger bedeuten die Worte.« Im Hinblick auf Montaignes Leitspruch ist es bezeichnend, daß Nana in dieser Szene Paul nichts anbietet, sondern einen Zwanziger von ihm geliehen haben will. Er schlägt das natürlich ab.

HF: Godards Entscheidung, die Gesichter der beiden Figuren in dieser Szene im wesentlichen nicht zu zeigen, ist ein gutes Beispiel für die Kunst des Weglassens, der sich *Vivre sa vie* bedient. Der Film ist wie eine Zeichnung, die nur aus ein paar Linien besteht, aus denen sich aber ein ganzer Körper oder eine vollständige Landschaft herauslesen lassen. Es handelt sich um eine Art *via negativa* – eine Darstellung mit Hilfe dessen, was nicht da ist.

KS: Als Nana und Paul am Ende der Episode eins ihren Streit beendet haben, begeben sie sich in den vorderen Teil des Lokals, wo sie Flipper spielen. Dieses Ereignis wird in einer Einstellung gefilmt, die – in Übereinstimmung mit ihrer zeitweisen Versöhnung – sie beide einschließt.

HF: Heutzutage sind unsere Ohren eine satte Geräuschuntermalung im Kino gewöhnt. Doch in dieser Einstellung hören wir – von Pauls und Nanas Stimmen abgesehen – nur den Flipperautomat und vielleicht noch die Schritte des Kellners im Hintergrund. Die Stille ist erstaunlich – so als ob sich Paul und Nana unter Wasser befänden oder in einer anderen Welt.

KS: Als Nana beim Flippern an der Reihe ist, erzählt Paul eine Geschichte. Von allen Geschichten, die im Film sonst noch eine Rolle spielen, ist diese vielleicht die vielsagendste, obwohl wir das erst später begreifen werden. Sie wurde von einer Schülerin von Pauls Vater niedergeschrieben und lautet folgendermaßen:»Ein Huhn ist ein Tier mit einem Inneren und einem Äußeren. Zieht man das Äußere ab, bleibt das Innere übrig. Zieht man das Innere ab, bekommt man die Seele zu Gesicht.«[4]

HF: Paul führt diese Anekdote mit den Worten ein:»Ich weiß nicht warum, aber plötzlich fällt mir eine Geschichte ein, die Vater erzählt hat.« Auch Godard weiß nicht, warum diese Geschichte in *Vivre sa vie* Eingang gefunden hat; er will es auch gar nicht wissen. Statt alles im voraus festzulegen, setzt er auf Inspiration. Die Filmerzählung kann sich aus den unwahrscheinlichsten Quellen speisen.

KS: Bevor Paul diese Geschichte erzählt, schwenkt die Kamera nach links, bis Nana die Bildmitte einnimmt und Paul aus dem Bild ist. Nachdem Pauls Erzählung beendet ist, bleibt die Kamera für etwa zehn Sekunden auf Nana gerichtet, dann wird das Bild schwarz. Während dieser zehn Sekunden wird die Stille immer hörbarer. In doppelter Hinsicht macht der Film klar, wie wichtig diese Geschichte für die Figur der Nana ist.

HF: Das stimmt schon, nur sollten wir nicht vergessen, auf welch besondere Weise Nanas Gesicht und die Geschichte über das Huhn verknüpft sind. *Vivre sa vie* verbindet unterschiedliche Elemente miteinander – einen Filmausschnitt, Textpassagen aus einer Erzählung von Poe oder einem Groschenroman – und zitiert sie, ohne dabei ihre Unterschiede zu verschleifen. In dieser Hinsicht läßt sich der Film mit einem Bild von Picasso vergleichen, auf dem eine Feder, die einen Vogel darstellt, Seite an Seite neben einem Tapetenstück liegt, das Haare bedeutet. Zwar lassen sich solche *objets trouvés* in analoger Absicht verwenden, doch weil sie so hartnäckig an ihrer Spezifik festhalten, ist das Ergebnis immer ein bißchen verblüffend oder »schräg«. Obwohl der Film Nana und das Huhn ohne Frage zueinander in Beziehung setzt, zeigt uns *Vivre sa vie*, wie wundersam es ist, daß ein Ding auf der Welt geeignet sein soll, ein anderes zu erklären.

KS: Wir werden später sehen, daß der Film die unterschiedlichsten Dinge zueinander in Beziehung setzen kann, weil er Beziehungen nicht auf Identität gründet.

2
Der Plattenladen. Zweitausend Francs. Nana lebt ihr Leben

KS: Die Episode zwei besteht zur Gänze aus einer sehr langen Einstellung. Seit der vorherigen Episode mögen ein paar Tage verstrichen sein, über die wir aber nichts erfahren. Jetzt erhalten wir für ein paar fortlaufende Minuten, in denen nichts Aufregendes geschieht, Einblick in Nanas Arbeitsalltag im Plattenladen. Nur aus dieser einen Einstellung geht hervor, daß Nana abgebrannt ist, daß sie sich für ihren Job nicht interessiert und daß sie sich nach einem anderen Leben sehnt.

HF: Wobei die Kamera nicht wirklich darauf aus ist, Nana zu charakterisieren; sie interessiert sich stärker dafür, wie sich Nana bewegt. Sie sagt: Wenn wir nur herausfinden können, wie sie sich bewegt, dann reicht das schon. Also führt sie mit Nana eine Art experimentellen Tanz auf.

KS: Mir erscheint das Interesse der Kamera stärker narrativ motiviert. In einem frühen Interview meinte Godard, die Kamera in *Vivre sa vie* würde Nana keinesfalls nachspionieren, ihr Fallen stellen oder sie überraschen, sondern »folge ihr lediglich«.[5] Häufig tut sie allerdings mehr als das. In Episode eins schwenkt sie nach links, um zur Stelle zu sein, wenn Paul seine Geschichte beginnt. Es ist, als wüßte die Kamera schon im voraus, daß diese Geschichte für Nana bedeutsam würde. In Episode zwei beginnt die Kamera nach rechts zu fahren, noch bevor Nana auch nur einen Schritt in diese Richtung setzen konnte. Das geschieht in der festen Überzeugung, daß sie gleich nachkommen wird. Ein anderes Mal fährt die Kamera nach rechts zu den Plattenstößen, schneller als Nana dorthin gelangen kann. Auch das wieder in der Überzeugung, daß sie schon folgen wird. Sogar im wirklichen Leben können aus Voraussagen im Nu Bestimmungen werden. Im Kino gibt

es natürlich keinen »freien Willen« der Darsteller; der filmische Vortrag [enunciation] diktiert jeden einzelnen Schritt, den eine Darstellerin macht, und jedes Wort, das sie spricht. Allerdings kann der filmische Vortrag der Erzählung, die er anstößt, entweder widerwillig folgen
oder regelrecht zuarbeiten. Im Fall von *Vivre sa vie* müßten wir sagen,
daß in der Zukunft irgend etwas lauert, worauf er buchstäblich, und
vielleicht auch metaphorisch, nicht warten kann.

HF: Bazin sprach sich für die lange Einstellung aus, weil er meinte, daß
mit ihr weniger diskursive Interventionen verbunden sind als mit der
Montage – weniger mit Bedeutung befrachtet, ist sie »realer«.[6] Die
lange Einstellung in Episode zwei ist das genaue Gegenteil davon. Nicht
nur antizipiert sie Nanas Bewegungen, statt ihr einfach zu folgen; sie
produziert auch Bedeutungsüberschüsse. Nana braucht hinter dem
Ladentisch nur ein paarmal auf- und abzugehen, und schon ist klar,
worin ihr Job besteht und wie wenig sie sich für Musik und Kundschaft
interessiert. Doch am Ende der Episode zwei, als die andere Verkäuferin laut aus einem Groschenroman vorliest, schwenkt die Kamera
rasch erst zu einem Fenster, auf dem sie etwa zehn Sekunden ver-
harrt, und dann zu einem anderen, das sie noch länger im Blick behält.
Während *Vivre sa vie* im großen und ganzen einen eher zeitlosen Eindruck macht, gewähren die Schwenks auf die beiden Fenster einen
Ausblick auf die Welt im Jahr 1962.

KS: Zu Beginn des Films leitete das Dokumentarische – Karinas Gesicht – zur Fiktion – Nanas Seele – über. Diese Formel wird hier umgekehrt: Die Fiktion bringt uns zum Dokumentarischen zurück.

HF: In den besagten Schwenks huldigt die Kamera einem gekonnten
Neoprimitivismus, der die frühesten Zeiten der Kinematographie in
Erinnerung ruft. Wie ein Tier aus grauer Vorzeit starrt sie großäugig
durch das Fenster. In diesem Moment hofft sie wirklich, die Dinge
»wieder jungfräulich erscheinen« zu können.[7] Derartiges können nur
Augen leisten, die von nichts wissen und sich nicht erinnern können
– Augen, die blankgeputzt wurden.

KS: Unmittelbar bevor sich die Kamera dem Fenster zuwendet, sagt
Nana über das Buch, das ihre Kollegin liest: »Das sieht ja toll aus!« Worauf die Kollegin meint: »Die Geschichte ist albern, aber verdammt gut
geschrieben.« Die Sätze, die sie dann vorliest, verklären den Alltag zu
einer Welt voller Besonderheit. Genau das, wonach es Nana gelüstet.

HF: Dabei kommt das Prinzip des *objet trouvé* ein weiteres Mal zur Geltung. Man braucht einfach nur ein Buch – es kann ein völlig unbekanntes sein – aufzuschlagen, und schon sprechen seine Worte zu einem, so wie das manchmal fremde Gesichter oder die Details einer Straßenszene tun. *Vivre sa vie* steckt voll wundersamer und schrecklicher Momente, in denen sich unheimliche Verbindungen auftun.

KS: Der Roman, aus dem Nanas Kollegin vorliest, handelt ebenfalls vom Reden. Die vermutlich weibliche Ich-Erzählerin triumphiert mit einer wohlformulierten Wendung über ihren männlichen Gesprächspartner. Der Text lautet: »Sein Blick war auf den türkisen, mit Sternen übersäten Himmel gerichtet, als er sich mir zuwandte. ›Alles an Ihnen verrät ein intensives Leben. Logischerweise müßten Sie …‹ Ich unterbrach ihn: ›Sie messen der Logik viel zu viel Wichtigkeit und Einfluß zu.‹ Für einige Sekunden erfüllte mich das Gefühl, einen bitteren Triumph errungen zu haben. Mein gebrochenes Herz war vergessen. Vergessen war auch der Zwang, ein nettes Gesicht machen zu müssen. Ja, wirklich eine elegante Art, aus dieser Sackgasse herauszukommen.« Ganz analog zu der Unterhaltung in Episode eins ist auch diese Stelle ein Paradebeispiel sowohl für leere Rede als auch für die Kunst, dem anderen immer eine Nasenlänge voraus zu sein.

3

Die Concierge. Paul. Die Passion der Jeanne d'Arc. Ein Journalist

HF: Diese Episode beginnt damit, daß sich Nana in das Häuschen der Concierge schleicht, um den Schlüssel für ihre Wohnung zu stibitzen. Es wird sofort klar, daß sie ausgesperrt wurde, weil sie ihre Miete nicht bezahlt hat. (Auch hier gilt: Weder gibt Nana etwas her, noch kümmert sie sich um irgend etwas; stattdessen bleibt sie etwas schuldig.) Es kommt zu einem Gerangel, zuerst mit der Concierge und dann mit deren Freund. Während des Geschehens tanzen zwei Kinder im Hof einen Twist ohne Musik. Ihre Bewegungen dienen als eine Art Zeitmaß, vergleichbar dem Pendel einer Uhr.

KS: Der Großteil der Szene ist aus der Vogelperspektive gefilmt. Erst, als Nana mit den Schlüsseln zu ihrer Wohnung eilt, schwenkt die Kamera nach links, dann, als sie vom Freund der Concierge zurück auf die Straße gezerrt wird, nach rechts. Auch hier agiert die Kamera schneller als Nana. Daß sie die Handlung vorwegnimmt, deutet einer-

seits auf ein Wissen im voraus, suggeriert aber auch narrative Ungeduld. Man könnte sogar behaupten, daß die Kamera Nana hinterher-
spioniert und ihr auflauert, denn sowohl ihr Blickpunkt als auch ihr
weites Sichtfeld lassen an eine Überwachungsapparatur denken.

HF: Daß die Kamera aus dem ersten Stockwerk filmt, läßt zugleich
eine emotionale Distanz zu Nana erkennen. Die Kamera verhält sich
angesichts des Dramas mit der Concierge eher lakonisch; sie teilt
weder Nanas Hoffnungen noch ihre Enttäuschung.

KS: Nana hat jetzt keinen Ort, wo sie die Nacht zubringen kann. Sie
beschließt, ins Kino zu gehen. Vorher noch trifft sie Paul, der ihr ein
paar Photos des gemeinsamen Sohnes bringt. Nana interessiert sich
sehr für die Aufnahmen, doch ihr Interesse erlischt, sobald sie feststellt, daß das Kind Paul ähnlicher sieht als ihr selbst.

HF: Nach dem Schnitt zeigt *Vivre sa vie* das Vordach eines Kinos mit
den Lettern *Jeanne d'Arc*. Ein paar Sekunden später sehen wir im dunklen Kinosaal einen Arm, der sich um Nanas Schultern legt. Im Anschluß an die Vorstellung sehen wir sie in einer langen, von oben gefilmten Einstellung in Begleitung eines Mannes auf ein hell erleuchtetes
Lokal zueilen. Auch hier kommt keine klärende Nahaufnahme des
Mannes. Nana sagt: »Ich habe Auf Wiedersehen gesagt.« Der Mann
erwidert: »Ich habe Dir das Kino bezahlt.« Darauf Nana, entschieden:
»Das ist aber Pech.« Erstaunlich, daß uns Godard mit diesen wenigen
Details alles erzählt, was wir wissen müssen. Nana hat es einem Fremden gestattet, im Kino den Arm um sie zu legen, weil der sie ins Kino
eingeladen hat. Jetzt sucht sie ihn loszuwerden. Der Mann wird nicht
als Individuum gezeigt, weil er für viele Männer steht – weil Nana ihre
Finanznöte regelmäßig mit Hilfe derartiger Arrangements löst.

KS: Die Kinoszene ist eine der wichtigsten in *Vivre sa vie*. Zuerst einmal, weil *Jeanne d'Arc* von Carl Theodor Dreyer ein Stummfilm ist und
Vivre sa vie selbst danach trachtet, einer zu werden. Zum zweiten läßt
sich *Jeanne d'Arc*, nicht anders als *Vivre sa vie*, zugleich als Dokumentation des Gesichts seiner Schauspielerin und als Fiktion betrachten.
Genauer noch setzt *Jeanne d'Arc* die Realität von Maria Falconettis
Gesicht ein, um die fiktive Darstellung der Jeanne zu untermauern.
Und schließlich wird in der Szene aus *Jeanne d'Arc*, bei der wir Nana
im Kino sehen, dasselbe Motiv beschworen, das schon in der Geschichte mit dem Huhn aus Episode eins anklingt: spirituelle Verwirk-

lichung durch den Tod. Es kann kein Zweifel mehr herrschen, daß dieses Schicksal auch Nana erwartet. Zweimal unterschneidet *Vivre sa vie* Jeanne in Großaufnahme mit Nana in Großaufnahme, vergleichbar der Einstellung auf Nanas Gesicht, während Paul die Hühnergeschichte erzählt. Mit der zweiten Großaufnahme wird die Beziehung zwischen den beiden Frauen mimetisch: die Tränen in Nanas Augen spiegeln Jeannes Tränen. Der Augenblick, in dem sich dieses Spiegelverhältnis realisiert, folgt unmittelbar auf des Priesters Frage an Jeanne, worin sie denn ihre Erlösung finden werde. Sie antwortet: »Im Tod.«

HF: Die Parallelen zwischen Nana und Jeanne scheinen mir stärker mit der Diegese zu tun zu haben.[8] Nana weiß, daß sie in einer Krise steckt, aber sie versteht nicht ganz, warum. Sie geht ins Kino, weil sie hofft, daß ihr hier etwas einfällt. Schließlich ist *Jeanne d'Arc* doch auch eine Frau, die in Schwierigkeiten steckt! Tatsächlich geht es hier aber nicht darum, daß die Kunst das Leben kommentiert. In dieser Situation ahmt das Leben die Kunst nach.

KS: Zweimal bekommen wir das Wort »mort« aus der Vorführung von *Jeanne d'Arc* zu sehen. Das erste Mal, bevor uns Nanas tränengefüllte Augen gezeigt werden, und einmal danach. Beim zweiten Mal sehen wir nur das Wort; offensichtlich ist es Godard, und nicht Nana, der eine Beziehung zwischen ihr und Jeanne herstellt. Auch in anderer Weise ist diese Wiederholung ein Akt eindeutiger Einmischung seitens der Regie [enunciatory intrusion]. In Dreyers Film taucht das Wort »mort« nämlich nur einmal auf, und zwar schwarz gedruckt auf weißem Hintergrund. Das zweite »mort« stammt von Godard, der es am unteren Rand eines Bildes von Jeanne hinzufügt, als ihre Lippen gerade das Wort »mort« formen; die graphische Gestaltung des Wortes ist verändert. Sieht man *Vivre sa vie* ein zweites Mal, dann zeigt sich diese Wiederholung als eine nachdrückliche Vorwegnahme des Schicksals, das Nana ereilen wird. Gab uns der Film bislang keinen Hinweis, der die metaphorische Anbindung Nanas an Jeanne gerechtfertigt hätte, dann deshalb, weil diese Anbindung nicht auf dem beruht, was Nana ist, sondern auf dem, was aus ihr wird. Der Film wird zudem – und sei es im nachhinein – deutlich machen, daß Nanas Seele oder spirituelle Bedeutung ihre Person übersteigt. *Vivre sa vie* macht uns eine Qualität zugänglich, die ihr »anhaftet«, aber nicht »innewohnt«.

HF: Der Vergleich besagt also nicht, daß die beiden dem Wesen nach einander ähnlich sind.

KS: So ist es. Die Gleichung, die der Film zwischen diesen beiden Frauen zieht, umgeht das Besondere der jeweiligen Person.

HF: Vielleicht kann man sagen, daß die Beziehung zwischen Jeanne und Nana an diesem Punkt in erster Linie morphologischer Natur ist. Beide verfügen über »begabte Gesichter«. Die Begabung des Gesichts ist ein Phänomen, das mit der der Entwicklung der kinematographischen Apparatur, die auf historisch beispiellose Weise Gesichter studiert, zu Tage tritt. Früher glaubte man, es sei Gott, der einige Leute für große und bedeutsame Aufgaben auserwählt – Leute wie die Analphabetin Jeanne d'Arc. Heutzutage kann die eigene Erscheinung eine Berufung sein. Die Frau, um deren Gesicht es geht, kann diese Berufung nicht verstehen, muß ihr aber folgen.

4

Die Polizei. Nana wird verhört

KS: Die Episode vier besteht aus drei Frontalaufnahmen von Nanas Kopf vor einem hellen Fenster der Polizeiwache, die mit zwei Gegeneinstellungen auf einen Polizeibeamten unterschnitten sind. Der

Beamte tippt einen Bericht über Nanas Delikt. Sie hatte Geld, das eine Frau bei einem Zeitungsstand fallen ließ, stehlen wollen.

HF: Die erste Aufnahme zeigt uns Nana in der Halbnahen. Über ihrem Kopf ist wesentlich mehr »Luft«, als heute in Filmen üblich ist. Dadurch erscheint sie auf sonderbare Weise aus dem Bild gerückt. Mit jeder neuen Einstellung bewegt sich die Kamera einen Schritt weiter auf Nana zu, bis ihr Gesicht das Bild ausfüllt. Während sich der Polizeibeamte mit Nanas Identität beschäftigt — ihrem Alter, ihrer Tätigkeit, ihrem Wohnort —, kümmert sich die Kamera um Nanas Seele oder Wesen.

KS: Die Szene endet mit der Frage des Polizisten: »Was werden Sie jetzt tun?« Nana selbst gibt keine direkte Antwort. Die erteilt die nächste Episode, in der Nana das erste Mal der Prostitution nachgeht, um ihre finanziellen Probleme zu lösen. Stattdessen antwortet sie: »Das weiß ich nicht ... ich ... ich werde eine Andere.« Man könnte sagen, daß Nana mit dieser Anspielung auf die berühmte Verszeile von Rimbaud [9] zumindest für einen Augenblick genau das preisgibt, worauf sie bislang so hartnäckig bestand: das »Ich«. In grundsätzlicher Weise, soviel zumindest dämmert ihr, wird sie durch eine Konstellation von Beziehungen bestimmt, die zwar *Vivre sa vie* immanent, ihrer eigenen Person aber äußerlich ist. Genau aus diesem Grund kann die Kamera auch etwas anderes erhaschen, etwas, das wir ihre eigenartig unpersönliche Seele nennen wollen.

HF: Wie schon der Vorspann, endet diese Szene mit einem weißen Blitzer. Noch in anderer Hinsicht verweist die Verhaftungsszene auf den Vorspann: Erstens wird Nana wieder bei Hinterlicht gefilmt. Zweitens wendet sie einmal den Kopf, so daß ihr Profil sichtbar wird.

KS: Mittels dieser Parallelen weist uns Godard immer von neuem darauf hin, in welcher Beziehung Nana eine »Andere« ist: Bei unserer Suche nach ihrem Wesen sind wir genötigt, Anna Karina ins Gesicht zu sehen.

HF: Diese Szene spielt auch auf die Ähnlichkeit zwischen Filmemachen und Polizeiarbeit an. Das Geräusch der Schreibmaschine läßt erkennen, daß die Dokumentation des Lebens eine schwierige und nie ganz abzuschließende Tätigkeit ist, egal ob man ihr im Wachzimmer oder am Set nachgeht. In beiden Fällen ist nie ganz sicher, wann im Gemurmel der alltäglichen Abläufe etwas Bedeutsames zum Vorschein kommt: etwa dann, wenn Nana sexuelle Dienste im Tausch für ein Bett anbietet, oder wenn sie die Miete nicht bezahlen kann, oder wenn sie einen Geldschein aufliest, den auf der Straße jemand fallen ließ?

5

Die Boulevards. Der erste Mann. Das Zimmer

KS: In Episode fünf bekommen wir zum ersten Mal Einstellungen aus Nanas Perspektive. Bis dahin war die Kamera Nana immer äußerlich geblieben – einige Male sogar ganz ausdrücklich, wie etwa bei der Szene im Hof ihres Wohnhauses. Diese Szene hier beginnt mit der Fahraufnahme einer Straße, die auf beiden Seiten von Prostituierten gesäumt ist. Man hat den Eindruck, als würde Nana in einem Bus oder Taxi die Straße entlangfahren und darüber nachdenken, was es heißt, eine Prostituierte zu sein. Dann schwenkt die Kamera blitzschnell von der linken zur rechten Straßenseite, als hätte Nana ihren Kopf gewendet. In der nächsten Einstellung fährt die Kamera rückwärts und zeigt Nana, wie sie geht. Sie blickt nach rechts. Und während man noch immer das Geräusch ihrer Schritte hören kann, sehen wir, worauf ihr Auge fällt: zuerst eine weiße Mauer mit Graffiti und dann (während die Kamera weiter in Nanas Laufrichtung gleitet) eine Prostituierte, die an der Mauer lehnt. Jetzt folgt eine weitere Einstellung auf Nana, die geht und schaut, diesmal nach links. Und wieder sehen wir, was sie sieht: eine Prostituierte, an der Mauer lehnend. Dann kommt eine Abblende. Als nächstes sehen wir wieder Nana, wie sie die Straße entlanggeht. Nun ist sie eher Blickobjekt als Subjekt. Sie wird im Profil gezeigt, vor der Mauer, so wie die Prostituierten, die sie vorher beobachtet hatte. Einen kurzen Moment später fragt ein Kunde: »Wie wär's?« und Nana willigt ein.

HF: Mich beeindruckt an dieser Sequenz so stark, wie Nana auf nahezu unmerkliche Weise aus ihrem normalen Leben in die Prostitution gleitet. Wir kriegen nicht mit, an welchem Punkt in dieser Sequenz sie den Entschluß faßt, ihren Körper von jetzt an zu vermieten. Es scheint, als wolle Godard die Trennlinie zwischen gewöhnlichem Leben und Prostitution verwischen.

KS: Schon vorher im Film gab es Szenen, die als Prostitution interpretiert werden können: die sexuellen Gefälligkeiten für ein Dach über dem Kopf oder der Handel mit dem Kinobesucher. Doch im Zwischentitel besteht der Film darauf, daß dieser Mann offiziell als ihr

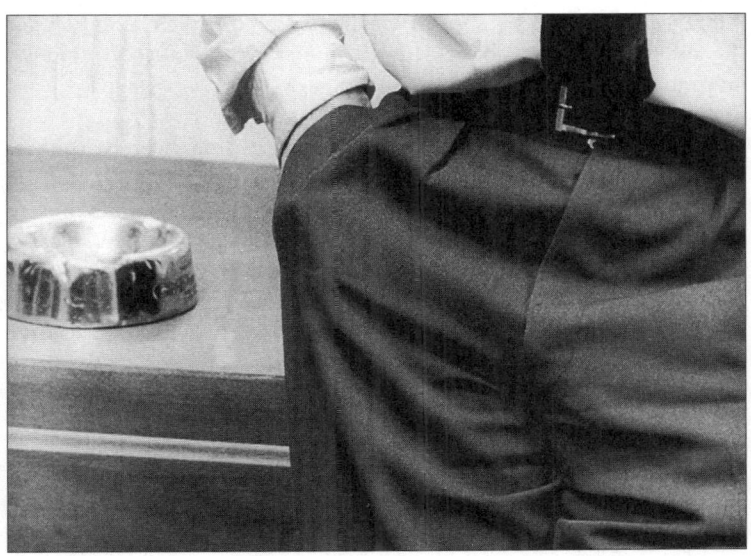

erster Kunde zu gelten hat; *Vivre sa vie* sagt: Das ist der Moment, in dem Nanas Karriere als Prostituierte beginnt. Außerdem verblüfft an dieser Sequenz, wie die Regie erneut das Geschehen vorwegnimmt. Noch bevor der Mann im Bild ist, läßt sie Nana vor der Mauer ablichten. Damit »macht« die Regie, so könnte man behaupten, Nana zur Prostituierten. Natürlich käme sie darum sowieso nicht herum, aber nur wenige Filme sind bereit, ihre Komplizenschaft so direkt einzugestehen.

HF: Ein Teil der Einstellung läßt sich für die Erzählung nicht ohne weiteres vereinnahmen. Bevor wir die erste Prostituierte zu Gesicht bekommen, auf die Nanas Blick fällt, als sie die Straße entlanggeht, wandern unsere Augen, Nanas Blick folgend, langsam über die weiße Mauer voller rätselhafter Graffiti. Wie die ungestellte Aufnahme in Episode zwei von Fußgängern auf der Straße vor dem Plattenladen bedeutet auch dieses Bild eigentlich nichts; höchstens »Graffiti« oder »Mauer«.

KS: Im Hotelzimmer werden drei weitere Einstellungen aus Nanas Perspektive gefilmt: das aufgedeckte Bett, das Stück Seife auf dem zusammengefalteten Handtuch und die Hand des Kunden in seiner Hosentasche. Diese drei Einstellungen bezeichnen eindeutig »käuflichen Sex«.

HF: Zugleich lenken sie, ähnlich wie die Graffiti und die Mauer, von der Erzählung ab. Innerhalb der Szene, in der sie auftauchen, sind sie autonom.

KS: Zum Mythos der Prostituierten gehört, daß sie ihren Körper jedem darbietet, der zahlen kann, daß sie aber nur den küßt, den sie liebt. Auch Nana sucht im sexuellen Verkehr etwas Symbolisches zu bewahren – einen Teil ihrer selbst für sich zu behalten. Was in diesem Film Prostitution heißt, wird auf wunderbare Weise im nachfolgenden Kampf zwischen Nana und dem Mann sichtbar: die vollständige Ich-aufgabe. Prostitution bedeutet die Negation des Selbst, auf das die ersten Episoden so viel Wert gelegt hatten.

HF: Der Kampf zwischen Nana und ihrem Kunden wird auf sehr stilisierte Weise gezeigt. Nana schlägt ihre Wimpern auf und nieder und reißt die Augen unnatürlich weit auf. Sie ist Madame Butterfly in der Oper Puccinis oder – eher noch – Louise Brooks in Pabsts *Die Büchse der Pandora*. Diese Stilisierung übermittelt einen starken Eindruck von Nanas Panik.

KS: In einem Interview zu *Vivre sa vie* sagt Godard etwas, das diesen Moment recht gut charakterisiert: »Wie kann man das Innenleben abbilden? Indem man die ganze Aufmerksamkeit auf das Äußere richtet.«[10]

6

Die Begegnung mit Yvette. Ein Vorstadtcafé, Raoul.
Schüsse auf der Straße

HF: Diese Episode spielt zum größten Teil in einem Café, in dem Nana mit Yvette (Guylaine Schlumberger), einer professionellen Prostituierten, plaudert und ihrem Zuhälter Raoul begegnet. In Form ihrer Lebensgeschichte verkündet Yvette das liberale Standardalibi der Prostitution: weil kein Geld da war, wofür sie nichts konnte (der Mann war abgehauen, die Kinder hungrig), sah sie sich gezwungen, ihren Körper feilzubieten.

KS: Das gibt Nana Gelegenheit, sich auf radikale Weise selbst für verantwortlich zu erklären. Sie erzählt Yvette: »Ich glaube, daß wir für unsere Handlungen immer selbst verantwortlich sind. Wir sind frei.

Ich hebe meine Hand – ich trage die Verantwortung. Ich drehe meinen Kopf – ich trage die Verantwortung. Ich bin unglücklich – ich trage die Verantwortung. Ich zünde mir eine Zigarette an – ich trage die Verantwortung. Ich schließe meine Augen – ich trage die Verantwortung. Ich vergesse, daß ich verantwortlich bin, doch ich bin es.« In einem Film, der derart auf die Vorherbestimmtheit des Subjekts pocht, überrascht eine solche Rede. Sie gestattet Nana jedoch, eine gewisse Transzendenz zu erlangen: eine Transzendenz des liberalen Alibis und – darüber hinaus – der Opferrolle. Gerade angesichts ihrer extrem eingeschränkten Handlungsfähigkeit übernimmt sie für ihr Leben die volle Verantwortung. Genau das zeichnet wohl eine ethische Existenz aus. Jeanne d'Arc, in dem Filmausschnitt von Dreyer, macht es nicht anders. Indem sie in den Todesspruch einwilligt, den nach ihrer Auffassung nicht nur das Urteil ihrer weltlichen Richter, sondern göttlicher Wille über sie verhängt hat – indem sie sich so verhält, als habe sie ihr Schicksal selbst gewählt, macht sie aus ihrem Martyrium einen Triumph und aus ihrem Tod eine Befreiung.

HF: Nana besteht auf das, was man die Dinghaftigkeit der Dinge nennen könnte. Sie erzählt Yvette:»Alles ist gut. Man muß sich für die Dinge nur interessieren. Dinge sind schließlich auch nur, was sie sind. Eine Mitteilung ist eine Mitteilung. Teller sind Teller. Männer sind Männer. Und das Leben ist das Leben.«

KS: Der Subtext dazu lautet: Und eine Prostituierte ist eine Prostituierte – egal wie sie dazu kam.

HF: Nana sagt damit auch: Laß dich nicht verführen. Es gibt keine Auferstehung. Dinge sind Dinge und nicht Metaphern für irgendeine höhere Bedeutung. Dieses Wissen kann sogar befreiend sein. Wir können uns befreien, indem wir verstehen, daß unsere Welt keine Trope für eine zukünftige Welt ist.

KS: Zwar ist *Vivre sa vie* ein sehr spiritueller Film, doch seine Spiritualität ist auf ganz merkwürdige Art weltlich. Nur so ist es möglich, daß eine christliche Märtyrerin und eine Prostituierte einander entsprechen.

HF: Nanas kleine Rede liefert auch einen impliziten Kommentar zu all den Bildern, die der Film uns ermutigt mit unverbrauchten Augen anzusehen. All die Bilder, die sich der narrativen oder symbolischen Einverleibung in den Film widersetzen, etwa die Aufnahme der weißen

Mauer mit den Graffiti oder die ungestellte Straßenszene. Natürlich,
und das zeigt *Vivre sa vie* ja auch, dauern solche Augenblicke niemals
lang. Nachdem Nana zu reden aufgehört hat, geht Yvette, um Raoul zu
holen. Die Interpretationsmaschinerie läuft wieder an. Und es ist bezeichnend, daß es wieder ein Lied ist, das sie ins Rollen bringt. In schwie-
rigen Momenten scheinen Lieder immer auf ganz existentielle Art
bedeutsam.

KS: Das Thema des Liedes ist so ungefähr »arm, aber verliebt«. Es ist
die Geschichte eines ganz gewöhnlichen Paares, das in der Fabrik
arbeitet und in einer Baracke bei den Bahngleisen wohnt. Ihr Glück
aber strahlt und erstreckt sich auch auf die winzigsten Dinge in ihrem
Leben. Als das Lied anhebt, blickt Nana zuerst auf einen Mann und
eine Frau, die ihr gegenüber an einem Tisch sitzen und dieses Paar perfekt zu verkörpern scheinen. Dann schaut sie nach rechts und sieht
einen jungen Mann bei der Jukebox stehen. Er scheint das Lied gewählt
zu haben. Auch er sucht nach einem solchen Glück. Nana könnte ihm
helfen, es zu finden. Schließlich bleibt ihr Blick an zwei Figuren hängen,
die eine deutlich andere heterosexuelle Option verkörpern: Raoul
und Yvette. Die Wahl ist offensichtlich: Geld oder Liebe. Wieder entscheidet sich Nana für das Geld.

HF: Der Hauptschauplatz dieses Kapitels, das Café, wird in wunder-
barer Weise filmisch erschlossen. Als Nana und Yvette eintreten, kommen sie an dem Zuhälter vorbei, der neben dem Eingang am Flipper
steht. Die Kamera schwenkt von ihm über die Bar zu dem Raum mit
den Tischen und, nachdem die Frauen Platz genommen, Yvette aber
noch einmal aufgestanden ist, um den Zuhälter zu begrüßen, wieder
zum Eingang zurück. Diese beiden Schwenks sind von keiner Bewegung
motiviert, eher von dem Interesse, das der Zuhälter an der Prostituierten Nana hat. Mit ihrer Willkür gibt die Kamera zu verstehen, daß
sie, indem sie einen magischen Verbindungsstrich zieht, die beiden ver-
kuppeln will. Außerdem geben die beiden Schwenks eine Überexposi-
tion des Ortes, die aber von den Gesprächen, Blicken und Jukebox-
geräuschen aufgesogen wird. Bis auf der Straße Schüsse fallen: da bewegt
sich die Kamera zum Rhythmus der Schüsse in einer Folge von Einzel-
bildern von Nanas Platz am Tisch über die Bar zur Tür hin. Was draußen
geschieht, etwas Politisches oder eine Gangstergeschichte, das hat mit
dem Film nichts zu tun. Die Kamera produziert hier Bilder wie ein
Feuerstoß, weil sie sich an der Gewalt angesteckt hat – an der Gewalt,
mit der sie Nana und den Zuhälter zusammenbrachte.

KS: Der Augenblick, als die Kamera zu feuern beginnt, markiert einen verblüffenden Einbruch der Regie in die Diegese. Für einige Sekunden ist die Regie praktisch zu einem Mittel innerhalb der Erzählung geworden. Dieser Übergang steht emblematisch für den gesamten Film, der die Unterscheidung zwischen einer Vorgabe von der Erzählung und von der Regie verschwimmen läßt.

HF: Für einen Moment lang werden wir nach dem Geballer in eine Parallelerzählung verwickelt, ähnlich wie beim Abspielen des »arm, aber verliebt«-Liedes – eine Erzählung über Politik oder Verbrecher. Dann verlassen wir diese Erzählung wieder und befinden uns im eigentlichen Geschehen. In späteren Filmen von Godard wird dem Abschweifen wesentlich mehr Raum zugestanden, was dazu führen kann, daß die Haupterzählung beinahe verschwindet.

KS: Gegen Ende dieser Szene beleidigt Raoul Nana, um herauszufinden, ob sie eine »Dame« oder ein »Flittchen« ist. Genauer noch, er greift ihr Selbstbild, ihr »Ich« an. »Du quatschst ja bloß alles nach,« sagt er, »du siehst einfach lächerlich aus ... du siehst blöd aus, und deine Haare sind scheußlich.« Nana, die sich vom Egoismus der Episode eins schon deutlich entfernt hat, kann darüber nur lachen. Sie läßt sich nicht beleidigen, was beweist, daß sie eine »Dame« ist oder – wie das der Film später nennen wird – gut.

7

Der Brief. Wieder Raoul. Die Champs Elysées

HF: Episode sieben spielt sich zur Gänze an einem Tisch in einem nicht näher bezeichneten Lokal ab. Zu Beginn sitzt Nana allein am Tisch, der Kamera gegenüber. Sie schreibt an eine Puffmutter einen Brief, in dem sie um einen Job nachsucht. Hinter ihr scheint sich ein Fenster mit Blick auf die Champs Elysées zu befinden. Später wird sich zeigen, daß das Fenster bloß eine Phototapete ist. Sowie wir das *trompe l'œil* durchschauen, hört das Photo auf, eine Darstellung der Champs Elysées zu sein und wird zum Signifikanten von Paris an sich. Die Einstellung auf die schreibende Nana besagt soviel wie: »Paris. Eine Frau. Ein Brief.«

KS: Häufig wird im klassischen Kino der Brief als Mittel eingesetzt, um das Innenleben einer Figur zu offenbaren. Hätte er diese Funktion auch in *Vivre sa vie*, dann wäre Nanas Innenleben erstaunlich banal. Es geht

um Dinge wie ihre Größe oder wie schnell ihr Haar wächst. Der Brief-
inhalt verträgt sich überhaupt nicht mit Karinas Gesichtsausdruck.
Diese Szene verhilft uns zu einem besseren Verständnis dessen, warum man – wie es in der Hühnergeschichte aus Episode eins heißt –
die Seele erst findet, wenn man nicht nur das Äußere, sondern auch
noch das Innere entfernt hat.

HF: Auch in dieser Episode offenbart Nana ihren Wunsch, etwas Be-
sonderes sein zu wollen. Doch Raoul entgegnet ihr, daß es nur drei
Sorten Frauen gibt: die, die ein Gesicht ziehen können; die, die zwei
Gesichter ziehen können und die, die drei Gesichter ziehen können.
Das ist seine Art, Nana zu verstehen zu geben, daß Unterscheidungs-
merkmale zwischen Frauen, die ihre Körper verkaufen, unerheblich
sind. Mit anderen Worten, der Begriff der Besonderheit spielt in der
Klasse der Prostituierten keine Rolle.

KS: Es ist aber schon bezeichnend, daß Raoul auf Nanas Frage, was er
von ihr halte, antwortet: »Ich glaube, Du bist ein guter Mensch. Deine Augen sind voller Güte.« Die Kategorien »Güte« und »Besonderheit« setzt der Film somit einander diametral entgegen, während er
»Prostitution« mit »Güte« gleichsetzt. Damit macht *Vivre sa vie* deutlich, in welchem Sinne Nanas Tun als Mittel ihrer spritueller Verwirklichung gelten kann. Was aber die Kategorien der »Güte« und der
»Besonderheit« bedeuten, ist noch nicht ganz klar.

HF: Nachdem Raoul gegenüber von Nana Platz genommen hat, fährt
die Kamera von links nach rechts und wieder von rechts nach links.
Immer wieder kommen Nanas Gesicht und Raouls Hinterkopf auf
einer Blickachse kurz zur Deckung, bevor sie wieder getrennt werden. Die Kamera betätigt sich hier als Zufallsgenerator. Sie sondiert
einige der möglichen Konstellationen, in denen sich das Motiv »Zwei
Menschen sitzen einander gegenüber und führen ein Gespräch« ab-
handeln läßt. Später bezieht die Kamera seitlich von Nana und Raoul
Position. Sie schwenkt zwischen ihnen hin und her und lotet weitere
visuelle Konstellationen aus. Der Bitte Raouls, ihm doch ein Lächeln
zu schenken, verschließt sich Nana, worauf zwischen den beiden ein
Blickgefecht entbrennt, das entscheiden soll, wer von beiden die Oberhand behält. Die Kamera bezieht jetzt eine Mittelstellung, so als wolle
sie keinesfalls Partei ergreifen, solange das Gefecht nicht entschieden
ist. Als Nana lächeln muß, richtet sich die Kamera auf sie, so daß sie
allein das Bild ausfüllt.

KS: Auf der Ebene der Diegese hat Nana verloren, auf der des filmischen Ausdrucks aber hat sie gewonnen.

HF: Am Ende der Episode sieben fragt Nana: »Wann fange ich an?« Über einem nächtlichen Bild von Autos auf den Champs Elysées gibt ihr Raoul die melodramatische Antwort: »Wenn die Lichter der Stadt zu erstrahlen beginnen, beginnt die Runde ohne Hoffnung für die Mädchen der Straße.«

8
Nachmittage. Geld. Waschbecken. Lust. Hotels

KS: Der Beginn diese Episode scheint an das Gespräch am Ende der vorigen anzuknüpfen. Nana will mehr über Prostitution erfahren, und Raoul beantwortet ihre Fragen. Sofort aber werden einige Unterschiede deutlich. Am Beginn der Episode acht ist Tag, nicht Nacht, und Raoul und Nana fahren durch die Straßen von Paris, ohne daß man gesehen hat, wie sie das Lokal verließen. Noch wichtiger ist, daß Raouls Off-Kommentar nicht mehr den melodramatischen Beiklang hat.

HF: Die beschleunigte Montage dieser Episode bietet so etwas wie eine Gebrauchsanweisung im Kinoformat, ein »Wie ist das, im Paris von 1962 Prostituierte zu sein?«-Film. Wir erfahren aber weniger über Prostitution an sich, sondern mehr über die Rituale und Aktivitäten, die sie begleiten: medizinische Untersuchungen, Steuern, Zeitbeschränkungen, hygienische Vorsorge, Empfängnisverhütung, Schwangerschaft usw. Wieder ist die Reduktion ein wichtiges Organisationsprinzip. Obwohl diese Episode mehr Einstellungen aufweist als jede andere, verhält sich die Kamera vollkommen diskret: Sie steht fest; das Ins-Bild-Treten sowie Aus-dem-Bild-Heraustreten der Figuren unterstreicht zusätzlich, daß ihr Blickfeld beschränkt ist. Die Welt der Prostitution eröffnet sich nur zwischen den Einstellungen.

KS: Prostitution ist auch eine sozioökonomische Institution, und als solche wird sie hier – zu großen Teilen – dargestellt. Es ist aber dennoch klar, daß es nicht dieser Aspekt an der Prostitution ist, der Godard hauptsächlich interessiert, ebensowenig wie der körperliche Akt. *Vivre sa vie* behandelt Prostitution als einen Mechanismus, der eine bestimmte psychische Verfassung erzwingt. »Muß ich jeden nehmen?«

fragt Nana, über dem Bild eines älteren Mannes, der ihr den Nacken küßt. »Die Prostituierte steht dem Kunden immer zu Diensten«, antwortet ihr Raoul in derselben Einstellung. Als der Film nach einem Schnitt einen jungen Mann zeigt, der sich auszieht, fügt Raoul hinzu: »Sie muß jeden nehmen, der zahlt.« *Vivre sa vie* gibt uns zu verstehen, daß »jeden zu nehmen, der zahlt«, nicht nur heißt, sich die Begehrensweisen der Kultur oder des anderen zueigen zu machen; das gilt schließlich für jedes Subjekt. Es heißt vielmehr, kein anderes Begehren zu haben, als das Begehren *jedes anderen* zu befriedigen.[11] Es bedeutet das Ende jedes persönlichen Begehrens und damit die Abtretung von Subjektivität überhaupt.[12]

HF: Doch die Kunden scheinen von all dem nicht sonderlich zu profitieren. Sie werden kaum als Individuen sichtbar. Nachdem Raoul gemeint hatte: »[Die Prostituierte] muß jeden nehmen, der zahlt«, fügt er noch hinzu: »diesen ... [oder] diesen«, während der Film einen Mann zeigt, der sich gerade auszieht. Nana sieht man dabei ins Bild gehen und gleich wieder aus dem Bild heraustreten. Man kann nur den Schluß ziehen, daß sich die Männer, mit denen Nana schläft, nicht voneinander unterscheiden. Das Bild desselben Mannes kann mehrere Männer bezeichnen. In dieser Hinsicht ähneln sie dem Fremden im Kino, der Nana die Karte für *Jeanne d'Arc* spendiert hatte.

KS: Godard entindividualisiert Nanas Kunden noch in anderer Weise. Kurz nach der Einstellung auf den Mann, der sich auszieht, wiederholt Raoul die Worte »diesen ... [oder] diesen«. Jetzt aber ist Nana im Bild. Sie steht ganz rechts am Rand vor einer Wand, an der ein Kleiderbügel hängt. Von ihrem Kopf und ihrer Schulter sehen wir nur einen Teil. Zunächst läßt sich kein Mann ausmachen, mit dem man das Wort »diesen« assoziieren könnte. Erst bei der abschließenden Wiederholung der Worte taucht eine männliche Hand im Bild auf und legt sich auf Nanas Schulter. Die Kategorie »Kunde« wird erneut komplett abgewertet, denn man bekommt den Eindruck, als würde auf Nanas Schultern stets eine symbolische männliche Hand ruhen. Welche männliche Hand aus Fleisch und Blut diese symbolische Hand jeweils vertritt, ist vollkommen gleichgültig.

HF: Während sich in *Vivre sa vie* die Ereignisse allgemein ohne elliptische Auslassungen vollziehen, wird in Episode acht die Erzählung unerhört beschleunigt. Wochen, vielleicht sind es sogar Monate, die wiedergegeben werden. Dieser Eindruck wird dadurch verstärkt, daß

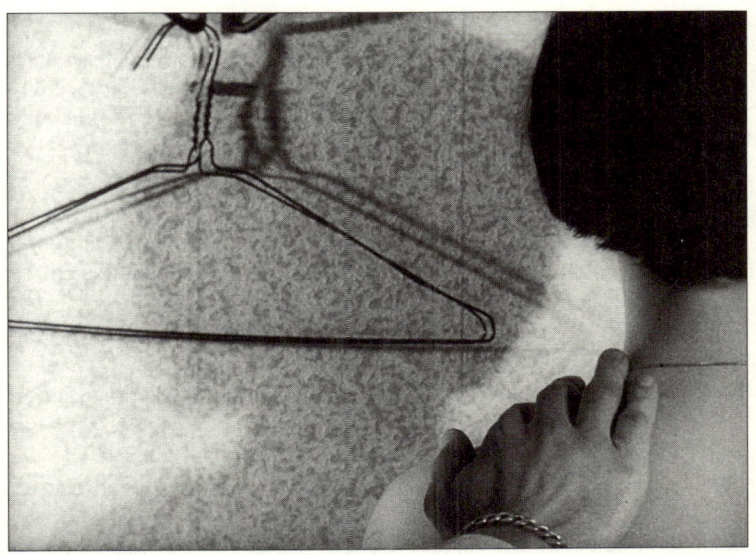

Raoul noch vom Prostituiertenleben redet, während Nana längst beim Anschaffen gezeigt wird. Die Tonspur beschreibt die Zukunft, während die Bildspur die Zukunft so darstellt, als würde sie sich gerade zutragen.

KS: Die Kamera kann die Stunden oder Tage nicht abwarten, die Nana noch verbleiben, sondern drängt darauf, daß sie sofort mit der Prostitution anfängt.

9
Ein junger Mann. Luigi. Nana fragt sich, ob sie glücklich ist

HF: Zu Beginn der Episode neun beschreibt Raoul aus dem Off, wie der freie Tag einer Prostituierten in der Regel abläuft. Der Rest dieser Episode zeigt uns, wie anders Nanas freier Tag ist: Ihr Zuhälter nimmt sie nicht mit aufs Land, um dort ein Kind zu besuchen; er führt sie auch nicht danach zum Essen oder ins Kino aus. Stattdessen ist sie genötigt, ihn in eine Bar zu begleiten, wo er einen Geschäftstermin hat, und muß warten, bis das Gespräch beendet ist. Auch hier gilt: Raoul sieht in Nana nichts Besonderes.

KS: Die Szene führt eine neue Figur ein, den jungen Mann (Peter Kassowitz), und für den ist Nana *besonders*. Als er merkt, daß sie gern eine Zigarette hätte, versorgt er sie mit einer Schachtel Gitanes. Nana antwortet mit einem Tanz. Die einzige diegetische Verwirklichung ihrer Träume vom Showbusiness ist zugleich der Augenblick ihrer tiefsten Selbstbejahung.

HF: Nana ist nicht die einzige, die in dieser Szene etwas aufführt. Luigi (Eric Schlumberger), eine Figur, die kaum zu etwas anderem da ist, als um Nana aufzumuntern, wenn ihr Zuhälter sie an ihrem freien Tag ignoriert, ahmt in virtuoser Weise einen Jungen nach, der einen Ballon aufbläst. Für die *Nouvelle Vague* ist es typisch, dem Darsteller Freiräume dieser Art, in denen er sein Können ausleben kann, zu geben und sich an seinem Übermut zu freuen. Als Luigi den imaginären Ballon aufbläst, weicht Raoul Coutards Kamera sogar etwas zurück, wie um dem Ballon den nötigen Raum zu geben. Beide Darbietungen vollziehen sich auf Kosten der Erzählung. Tatsächlich vergessen wir während der Szene beinahe, daß wir der Geschichte einer Frau folgen, die in die Prostitution schlittert. Während der Darbietung tritt eine Situation ein, die sich nicht nur der narrativen, sondern sogar der semantischen Bestimmbarkeit entzieht, eine Situation, die völlig surreal ist. Nach einem Bild der tanzenden Nana zeigt eine Fahreinstellung Wand, Fenster und Heizkörper. Dann schwingt die Kamera wie betrunken durch den Raum, kommt zu einer anderen Wand, einem anderen Fenster und – schließlich – zu Raoul und Luigi, die an ihrem Tisch plaudern. Im nachhinein begreifen wir, daß diese Einstellungen Nanas Blicken entsprechen, als sie durch den Raum tanzt. Doch für den Bruchteil eines Augenblicks glotzen wir wieder großäugig auf die reine Dinghaftigkeit von Wand, Fenster und Heizkörper.

10
Die Straßen. Ein Typ. Glücklichsein ist kein Spaß

KS: Wie in Episode fünf wird Nana auf der Straße gezeigt. Sie wartet auf Kunden. Nachdem sie einen geangelt hat, sieht man sie im Hotelzimmer beim Gespräch über den Preis für ihre Dienste. Wie der frühere Kunde, der sich beschwert hatte: »Nie sind hier Aschenbecher.« meint dieser: »Man hätte ruhig ein paar Stühle reinstellen können.« Ähnelte die Nana der Episode fünf noch einer Reisenden in einem fremden Land, dessen Sprache sie nicht versteht, wirkt diese Nana wie eine Einheimische. Sie beherrscht das Idiom perfekt und plappert auf den Mann ein, während sie ihm zugleich seine Wünsche zu entlocken sucht. Als er nach einer zweiten Frau verlangt, zeigt sie sich kein bißchen überrascht.

HF: Auf der Suche nach einer anderen Prostituierten geht Nana den Gang des Hotels entlang, wobei sie eine Tür nach der anderen öffnet. Dabei werden allerdings keine erotischen Geheimnisse aufgedeckt. Die Frauen in den Zimmern sind zwar meist nackt, sie posieren aber eher wie Künstlermodelle als wie Prostituierte.

KS: Kurz darauf kommt Nana mit einer anderen Frau zurück. Diese regelt die Geldangelegenheiten mit dem Mann diskret außerhalb des Bildes, während wir auf Nana blicken, die sich vor einem hellen Fenster zu entkleiden beginnt. Nana fragt: »Soll ich auch strippen?« Der Mann erwidert aus dem Off: »Nein, das ist es nicht wert.« »Soll ich dann gar nichts tun?« protestiert Nana. »Ich weiß nicht.« entgegnet der Mann mehrdeutig. Nanas Wunsch, etwas Besonderes zu sein, wird hier in drastischer Weise negiert. Nicht nur ist sie eine Prostituierte, was an sich schon eine gleichmachende Wirkung hat. Sie wird als Prostituierte auch zugunsten einer anderen übergangen. Stellt man diese Szene neben die Einstellung, über die Raouls Worte »diesen ... [oder] diesen« gelegt sind, dann erweist sich Prostitution einmal mehr als die extremste Form subjektiver Negation: als Auslöschung sowohl des Begehrens als auch des Selbst.

HF: Nana sitzt im Profil vor dem Fenster, ihr Kopf erscheint nur am unteren Bildrand. Sie steckt sich eine Zigarette an. Ihre unwichtige Bildposition liest sich wie ein Hinweis auf ihre Unwichtigkeit in den Augen des Kunden. Aber dann ordnet die Kamera die szenischen Prioritäten neu: Sie fährt auf Nana zu und neigt sich dabei hinab, bis Nana im Zentrum des Bildes ist.

KS: Einmal mehr verliert Nana auf der diegetischen Ebene, trägt aber auf der filmischen Aussageebene den Sieg davon.

HF: Nach einer langen Unterbrechung hören wir wieder die eindringlichen Töne von Legrands Musik, die das Bild von Nana mit Pathos untermalen. Zwar bekommen wir in dieser Episode nicht viele Einzelheiten aus Nanas Leben mit, haben aber doch das Gefühl, etwas ganz Wichtiges zu erfahren.

KS: Wir begreifen jetzt, warum Prostitution die Quintessenz der
»Güte« darstellt. Auch die Bedeutung jener Geschichte vom Huhn,
die Paul in Episode eins erzählt, erschließt sich im nachhinein: Die
»Seele« kann sich erst zeigen, nachdem das »Äußere«, die Bedürfnisse des Körpers, und das »Innere«, das »Ich«, entfernt wurden.
Diese doppelte Auslöschung führt ebenso zwangsläufig zum Tod wie
der Scheiterhaufen.

II
Place du Châtelet. Ein Fremder. Nana philosphiert,
ohne es zu wissen

HF: Diese Episode spielt fast gänzlich in einem Pariser Café und besteht aus der Unterhaltung zwischen Nana und einem Philosophen
(Brice Parain). Über einen längeren Zeitraum verfolgt die Kamera das
Gespräch der beiden; einmal blickt Nana direkt in die Kamera. Als sie
in das Café kam, trug sie jenen schwarzen Samtmantel mit weißem
Pelzbesatz, ganz im Stil des *fin-de-siècle*, mit dem sie schon zuvor an
ihrem freien Tag unterwegs war. Allerdings ist sie jetzt ohne Raoul
unterwegs. An einem Punkt des Gesprächs kommt sie mit großem
Nachdruck auf das Thema Liebe zu sprechen. Das zeigt, daß sich in
ihrem Leben etwas verändert haben muß, seitdem sie im Hotelzimmer abgewiesen auf dem Bett saß.

KS: Diese Szene weist schon auf die nächste, in welcher der junge
Mann Nana aus Poes *Das ovale Bildnis* vorlesen wird. Nana scheint
glücklich verliebt, mithin im Zustand der Besonderheit par excellence.
Godard demonstriert, daß man nicht ohne Protest oder Widerstand
in die Selbstaufgabe einwilligt, wie ihr das im Hotel abverlangt worden war. Wir fangen an zu begreifen, warum eine gewisse Portion tex-
tueller Gewalt vonnöten ist, um dem Paradigma, das die Ichaufgabe
verlangt, zum Sieg zu verhelfen.

HF: Das Gespräch beginnt, als sich Nana zu dem Philosophen an den
Tisch gesetzt hat und in ihrem etwas befangenen Versuch auszuspre-
chen, was sie sagen will, steckenbleibt. Als Antwort erzählt ihr der
Philosoph die Geschichte von Portos aus Dumas' *Zwanzig Jahre später*.
Zum ersten Mal in seinem Leben beginnt Portos zu denken, nachdem
er in einem Keller eine Bombe plaziert hat. Die Folge ist, daß ihn die
herabstürzenden Trümmer erschlagen. Mit dieser Erzählung fügt der

Philosoph der Sammlung gefundener Objekte in *Vivre sa vie* ein weiteres hinzu.

KS: Mir gefällt der Gedanke, daß diese Geschichte reflexiv sein könnte. Portos ist wie der Actionfilm à la Hollywood, der, hielte er auch nur für einen Augenblick des Nachdenkens inne, sofort in sich zusammenstürzen würde. Dagegen kann *Vivre sa vie* durchaus ein philosophisches Gespräch verkraften.

HF: Außerdem lernen wir, daß eine Prostituierte der Frage, was es eigentlich heißt, einen Fuß vor den anderen zu setzen, nachgehen kann, ohne darüber gleich die Fähigkeit zum Gehen zu verlieren. Die Szene ist mit derart vielen veristischen Details angefüllt – so sprechen beispielsweise beide Figuren gleichzeitig, oder die eine unterbricht die andere, indem sie lauter redet –, daß man die Vorstellung bekommt, hier debattierten tatsächlich eine Prostituierte und ein Philosoph über den Sinn von Worten. Als aber Nana in die Kamera schaut, wird uns klar, daß wir Anna Karina bei der Arbeit zusehen.

KS: Nanas Befürchtung, daß ihre Worte nicht die Botschaft übermitteln, um die es ihr geht, bringt uns auf ein Thema zurück, das zuerst in Episode eins aufgeworfen wurde: die leere Rede. Nana erzählt dem Philosophen, es wäre besser, ohne Sprache zu leben, da die Worte ihren Sinn verlieren, je mehr wir reden. Nahezu das gleiche hatte sie schon Paul gesagt. Doch der Philosoph wendet ein, daß man ohne zu reden gar nicht leben könne, und das nicht nur, weil man ohne Rede nicht kommunizieren kann, sondern auch, weil wir ohne Worte nicht denken könnten. Er kommt dann mit einem existentialistischen Modell, um den »richtigen« Wortgebrauch zu erläutern.[13] Als »richtig« bezeichnet es der Philosoph, »so zu sprechen, daß es stimmt, niemandem wehtut, sagt, was gesagt werden muß, tut, was getan werden muß, ohne wehzutun und Verletzungen zu hinterlassen«. Nana nennt das »[Reden] in gutem Glauben«. Es ist bezeichnend, daß zur Umsetzung der verbalen Ethik des Philosophen wieder einmal der Tod des Alltäglichen gefordert ist. Dieser Tod heißt hier Abstand und bedeutet die Aufgabe all jener Besetzungen, die uns gewöhnlich die nächsten sind: die Welt und das Selbst. Mit anderen Worten, seine Ethik beruht auf der Entsagung und der Abdankung des »Ich«.

HF: Das Mittel, das Tod oder Abstand bewirkt, ist allerdings nicht die Prostitution, sondern das Schweigen. Der Philosoph verkündet

gegenüber Nana: »Ich glaube, man lernt erst dann die richtigen Worte zu gebrauchen, wenn man dem Leben für einige Zeit entsagt hat.
Das ist der Preis ... man muß den Tod des Lebens sprachlos durch-
stehen ... es gibt eine Art asketischer Regel, die einen hindert, sich
wahrhaftig auszudrücken, solange man nicht das Leben mit Abstand
betrachtet.« Im Gegensatz zur Prostitution oder dem Tod auf dem
Scheiterhaufen bedeutet Schweigen nicht, sich dem Willen eines anderen unterzuordnen.

KS: Und die Auslöschung, die der Philosoph erwähnt, ist nicht derart
endgültig wie das Schicksal, das Nana erwartet. Vielmehr führt sie zu
einer »Auferstehung«: Sie ist die Grundlage, um wieder und in einem
umfassenderen Sinne zu leben. Aus dem »alltäglichen Leben« erhebt
man sich zu einem, wie es der Philosoph ausdrückt, »höheren«
Dasein, wobei man den Tod in Form des Schweigens durchdringen muß.
Es überrascht ein bißchen, daß sich das Gespräch an dieser
Stelle im Film abspielt, denn die Ausblicke, die es eröffnet, werden in
der nächsten Episode scheinbar negiert. Am Ende des Films steht nicht
»wahrhafter« Ausdruck, sondern ungebrochenes Schweigen; und nicht
das Alltägliche stirbt, sondern Nana wird buchstäblich ausgelöscht.

12
Wieder der junge Mann. Das ovale Bildnis. Raoul verkauft Nana

HF: In Episode zwölf erfüllt sich endlich der Wunsch von *Vivre sa vie*,
ein Stummfilm zu werden. Die erste Szene dieser Episode besteht aus
drei Teilen, die durch Abblenden voneinander getrennt sind. Man sieht
hier Nana und den jungen Mann beim Gespräch in einem Hotelzimmer. Im ersten und letzten Teil wird ihre Rede durch Untertitel übermittelt, die auf Dreyers *Jeanne d'Arc* verweisen.

KS: Dieses Schweigen ist aber nicht das Schweigen, über das der
Philosoph in der Episode vorher gesprochen hat, ja, es ist nicht einmal Todesstille im buchstäblichen Sinn. Hier vollzieht sich durchaus
eine sprachliche Kommunikation, nur verläuft sie nicht über *phone-
tische*, sondern über *graphische* Zeichen.

HF: Bezeichnenderweise ist das auch die einzige Szene in *Vivre sa vie*,
in der eine Liebesbeziehung dargestellt wird. Das Schweigen, in dem
sich Nana und der junge Mann austauschen, vermittelt uns Godard als

Sprache der Liebe. Der mittlere Teil der Hotelszene, in dem das Schweigen der Rede weichen muß, wäre demnach entschieden »lieblos«.

KS: In diesem Abschnitt der Episode zwölf liest eine männliche Stimme aus Poes *Das ovale Bildnis*. Da der junge Mann gezeigt wird, wie er gerade in einem Buch von Poe liest, nehmen wir zunächst an, daß wir seine Stimme hören. Doch plötzlich identifiziert sich der Sprecher als Godard, indem er sich als Ehemann und Regisseur direkt an Karina wendet. *Das ovale Bildnis*, sagt er, »das ist unsere Geschichte: ein Maler, der seine Liebe porträtiert.«[14] Wie Du schon angedeutet hast, geht es in diesem Mittelteil nicht um »Liebe«, sondern um das »Porträtieren«, das ihr zumindest in diesem Kontext diametral entgegengesetzt ist. *Das ovale Bildnis* handelt von einem Künstler, der das Bildnis seiner Gattin malt und ihr dabei das Leben raubt. Godard scheint uns zu sagen, daß auch er seine Frau zu einer tödlichen Darstellung verleiten will.

HF: Es gibt noch einen weiteren Grund, warum Godard die Geschichte Poes mit der Geschichte von ihm und Karina in Beziehung setzt: beide Male handelt es sich um eine rigide Rollenverteilung. In *Das ovale Bildnis* malt der Mann, während die Frau gemalt wird. Dem entspricht, daß Godard filmt und Karina gefilmt wird. Und in diesem kurzen Zwischenspiel, in dem Godard und Karina in Person im Film anwesend sind, spricht der Mann, während die Frau zuhört. Diese Beziehung verläuft nach dem Modell Sternberg-Dietrich: die Frau hat Talent, weiß es aber nicht zu nutzen. Nur der männliche Künstler ist fähig, aus dem gewöhnlichen Fleisch des Weibes das zeitlose Meisterwerk zu modellieren.

KS: Die Geschichte aus *Das ovale Bildnis* ist uns in *Vivre sa vie* natürlich schon einige Male untergekommen. Die Erzählungen über das Huhn, Jeanne d'Arc, die Frau des Künstlers und Nana selbst behandeln alle dasselbe Thema, das sich als die »Aufhebung« eines Subjekts bezeichnen ließe. Man könnte sogar sagen, daß auch der Philosoph eine Version dieser Geschichte liefert, wobei sich seine allerdings in grundsätzlicher Weise von den anderen unterscheidet. Nicht bloß ist der Tod, den er feiert, freiwilliger Art und vorübergehend, und nicht nur stellt er ein Mittel dar, um zur »wahrhaften« Rede und einer höheren Form von Subjektivität zu gelangen, sondern sein Tod ist auch ohne Geschlecht. Und außerdem ist der Tod in allen übrigen Erzählungen

unfreiwillig und unaufhebbar. Er verschafft weder einen Zugang zu
»wahrhafter« Rede noch zu irgendeiner Form höherer Subjektivität.
Er wird er von einem Mann oder einer Gruppe von Männern einer
Frau zugefügt. Die Subjektivität einer Frau wird von männlichen anderen und für männliche andere ausgelöscht.

HF: Wenn Godard sagt: »das ist unsere Geschichte«, dann scheint er
damit also nicht nur *Das ovale Bildnis* zu meinen, sondern *Vivre sa vie*
im ganzen. Er scheint sich nicht nur mit Poes Künstler zu vergleichen,
sondern auch mit Raoul und Nanas namenlosen Kunden.

KS: Godard setzt sich zu diesen männlichen Figuren auch jedesmal
dann in Beziehung, wenn er seine Kamera Nana vorauseilen läßt. Er
sagt: Ich kann es nicht abwarten, daß Nana sich in mein Bild gefügt hat
– dieser Augenblick, wo der letzte Pinselstrich gesetzt und das Bild
vollendet ist. Ich sehne mich nach diesem Moment, wo das Besondere der Güte weicht und Karina vollständig Nana geworden ist.

HF: Allerdings funktioniert die Entsprechung zwischen Text und Bild
in dieser Episode nur selten. Karina wird nicht immer so gefilmt, daß
wir sie mit den Worten verbinden können, die Godard vorliest. Dadurch werden unsere Versuche unterlaufen, Verbindungen zwischen

Nana, der Frau des Künstlers und Karina einerseits sowie Raoul, dem Künstler und Godard andererseits zu ziehen.

KS: In diesem Kapitel von *Vivre sa vie* spitzt Godard seinen Versuch zu, Karinas Subjektivität seiner Bedeutungsmacht zu unterwerfen, indem er sie »spricht« oder »malt«. Die erste Metapher – sie zu sprechen – setzt er ganz unmittelbar um, indem er in die Stille hinein laut zu lesen beginnt. Doch anders als der malende Ehemann bei Poe, vermag der filmende Ehemann sein Modell nicht vollständig seiner Kunst unterzuordnen. Die kinematographischen Abstraktionen sind nie so vollständig wie die der Malerei; der Film kann uns das Porträt einer Frau immer nur in Gestalt des Modells geben. Und weil Karinas Stimme und Körper die notwendige und unhintergehbare Grundlage von Nanas Fiktion bilden, wird sie automatisch zu einem der Ausdrucksträger von *Vivre sa vie*. Indem Karinas Körper und Poes Text einander verfehlen, kann Godard die Orte Nanas allegorisch fassen, von denen aus Karina ihm gewissermaßen widerspricht. Der Monolog des Autors wird dadurch in einen Dialog zweier Subjekte verwandelt. Am Schluß von *Vivre sa vie* kehrt Godard die Konstruktion aus Poes Geschichte einfach um. Während in *Das ovale Bildnis* die Ehefrau stirbt, als Gemälde hingegen überdauert, wird hier Nana ermordet, während Karina weiterlebt.

HF: In der letzten Sequenz von *Vivre sa vie* sieht man Raoul, wie er
Nana und die anderen Zuhälter zu einem Ort fährt, an dem Nana zu
einem bereits festgelegten Preis verscherbelt werden soll. Auf dem
Weg bekommen wir wieder einige dokumentarische Details zu Ge-
sicht: Triumphbogen, Passanten auf einer Pariser Straße und eine
Menschenmenge, die in Truffauts *Jules et Jim* will. Diese Bilder besagen:
Das ist eine wahre Geschichte. All das hat sich wirklich zugetragen.

KS: Und dann räumt die Dokumentation erneut der Fiktion das Feld.
Lange bevor Nana mit den anderen am Treffpunkt angekommen ist,
hat die Kamera schon Position bezogen. Mit aller Macht zieht es sie
zu Nanas Sterbeszene, so als solle hier eine lang gehegte Erwartung
in Erfüllung gehen.

HF: Ohne jede Rücksicht auf ihre Besonderheit ist Nana gleich nach
ihrer Ankunft erst übergeben und dann einfach abgeknallt worden.
Raoul macht sich aus dem Staub und läßt ihren leblosen Körper zurück.
Die anderen Zuhälter tun es ihm nach. Nur die Kamera bleibt bei
Nana und entrichtet ihrer »Güte« für zwei Minuten Tribut.

KS: Nana ist ein Tier mit einem Äußeren und einem Inneren. Ziehst
du das Äußere ab, erhältst du das Innere. Ziehst du das Innere ab, er-
blickst du ihre Seele.

1 James Blue, »Excerpt from an Interview with Richard Grenier and Jean-Luc
   Godard«, in: Toby Mussmann (Hg.), *Jean-Luc Godard: A Critical Anthology*, New York
   1986, S. 249.
2 Jean-Luc Godard, »Propos Rompus«, in: Alain Bergala (Hg.), *Jean-Luc Godard par Jean-
   Luc Godard*, Paris 1985, S. 470.
3 Der Begriff des »leeren Sprechens« stammt von Jacques Lacan. In »Funktion und
   Feld des Sprechens und der Sprache in der Psychoanalyse« [1953] (in: ders., *Schriften* I, aus dem Französischen von Norbert Haas, Olten und Freiburg i. B. 1973,
   S. 84-105) beschreibt Lacan das leere Sprechen als eine Form des Sprachgebrauchs,
   bei dem das Imaginäre über das Symbolische dominiert, d.h. das *moi* oder Ich gegenüber dem *je* oder Subjekt des Begehrens eine Vorrangstellung einnimmt.
4 Die zitierten Dialoge aus *Vivre sa vie* wurden unter Zuhilfenahme des in *L'Avant Scène-
   Cinème*, Nr. 19 (15. Oktober 1962) publizierten Drehbuches übersetzt.
5 Jean-Luc Godard, »The Scenario of *Vivre sa vie*«, in: *Jean-Luc Godard: A Critical Anthology*, zit. Anm. I.

6 André Bazin, »Die Entwicklung der kinematographischen Sprache«, in: H. Bitomsky, H. Farocki und E. Kaemmerling (Hg.), *Was ist Kino? Bausteine zur Theorie des Films* (1958-1962), Köln 1975.

7 Diese Worte stammen von Bazin, »Ontologie des fotografischen Bildes«, in: *Was ist Kino? Bausteine zur Theorie des Films*, zit. Anm. 6, S. 25.

8 Eine Mitteilung, die aus der fiktiven Welt eines Films (seiner Diegese) kommt, nennt man diegetisch; eine außerdiegetische Mitteilung ist eine, die der Fiktion hinzugefügt ist, etwa der Kommentar eines (wirklichen oder fiktiven) Autors.

9 Arthur Rimbaud, »Lettre à Paul Demeney, 15 Mai 1871«, in: ders., *Œuvres complètes*, présentées et établis par Louis Forestier, Paris 1992, S. 230.

10 Zit. n. Marilyn Campbell, »Life Itself: *Vivre sa vie* and the Language of Film«, in: *Wide Angle*, Bd. 1, Nr. 3 (1976), S. 32.

11 In *Die vier Grundbegriffe der Psychoanalyse* [1963] (in: ders., *Das Seminar*, Bd. XI, Weinheim und Berlin 1980, S. 122) behauptet Jacques Lacan, »das Begehren des Menschen ist das Begehren des Andern«. Indem wir dieses Axiom akzeptieren, treten wir in die symbolische Ordnung ein.

12 Mit »persönlichem Begehren« meine ich nicht etwa ein Begehren, das bei einem bestimmten Subjekt einzigartig ist, sondern eines, von dem es heißt, es sei sein eigenes Begehren.

13 Auch Lacan hält dem leeren Sprechen eine authentischeren Form des Sprechens entgegen, das er als »volles Sprechen« bezeichnet (siehe »Funktion und Feld des Sprechens und der Sprache in der Psychoanalyse«, zit. Anm. 3). Das »volle Sprechen« entspricht allerdings nicht dem, was in *Vivre sa vie* »richtiger Wortgebrauch« genannt wird, sondern meint ein Sprechen, bei dem die symbolische Funktion dominiert.

14 Susan Sontag widerspricht dieser Brechung der Fiktion, in: »On Godard's *Vivre sa vie*« (in: *Jean-Luc Godard*, zit. Anm. 1, S. 99). Wie wir versucht haben zu zeigen, ist die Fiktion von Anfang an gebrochen.

Auf der Suche nach Homer

Le Mépris (1963)

KS: *Le Mépris* (1963), in Cinemascope gedreht, erzählt die Geschichte einer Gruppe von Leuten, die auf der Grundlage der *Odyssee* einen Film drehen wollen. Da sind ein Produzent, Jerry (Jack Palance); ein Drehbuchautor, Paul (Michel Piccoli); die Frau des Drehbuchautors, Camille (Brigitte Bardot); eine Übersetzerin, Francesca (Georgia Moll); und ein Regisseur, der nach Fritz Lang benannt ist und auch von ihm gespielt wird. Die Handlung des Films geht in ihren Grundzügen auf den Roman *Il disprezzo* von Alberto Moravia zurück.[1]

HF: In Moravias Geschichte glaubt der Produzent, daß die Angelsachsen zwar die Bibel haben, die mediterranen Länder aber dafür die *Odyssee*. Das ist ein merkwürdiger Gedanke; er erlaubt den Franzosen und Italienern, Odysseus als Prototyp für sich zu reklamieren, speist aber die Amerikaner mit Adam ab.

KS: Dieser Aufteilung des kulturellen Erbes folgend, beschließt Moravias Produzent, den Film in Italien statt in Griechenland zu drehen. Doch schon am Anfang des Romans erfahren wir, ein deutscher Regisseur sei beauftragt, den Film zu machen. Es scheint, als würden Texte keine geographischen Grenzen respektieren.

HF: Dieses Detail von Moravia hat sich Godard angeeignet und ihm eine Begründung gegeben. Jerry erläutert Paul schon am Anfang von *Le Mépris*, daß ein Film über die *Odyssee* einen deutschen Regisseur braucht, weil Schliemann Troja entdeckt hat. Das klassische Griechenland ist anscheinend nur über das heutige Deutschland zu erreichen. Außerdem macht Godard aus dem Drehbuchautor einen Franzosen und aus dem Produzenten einen Amerikaner. Damit reist die *Odyssee* in *Le Mépris* noch weiter als ihr Held.

KS: Godard leiht sich für *Le Mépris* mehr als die nur erzählerische Vorgabe von *Il disprezzo*; viele Stellen des filmischen Dialogs stammen aus dem Roman, wobei der Stoff allerdings Metamorphosen durchläuft. Oft läßt Godard die Sätze des einen Charakters von einem anderen sprechen. Er entwirft auch das Verhältnis zwischen dem Schriftsteller und seiner Frau neu und verändert in dramatischer Weise das semantische Feld der Erzählung.

HF: Man kann sagen, Le Mépris bietet eine filmische Übersetzung von Il disprezzo. In dieser Hinsicht folgt der Film der Geschichte, die er erzählt, in der ja ebenfalls ein Buch in einen Film verwandelt wird. Aber Le Mépris stellt unsere üblichen Vorstellungen, was Übersetzungen anbelangt, in Frage. Eine Übersetzung, das zeigt der Film, ist nicht derselbe Text in einer anderen Sprache, sondern etwas völlig Neues.

KS: Die Schwierigkeiten, die die Bearbeitung eines Buches für das Kino aufwirft, stehen im Vordergrund der Erzählung von Le Mépris. Wir erfahren nicht nur, daß jede Übersetzung einen neuen Text erzeugt, sondern auch, daß jeder Versuch, die Bedeutung des ursprünglichen Textes zu erfassen, zum Scheitern verurteilt ist. Produzent, Regisseur und Drehbuchautor können sich nicht darüber einigen, wie die Odyssee verfilmt werden soll, denn jeder hat eine andere Vorstellung davon, worum es in dem Epos geht. Wie Godard in einem kurzen Text über Le Mépris sagt, könnte dieser Film auch ohne weiteres »Auf der Suche nach Homer« heißen.[2] Die Odyssee ist praktisch unwiederbringlich; sie verzweigt sich in eine Vielzahl konkurrierender Übersetzungen. Le Mépris endet, bevor der Odyssee-Film fertiggestellt ist, so daß wir nie erfahren, welche Übersetzung sich schließlich durchgesetzt hat. Das ist aber auch nicht wichtig, denn Godards kinematographische Übersetzung der Odyssee ist letztlich Le Mépris, und nicht der Film im Film.

HF: Le Mépris beginnt mit einem Bild vom Studiogelände in Rom. Raoul Coutard arbeitet an einer Aufnahme. Dieses Bild teilt uns mit: Le Mépris ist ein Film über den Zauber des Kinos. In derselben Weise behauptet ein Film, dessen Eröffnungseinstellung einen Mann mit Revolver in einem Hauseingang zeigt: Dies ist ein Film über das Verbrechen. Auf seinem Kamerawagen fährt Raoul Coutard langsam auf einer vertikal verlegten Schiene auf uns zu, begleitet von einem Tonmann mit Mikrophonangel und zwei Assistenten. Zu seiner Linken sieht man Gebäude von Cinecittà; hinter ihm die hügeligen Vororte Roms. Coutard und seine Mitchell-Kamera werden aus einem tiefen Kamerawinkel gefilmt, wie ein herannahender Zug im Western. In der Bevorzugung der Vertikalen gegenüber der Horizontalen zeigt sich ein überraschender Umgang mit dem Breitwandformat.

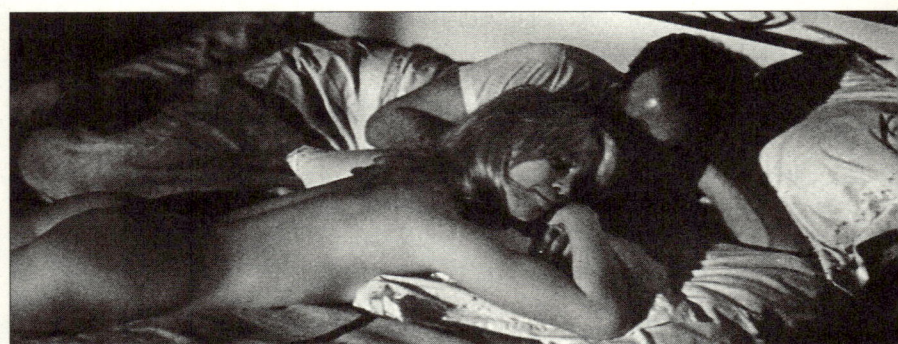

KS: Coutard filmt Francesca, die parallel zur Schiene auf uns zugeht,
während sie einen Text vorträgt. In der englischen Version des Filmes
hören wir nur die tragischen Akkorde von Georges Delarues Musik.
In der französischen Version spricht eine männliche Off-Stimme die
Credits von *Le Mépris*.

HF: So scheinen die Credits Teil der filmischen Erzählung, als ob ein
Erzähler ankündigte: Dies ist die Geschichte von Camille und Paul und
wie ihr Leben sich veränderte, als sie in das Magnetfeld der Filmproduktion gerieten. Francesca gerät aus dem Bild, als Coutards Mitchell
heranfährt – offensichtlich ist die außerdiegetische Kamera eben darauf aus. Die männliche Off-Stimme bekräftigt, daß das Kino Gegenstand dieser Einstellung ist. »Das Kino«, sagte André Bazin, »schafft
für unseren Blick eine Welt, die auf unser Begehren zugeschnitten ist.
Le Mépris ist die Geschichte dieser Welt.«[3]

KS: Nachdem er zum Stehen gekommen ist, schwenkt Coutard seine
Kamera, die ebenfalls mit einem Cinemascope-Objektiv bestückt ist,
auf uns zu. Dann neigt er die Kamera, bis wir direkt ins Objektiv schau-
en können. Das ist aus Untersicht aufgenommen, und nun schneidet
Le Mépris auf Camille und Paul, die auf einem Bett liegen. Die beiden
erscheinen in Aufsicht, aufgenommen aus eben der Position, die soeben Coutards Kamera innehatte. Dadurch erscheint die Szene mit
Camille und Paul wie der ideale Gegenschuß zur vorigen Einstellung,
die mit der Großaufnahme von Coutards Kameraobjektiv endete und
uns, vermittelt durch die Worte Bazins, eine Welt ganz nach unserem
Begehren versprach. Es scheint, als ob die erste Einstellung von *Le
Mépris* für »Kamera« steht und die zweite für »Bild«. Und natürlich
ist das, was hier als »Bild« erscheint, in erster Linie Camille, in all

ihrer nackten Pracht. Ihr liegender Körper scheint geradezu für die Breitwand gemacht zu sein.

HF: Die Gleichsetzung von Camille und Schauspiel [spectacle] erfährt noch eine zusätzliche Betonung, da Camille nun mit Worten unsere Aufmerksamkeit auf verschiedene Teile ihres Körpers lenkt. Sie bittet Paul, jede einzelne der von ihr genannten Stellen entweder direkt oder im Spiegel, der sich außerhalb des Bildes befindet, zu begutachten und ihr darüber seine Meinung zu sagen. Die zwei scheinen in diesem Sprachspiel geübt; die Unterhaltung klingt wie eine Mantra, mit deren Hilfe sie sich ihrer körperlichen Zuneigung vergewissern. Camilles Körper konnotiert allerdings eher Kunst denn Sex: Die Kamera nimmt ihn auf wie eine liegende Skulptur. Im Zusammenwirken mit dem roten und blauen Licht im Anfangs- und Schlußteil dieser Sequenz gewinnt man den Eindruck, Camille sei ein Wesen aus einer anderen Welt. Diese Aura behält sie auch im Mittelteil, wenn ihr Körper ohne Spezialeffekte in sinnlicher Intensität erstrahlt. Die Produzenten Carlo Ponti und Joseph Levine hatten von Godard verlangt, die Bardot nackt zu zeigen.[4] Hier ist sie zwar nackt, aber nicht ausgestellt.

KS: Diese aus einer einzelnen Einstellung bestehende Szene kehrt auf interessante Weise die traditionelle Form des Lobgesangs um. Über Jahrhunderte diente der Lobgesang den Dichtern als Mittel, um die Schönheit des menschlichen Körpers zu beschreiben – meist war es ein Mann, der die weiblichen Liebreize pries und sie in einem Akt, der faktisch einer Territorialisierung des weiblichen Körpers gleichkam, anatomisch fixierte. Im Gegensatz dazu betreibt in *Le Mépris* die Frau ihre anatomische Fixierung selbst und arrangiert auch den Lobgesang. Camille definiert ihren Körper nicht anatomisch, um ihn in Teilobjekte zu zerstückeln, sondern um sicherzustellen, daß er in all seinen Facetten angebetet wird – wie Paul es ausdrückt:»total, mit aller Zärtlichkeit, mit aller Tragik«. Durch ihren Selbstlobgesang träumt Camille einen Zustand paradiesischer Erfüllung herbei: Liebe, die der Lust nach Liebe entspricht, im Verbund mit einer Sprache, die das auszudrücken vermag.

HF: Aber etwas ist zweideutig an diesem Paradies. Nicht nur der Ausdruck »mit aller Tragik« läßt einen Mißton anklingen. Auch als Paul sie zu umarmen versucht, weist sie ihn zurecht:»Sei vorsichtig, Paul! Nicht so fest.« Dazu kommt, daß weder Camille noch die Kamera sich einer paradiesischen Diktion bedienen. Sowohl ihre Worte als auch die Bilder zeugen von Unzulänglichkeit.

KS: Die Zeit der Lobgesänge kann überhaupt erst nach dem Sündenfall begonnen haben, denn der Lobgesang beruht nicht auf Behauptungen, sondern auf Analogien. Vor dem Sündenfall war die Sprache referentiell: Gott sprach und schuf, indem er sprach. Adam erkannte den Dingen Namen zu, und indem er sie benannte, traf er ihr Wesen. *A rose was a rose was a rose.* In der Welt jedoch, in der wir leben, können wir nur insofern über Dinge sprechen, als wir uns auf das beziehen, was sie nicht sind (Rubine bedeuten Lippen, Schnee bedeutet Brüste und Elfenbein Zähne). In der Form des Lobgesangs kommt somit die Wahrheit über das Wesen unserer Sprache zum Ausdruck: Auch Sprache funktioniert immer nur als Übersetzung. Das zeigt sich hier besonders deutlich, weil nicht Worte in andere Worte, sondern Bilder in Worte übertragen werden. Da die Sprache uns immer davon wegführt, was sie sagt, ist Camilles Traum von einer paradiesischen Sprache genau das: ein Traum.[5]

HF: In den ersten beiden Einstellungen von *Le Mépris* ist der ästhetische Code oder die Vorgabe von entscheidender Bedeutung. Jedes Detail aus der Eröffnungseinstellung verheißt »Kino« und scheint darauf abzuzielen, die Gebote des Breitwandformats zu verletzen. Die zweite Szene wird zusätzlich zu dem Umstand, daß sie von der Bildhauerei und der Form des Lobgesangs inspiriert ist, durch drei Farben strukturiert – rot, gelb und blau –, die auch in den folgenden Szenen wieder auftauchen werden.[6] *Le Mépris* kennt aber auch Bilder, die man als dokumentarisch bezeichnen kann. Hier ist es das Leben selbst, und nicht die Kunst, das die Inspiration gibt.

KS: Für Godard bedeutet das »Dokumentarische« vor allem Kontingenz, also ein Moment des Unvorhersehbaren. Die Kontingenz hat innerhalb seiner Ästhetik einen privilegierten Platz inne; wie Godard selbst gesagt hat, hofft er, »durch Zufall die definitive Form« zu finden.[7] So erklären sich sein Beharren auf natürlichem Licht, seine Weigerung, vor Drehbeginn ein fertiges Drehbuch zu schreiben, seine Abneigung, die Schauspieler anzuleiten, und – wie wir im Kapitel zuvor gesehen haben – seine Hoffnung, daß die Schauspieler ihre Wahrheit in seine Fiktion hineintragen. In diesem Sinne sind auch die besagten Szenen in *Vivre sa vie* zu verstehen, in denen die Dinghaftigkeit der Dinge herausgearbeitet wird.

HF: Auf welchem anderen Weg das Dokumentarische in Godards Kino findet, demonstriert die dritte Szene von *Le Mépris*. Hier wird die Erzählung durch die Gegebenheiten eines Schauplatzes angereichert. In dieser Szene treffen sich Francesca und Paul in Cinecittà, dem Filmgelände bei Rom. Francesca erzählt Paul, daß die Filmindustrie darniederliegt. Auf der Suche nach Jerry gehen sie von links nach rechts, wobei die Kamera ihnen folgt. Als sie beim Studio ankommen, schwenkt die Kamera hinauf und zeigt die verfallenen Lettern »Teatro n.6«. Sie bilden die Inspirationsquelle für alles weitere. Jerry tritt aus dem Gebäude heraus und setzt zu seiner Tirade über den Tod des Kinos an: »Gestern noch gab es hier Könige, Könige und Königinnen, Krieger und Liebende, menschliche Wesen in ihrer ganzen Fülle und Vielfalt ... und jetzt wird man hier fünf- oder zehnstöckige Fertigteilhäuser hochziehen. Dieses Königreich ist mein letztes!« Während dieser Rede geht er auf der Rampe hin und her, die ihm als Bühne dient. Jerry hat eine tiefe Stimme, die von den nackten Steinmauern widerhallt und den Eindruck eines Freilufttheaters noch verstärkt.

KS: Die Vertikale wird innerhalb dieser Einstellung noch ein weiteres Mal betont. Paul geht einen Hügel hinunter und auf Francesca zu, die ihn am Set von Cinecittà willkommen heißen will. Die Straße, auf der er geht, verläuft in der Bildmitte wie eine Achse auf die Kamera zu. Daß damit so wenig vom Bildraum genutzt wird, ist wieder eine Spielerei mit dem Breitwandformat, wie sie Godard so liebt.

HF: Der Raum links und rechts der Straße, auf der Paul und Francesca gehen, wird allerdings von den Schatten der Gebäude von Cinecittà besetzt. Obwohl Godard die Regeln der Komposition im wörtlichen Sinn bricht, gehorcht er ihnen doch im bildlichen Sinn. Die Verengung des Breitwandformats ist ähnlich motiviert wie mancher Augenblick der Stille in der Oper. Cinemascope ist eine Art »Crescendo«, und ein Crescendo bedarf des Diminuendo als Kontrast. Kurz nachdem Godard den Vorhang des Theaters herabfallen ließ, öffnet er ihn wieder. Jerry läuft auf der erhöhten Rampe hin und her und bringt die volle Breite des Formats zur Geltung.

KS: Eigenartigerweise wird Fritz Lang gleich behaupten, daß Cinemascope nur zur Darstellung von Schlangen und Begräbnissen tauge. Das rückt die zweite Szene mit der nackten Bardot, bei der das Breitwandformat so großartig eingesetzt wurde, einmal mehr ins Licht des

Sündenfalls. Bislang wirkt die Welt von *Le Mépris* weniger homerisch als vielmehr christlich.

HF: Die Szene in Cinecittà enthält noch eine weitere Referenz auf den Sündenfall, diesmal über den Umweg von Goethes *Faust*. Paul bekommt von Jerry einen Job angeboten, für den er seine Seele verkaufen muß, und er nimmt ihn an. Für einen Scheck über 10.000 Dollar erklärt er sich bereit, Fritz Langs Drehbuch der *Odyssee* so umzuschreiben, daß es mehr kommerziellen Kriterien entspricht. Von der Zeit, bevor Paul sich auf den Handel mit dem Produzenten eingelassen hat, wird Camille später als von dem verlorenen Paradies sprechen. Auch wir erliegen der Verführungsgewalt, die noch im Filmbusiness steckt. Uns schlägt in Bann, wie Jerry das rote Cabriolet nimmt, um zum Vorführsaal zu fahren, der kaum fünfzig Meter entfernt liegt. Francesca und Paul gehen zu Fuß einen Pfad entlang, der durch den verwilderten Garten des Studios führt. Jerrys gewundene Fahrstrecke kreuzt einmal den abschüssigen Fußweg der beiden, und er ist vor ihnen am Ziel. Das wird ausführlich und doch beiläufig wiedergegeben und zeigt, das dieses schon fast aufgegebene Studiogelände noch die Kraft hat, aus einer kleinen Bewegung eine Reise zu machen.

KS: In der Cinecittà-Szene spricht Paul französisch, Jerry englisch und Lang meist deutsch. Francesca verleiht dieser Sprachverwirrung Sinn, indem sie übersetzt, was der eine dem anderen mitteilen will.[8] Doch scheinen sich in die Kommunikation Mißverständnisse einzuschleichen, weil Francescas Übersetzung mitunter drastisch von der Originalversion abweicht. »Gestern habe ich dieses Stück Land verkauft«, sagt Jerry. Francesca übersetzt das in: »Gestern hat er alles verkauft.« Jerry sagt: »Dieses Königreich ist mein letztes«, was Francesca wiedergibt als: »Das ist das Ende des Kinos.« An einer Stelle nimmt die Übersetzung sogar den Originaltext vorweg, wenn sie ihn nicht sogar überhaupt inspiriert, und gibt dadurch zu erkennen, daß sich Text und Übersetzung wechselseitig bedingen können.

HF: Paul trifft während seines Aufenthalts in Cinecittà Fritz Lang und schaut sich die neuesten Muster der *Odyssee*-Verfilmung an. Noch bevor die Vorführung beginnt, streiten sich Produzent und Regisseur über die Bedeutung von Homers Epos. Nach Langs Auffassung wird hier der Konflikt zwischen Individuum und den Bedingungen der Existenz geschildert; nach Jerrys Auffassung geht es um Penelopes Untreue. Im Anschluß an die Vorführung bekommt die Diskussion eine andere Richtung. Jerry beschwert sich, daß das, was er gerade gesehen hat, nicht »im Drehbuch steht«. »Natürlich nicht.« entgegnet ihm Lang. »Das, was im Drehbuch steht, ist geschrieben. Das auf der Leinwand aber sind Bilder, Laufbilder.« Auch damit ist dargestellt, wie schwer es ist, einem Text treu zu bleiben.

KS: Lang wird später im Film deutlich machen, daß seine Ästhetik rein mimetisch ist. »Die Welt Homers ist eine wirkliche Welt,« erklärt er Paul gegenüber wohlwollend, »der Dichter gehört einer Zivilisation an, die sich in Einklang mit der Natur und nicht in Widerspruch zu ihr entwickelt hat.« Von der gleichen Ästhetik sollte sich auch die Verfilmung der *Odyssee* leiten lassen – vom »Glauben an die Natur, so wie sie ist.« Auch Lang scheint anzunehmen, daß er in einer Welt vor dem Sündenfall lebt. Wie zu erwarten, wird diese Phantasie des Gleichklangs von Kino und Natur von den Mustern nicht bestätigt. Statt Repräsentationen der Natur sind es Repräsentationen von Repräsentationen: Einstellungen auf Statuen der Penelope, Minerva, des Neptun und anderer griechischer Götter. Auch die drei Szenen gegen Ende der Vorführung, die Schauspieler statt Statuen zeigen, sind in hohem Maße stilisiert. Die menschgewordene Penelope beispielsweise trägt starken Lidschatten um die Augen; ihr Mund ist mit tiefrotem Lippenstift übermalt. Außerdem steht sie vor einer gelben Wand, wodurch die drei Primärfarben wieder ins Spiel kommen, die schon bei der Bettszene von Camille und Paul eine zentrale Rolle gespielt hatten. In seinem ursprünglichen Entwurf oder »Szenario« zu *Le Mépris* schrieb Godard, daß die Rahmenhandlung mit so viel natürlichem Licht wie möglich gefilmt werden sollte, die Darsteller aber eher ungeschminkt bleiben sollten. In der filmischen Fassung der *Odyssee* dagegen sollte die Farbigkeit strahlend, kontrastreich und gewalttätig hervortreten. Die Gesamtwirkung wäre wie ein Matisse oder Braque inmitten einer Komposition von Fragonard oder wie eine Eisenstein-Szene in einem Film von Rouch.[9] Zwar lassen sich diese Begriffe auf den Film, der tatsächlich entstanden ist, nicht mehr anwenden, eben weil die Rahmenhandlung ihre Inspiration nicht nur dem »Zufall« verdankt, doch zumindest Langs Muster verfügen über jene an Matisse und Eisenstein erinnernde Qualität des Künstlichen.

HF: Die Einstellungen auf die griechischen Statuen kann man auch anders lesen denn als unmittelbare Wiedergabe der Bilder aus Langs Film. Vielleicht führt Godard uns den Prozeß vor Augen, wie aus Material, das man in Büchern oder im Museum findet, ein Film ent-

steht. So als hätte Lang von Jerry den Auftrag erhalten: Versetze die
Statuen im Museum in Bewegung, erfülle sie mit Fleisch und Blut! Und
was wir zu sehen bekommen, wäre der Anfang dieses Prozesses. Im
ersten Bild der Muster wird die Statue der Penelope durch einen
Zoom belebt. Im zweiten Bild sieht man die Büste der Minerva, die
sich erst nach links dreht, dann wieder zurück, als würde sie gerade
zum Leben erwachen. In der dritten Einstellung zoomt die Kamera auf
Neptun von Untersicht in Großaufnahme, was ebenfalls den Eindruck
von Bewegung vermittelt. Außerdem sind die Statuen zum Teil be-
malt, mit der Wirkung, daß der Marmor seine Kälte verliert. Am Ende
werden, so als hätten sie den Übergang zum Leben erfolgreich vollzogen, die Statuen durch menschliche Figuren ersetzt.

KS: Doch auch diese Interpretation geht davon aus, daß Original und
Übersetzung unvereinbar sind. Gleich, ob wir aus dem Leben in die
Kunst oder aus der Kunst ins Leben übersetzen, das Ergebnis wäre
stets etwas Neues. Deine Interpretation gesteht aber auch die Möglichkeit ein, daß das Original eine Übersetzung ist.

HF: Auf die Bilder mit den Statuen folgen die vier Einstellungen, die
am stärksten dokumentarisch wirken: zwei mit der Meerjungfrau im
Mittelmeer; eine mit Odysseus, der zum Felsen schwimmt; und die
letzte auf Felsen und Meer. Die Kamera hat sich hier den Szenerien
unterzuordnen, stärker noch als in der Teatro n. 6-Szene. Die Schwärze
des Wassers und die Glitschigkeit der Felsen entziehen sich dem
filmischen Zugriff. Diese Einstellungen unterscheiden sich derart von
der Stilisierung der übrigen, daß sie nicht Teil der *Odyssee*, sondern
eher eine Dokumentation ihrer Entstehung zu sein scheinen.

KS: Die Götterdarstellungen werden nicht nur betrachtet, sondern
auch diskutiert. Jerry meint während der Vorführung: »Oh, Götter. Ich
mag Götter! Ich weiß genau, was in ihnen vorgeht.« Als Produzent
scheint er sich für den Zeus des zwanzigsten Jahrhunderts zu halten.

HF: Lang weist ihn zurecht: »Nicht die Götter haben die Menschen
erschaffen, sondern die Menschen die Götter.« Diese Bemerkung ist
zweifellos von der Handlung motiviert: Lang will Jerry vom Podest der
falschen Göttlichkeit stoßen. Daneben vertritt der diegetische Regisseur an dieser Stelle aber auch die Überzeugung des Regisseurs von
Le Mépris; auch Godard möchte die Schöpfungsgeschichte umkehren.

KS: In *Le Mépris* repräsentieren die Götter eine Vorstellung, die sich im Lauf der Jahrhunderte immer wieder gewandelt hat und die man vielleicht am besten mit dem Begriff »Schicksalhaftigkeit« [fatality] bezeichnet. Für die Griechen bedeutete Schicksalhaftigkeit etwas rein Äußerliches. Für Lang ist sie innerlich und äußerlich zugleich: bedingt durch Umstände, aber auch durch Konventionen. Soviel geht aus dem Text hervor, den Camille im Badezimmer vorliest. Für Freud wie für viele andere im zwanzigsten Jahrhundert ist Schicksalhaftigkeit eine innere Kraft, die mit den Begriffen »Trieb« oder »Unbewußtes« belegt wird. Doch auch in dieser Version verliert sie nichts von ihrem dämonischen Beiklang. Immer noch geht es um Mächte, die uns nötigen, gegen unsere eigensten Interessen zu handeln.[10] Noch vertrackter wird es, wenn man behauptet, daß die Götter zwar eine Erfindung der Menschen seien, daß die Menschen aber dennoch ihrer Macht ausgesetzt sind. Denn das würde bedeuten, daß niemand außer uns selbst für unser Los die Verantwortung trägt, daß wir an diesem Los aber nichts ändern können. Was in *Le Mépris* Schicksalhaftigkeit bedeutet, ist allerdings noch nicht gesagt.

HF: Fritz Lang spricht meist in Zitaten großer Dichter. In der Diskussion über die Götter greift er auf einen Gedichtausschnitt aus Hölderlins »Berufung des Dichters«[11] zurück, von dem drei Fassungen existieren. In der ersten wird gesagt, der Mensch brauche keine Angst zu haben, »solange Gott nicht zugegen ist«. In der zweiten, daß der Mensch sicher sei, »solange Gott zugegen ist«. In der dritten und endgültigen Fassung ist es Gottes »Abwesenheit«, die den Menschen beruhigt.[12] Wie es sich auch immer mit den Göttern in *Le Mépris* verhält: wir sind auf sie angewiesen und haben sie zugleich zu fürchten. Darauf deuten auch die wiederholten filmischen Verweise auf Athene und Poseidon: Die eine ist Beschützerin des Odysseus, der andere sein Feind.

KS: Paul beteiligt sich kaum an der Diskussion über Götter, außer an einer Stelle, bei der er ergänzend ein Dante-Zitat einfließen läßt. Man hat in der ganzen Szene nie das Gefühl, es würde um irgend etwas Entscheidendes gehen. Am Ende der Cinecittà-Szene unterschneidet Godard die Rahmenhandlung mit einer Einstellung der Poseidon-Statue, wie um anzuzeigen, daß die Götter auch über *seiner* Geschichte walten. Das wird im folgenden deutlich. Nach der Vorführung der Muster macht Paul Jerry mit Camille bekannt. Jerry lädt die beiden auf einen Drink zu sich nach Hause ein. Er behauptet, in seinem Wagen sei

nur Platz für Camille, und schlägt Paul vor, ein Taxi zu nehmen. Man sieht deutlich, daß dieses Arrangement Camille Unbehagen bereitet, doch Paul besteht darauf, daß sie zu Jerry ins Auto steigt. Sowie das rote Cabriolet aus dem Bild rast, ruft Camille »Paul!« Mit ähnlich schmerzhaftem Ausdruck, für den es einstweilen keine Erklärung gibt, ruft er ihr nach: »Camille!« Und dann kommt das Bild von Poseidon. Wie die Rufe der beiden scheint es zu bedeuten: Dies ist ein schicksalhafter Moment. Ein unheilvolles Verhängnis gewinnt Macht über Pauls und Camilles Leben.

HF: Paul braucht eine halbe Stunde, um zu Jerrys Haus zu gelangen. In der Zwischenzeit hat sich Camille offenbar innerlich von ihm entfernt. Die Verspätung versucht Paul mit einem Autounfall zu erklären, doch klingt seine Geschichte derart unglaubwürdig, daß weder Camille noch Jerry ihm wirklich glauben. Paul erkundigt sich einige Male bei Camille, ob irgend etwas nicht in Ordnung sei. Im Grunde will er es aber gar nicht wissen.

KS: Den Schicksalsmechanismus scheint Paul durch einige unbedachte Handlungen und leichtsinnig dahergesagte Worte in Gang gebracht zu haben. Und wie so häufig, zieht auch hier ein Fehler den nächsten nach sich. Obwohl er weiß – zugleich jedoch auch nicht weiß –, daß Camille sich über ihn ärgert, beginnt Paul in Jerrys Haus mit Francesca zu flirten. Ein zweiter Treuebruch läßt den ersten um so schwerer wiegen. Daß die plötzlichen Schwierigkeiten zwischen Paul und Camille durch ihre völlig unterschiedliche Perspektive auf die Ereignisse der letzten Stunde verschlimmert werden, legen zwei Rückblenden nahe.

HF: Bei beiden Rückblenden spielt das Bild, in dem Paul Camille in Jerrys Wagen hilft, eine entscheidende Rolle. Godard muß diese Einstellung wiederholen, weil er sie beim ersten Mal so beiläufig erscheinen ließ. Ein Regisseurs wie Hitchcock würde keinen Zweifel an der Bedeutung eines solchen Augenblicks lassen. In *Vertigo* (1958) wird uns der verstörte Gesichtsausdruck von Scotty vielleicht fünf Mal vorgeführt, bevor Madeleine ins Meer springt. Solche Einstellungen haben die Wirkung, daß sich das Ereignis wie in Zeitlupe studieren läßt. In *Le Mépris* dagegen bringt uns nichts auf den Gedanken, daß es sich um einen Schicksalsmoment handeln könnte, als Camille in das Auto geholfen wird.

KS: Die zweite Rückblende nimmt Pauls Perspektive ein und besteht aus Erinnerungen, wie nur er sie haben kann. Sie schließt an die Szene an, als Paul Francesca fragt, wo im Haus die Toilette sei. In Pauls Erinnerung taucht das Bild von Camille, die ins Auto einsteigt, nur einmal auf. Es ist eine Erinnerung unter vielen.

HF: In dem Moment, als Paul sich an dieses Bild erinnert, sollte ihm klar sein, daß er in keiner Billigproduktion Hollywoods mitspielt. Er kann nicht einfach wie aus einem Traum erwachen und sagen: Es war ja bloß irgendein zweitklassiger Film. Doch nach wie vor weigert er sich, zu verstehen, was los ist. Als läge das Problem irgendwo anders, versucht er statt dessen im Geist durchzugehen, was sich seit ihrer zärtlichen Unterhaltung am Morgen noch alles so zugetragen hat.

KS: Dagegen scheint die erste Rückblende aus Camilles Subjektive gefilmt zu sein. Sie folgt unmittelbar auf eine Einstellung, in der Camille, uns den Rücken zukehrend, nachdenklich ins Leere starrt. In dieser Rückblende taucht zweimal die Wagenszene auf, wohl um ihre Wichtigkeit für Camille zu unterstreichen. Man sieht, wie Jerry gierig nach Camille greift; auf dem anderen Bild scheint Paul sie Jerry zu überantworten. Die anderen Bilder der Rückblende lassen sich mit nichts in Verbindung bringen, was sonst im Film passiert. Es sind wohl frühere, idyllische Augenblicke mit Paul. »Idyllisch« sage ich, weil sich Camille wie in der Schlafzimmerszene am Anfang, als sie mit Paul auf dem Bett lag, dem Blick darbietet. Um diese Analogie zu betonen, läßt der Film sie einige Male in den Spiegel blicken. Hier haben wir das klassische heterosexuelle Tableau: Der Mann liebt die Frau, und die Frau liebt sich selbst durch die Liebe, die der Mann für sie empfindet.

HF: Auch während des nachfolgenden Streits in ihrer Wohnung will
Paul wissen, wie es zur Verstimmung kam. Und wieder sind seine
Fragen so gestellt, daß sie Camille auffordern, eine andere Antwort
zu geben als die, die ins Auge springt.

KS: Im Gegensatz zu Paul ist uns sonnenklar, daß Camille denkt, er
habe sie als Lockmittel benutzt, um seine Geschäftsbeziehung mit
Jerry zu festigen. Im Moment weiß sie aber noch nicht, welche Auswirkungen das auf ihre Beziehung haben wird. Je nachdem, wie sich
Paul bei ihrer Auseinandersetzung verhält, kann das Pendel entweder
zur einen oder zur anderen Seite hin ausschlagen. An einer Stelle der
Szene lesen Camille und Paul abwechselnd aus einem Buch vor, was
ihnen zufällig vor Augen kommt, ohne das sie wissen, welche Folgen
das für ihre Auseinandersetzung hat. Verstärkt wird das Moment des
Zufälligen noch durch zwei Telephonate. Als Camilles Mutter anruft,
zeigt sich, daß Paul den Verdacht hat, Camille habe eine Affäre. Dieser
Mann, der seine Gattin ohne weiteres mit einem potentiellen Rivalen alleine läßt, macht sich Sorgen, was sie in seiner Abwesenheit
unternimmt. In den dreißig Minuten, die diese Szene dauert, verliebt
und entliebt sich Camille wieder und wieder, bis plötzlich die
Würfel gefallen sind. Uns wird das so erzählt, als hätte tatsächlich
der Zufall den Ausschlag gegeben.

HF: In dieser Szene gibt es mehr Psychologie als bei Godard sonst
üblich. Allerdings ist hier die Erzählung in die Form einer Aufzählung
gekleidet. Godard sagt nicht etwa: Paul und Camille streiten sich eine
halbe Stunde lang über dessen Versäumnis, sie vor den sexuellen
Avancen eines fremden Mannes zu schützen, doch keiner von beiden
nennt das Ding beim Namen. Statt dessen sagt er: Mann mit Hut.
Mann in Handtuch gewickelt. Blonde Frau. Frau mit schwarzer Perücke.
Bettzeug rauf auf das Sofa. Bettzeug runter vom Sofa. Geschirr auf
den Tisch. Geschirr runter vom Tisch. Liebe. Ärger. Verachtung. Zärtlichkeit. Godards Abneigung, sich zu bekennen, widerspricht dem
psychologischen Charakter dieser Szene. Es scheint, als ginge es ihm
um nichts anderes, als das Thema »Mann und Frau streiten sich« in
allen nur erdenklichen Variationen zu filmen.

KS: Der erstaunliche Reichtum an Gefühlen und Verhaltensweisen,
der sich hier offenbart, soll vielleicht auch die Vielschichtigkeit von
Gefühlen wie »Liebe« oder »Enttäuschung« vermitteln. Manchmal
kann Liebe in Ärger oder sogar Verachtung umschlagen, ohne daß sie

deswegen aufhört, Liebe zu sein. Und in der Enttäuschung verbirgt sich immer wieder die Hoffnung, daß die Dinge doch noch gut ausgehen.

HF: Ja, da stimme ich Dir zu, aber ich will eigentlich auf etwas anderes hinaus. Vielleicht läßt es sich daran erläutern, wie Godard von der Badezimmertür Gebrauch macht. Bei dieser Tür fehlt noch die Füllung, weil das Appartement noch ganz neu ist. Als Paul das Bad betritt, öffnet er die Türe. Beim Verlassen des Bades steigt er durch die Öffnung in der Tür. Beim dritten Mal, als er wieder ins Bad geht, öffnet er die Tür etwas, tritt durch die Öffnung in der Tür und schließt sie wieder. Nach diesem Prinzip ist die gesamte Szene strukturiert. Der Grundriß ihrer Wohnung erlaubt Paul und Camille, auf verschiedenen Wegen von einem Zimmer ins nächste zu gelangen, und eröffnet der Kamera eine Fülle von Blickpositionen. Davon macht Godard Gebrauch.

KS: Die Badezimmertür ist demnach ein ähnlicher Auslöser wie die »Teatro n. 6«-Lettern in der Cinecittà-Szene.

HF: Die ganze Wohnung ist eine dokumentarische Herausforderung. Es läßt sich nicht überschauen, wie sie geschnitten ist. Als befänden sie sich in einem Labyrinth, tauchen Camille und Paul an völlig unerwarteten Stellen auf. Diese Wohnung ist keine Bühne, sie läßt sich kaum einer Erzählabsicht unterwerfen, eher schreibt sie vor, was geschehen kann.

KS: Zunächst scheint es, als hätte diese Szene mit dem von Lang gedrehten Film nichts zu tun. Dieser Eindruck kann aber nur entstehen, wenn man sich mit Paul identifiziert, der Dinge zwar ansieht, sie aber nicht erfaßt. In der Wohnung der beiden steht die neoklassizistisch anmutende Skulptur eines weiblichen Aktes. Während dieses Streits klopft ihr Paul auf die Brüste und auf die Scham. Dabei läßt er die Bemerkung fallen: »Sie klingt nicht überall gleich.« Für ihn ist die Skulptur eine hohles Stück Metall. Ihres Stils wegen, aber auch weil alle Götter in *Le Mépris* Plastiken sind, rutscht diese Skulptur automatisch in die Rolle einer »Göttin des Haushalts«. Pauls Gewaltakt nimmt den Akt sexueller Aggression vorweg – vielleicht löst er ihn auch erst aus? –, als Paul am Höhepunkt des Streits Camille ins Gesicht schlägt. In der Welt von Paul und Camille, nicht anders als in der Welt des Odysseus, muß man sich davor hüten, die Götter zu erzürnen. So gleichgültig wie er gegenüber der Skulptur war, blättert Paul in einem Buch über erotische Kunst aus der römischen Antike. Den Bildband

hat er von Jerry als Hilfe zur Abfassung des Drehbuchs erhalten. Unbewußt schlingt sich Paul das Handtuch wie eine römische Toga um.
Obgleich nur indirekt, ist die *Odyssee* stets gegenwärtig.

HF: Camille liest in der Badewanne aus einem Buch über Fritz Lang
vor, der sich an dieser Stelle gerade gegen Verbrechen aus Leidenschaft
ausspricht. Er meint, es nütze nichts, wenn man den Rivalen umbringt.
Auch in diesem Text klingt die *Odyssee* an. Odysseus ist nicht der einzige in *Le Mépris*, der einen Rivalen hat und der sich fragen muß, wie
er darauf reagieren soll.

KS: Paul scheint nicht zu begreifen, welch tiefe Bedeutung Langs
Worte für sein eigenes Leben haben. Weiterhin betrachtet er sich als
einen, der Texte verfaßt, und nicht als einen, der durch Texte bestimmt
wird. Wie um das zu betonen, setzt sich Paul während des Streits an
die Schreibmaschine, um an seinem Roman weiterzuarbeiten. Ein Teil
der von ihm verfaßten Passage stammt bezeichnenderweise wörtlich
aus *Il disprezzo*.

HF: Diese Streitszene ist eine der längsten Szenen in der Geschichte
des Kinos. Sie dauert etwa ein Drittel des Filmes und ereignet sich
wie in Echtzeit. Sie bleibt aber spannend – nicht nur wegen der end-
losen Variationen über eine beschränkte Anzahl von Themen, sondern
auch wegen ihrer rhythmischen Modulationen. Zwei Einstellungen sind
in dieser Hinsicht von besonderem Interesse. In der Mitte der Geschichte, die Camille über Martin und den fliegenden Teppich erzählt,
kommt sie in ihrer schwarzen Perücke zur Tür des Badezimmers, wo
Paul gerade in der Wanne liegt. Sie faßt mit den Händen an die Perücke
und setzt ihren linken Fuß einen Schritt vor. Die Kamera filmt diese
Einstellung aus dem Badezimmer heraus. *Le Mépris* schneidet nun zu
einer Einstellung um, die vom Flur aus gefilmt ist. Man sieht Camille in
der gleichen Position mit den emporgestreckten Händen. Dann
wendet sie sich um und läuft aus dem Bild. Mit dieser Bewegung
beschleunigt sich auch das Erzähltempo. Der Rhythmus der Szene
wird entscheidend verändert. Diesen Augenblick erleben wir als
Bruch, aber ohne Auslassung: Bei Wahrung szenischer Kontinuität
kommt es zu einem qualitativen Sprung.

KS: Allerdings wird der Fortgang der Szene durch die Einfügung einer
Rückblende mit Phantasiebildern gestört. Kurz vor dieser Sequenz
fragt Paul: »Warum willst Du nicht mehr mit mir schlafen?« Camille

antwortet: »Also gut, tun wir's, aber schnell.« Während sie das sagt, legt sie das Handtuch ab, das sie sich um den Körper gewickelt hatte. Nach der Phantasiesequenz verhüllt Paul ihren nackten Körper wieder mit dem Handtuch und meint dabei: »Sei doch nicht so.« Zwischen Camilles Angebot und Pauls Antwort scheinen nur Sekunden vergangen zu sein.

HF: Die Phantasiesequenz ist eine Schleife, die mit dem Bild der nackten, auf einem beigen Teppich liegenden Camille anfängt und aufhört. Jedes Bild dieser Sequenz zeigt Camille – erst nackt auf einem Teppich, dann wieder bekleidet bei einer Tasse Tee oder beim Spaziergang.

KS: Noch während Camilles und Pauls Gemeinsamkeit schwindet, verstehen wir, was sie eigentlich gemeinsam hatten: Camilles Körper. Es ist allerdings erstaunlich, daß diese Bilder nicht nur auf frühere Szenen im Film anspielen, sondern auch spätere vorwegnehmen.

HF: Camilles und Pauls Worte sind der gleichen »Schlaufenstruktur« unterworfen wie die Bilder. Sowohl am Anfang als auch am Ende sagt Paul: »Schon seit längerem nagte der Gedanke in mir, Camille könnte mich verlassen. Mir war klar, daß hier eine Katastrophe drohte, und jetzt befand ich mich mitten in dieser Katastrophe.« Camille fügt hinzu: »Bei anderen Gelegenheiten war alles, was passierte, wie in eine Wolke der Bewußtlosigkeit, der herrlichsten Komplizenschaft gehüllt. Alles vollzog sich mit unvorhersehbarer Schnelligkeit, verrückt, verzaubert, und wenn ich mich dann in Pauls Armen wiederfand, konnte ich mich nicht mehr daran erinnern, was geschehen war.« Dieser Wortwechsel basiert auf einer Textstelle aus *Il disprezzo*. Ich denke, Godard stützt sich auf diese Passage, weil sie so melodramatisch ist. Und er benutzt sie in einer Sequenz, die aufgrund ihrer extremen Verdichtung ebenfalls melodramatischen Charakter hat. Man kann sich diese Sequenz gut als Trailer für eine Verfilmung von Moravias *Il disprezzo* vorstellen. Sie zeigt, daß die Schönheit von Figuren, Situationen und Orten sehr intensiv werden kann, wenn man sie auf ihre Essenz reduziert.

KS: Die Phantasieszene bildet in dieser Hinsicht einen deutlichen Kontrast zu der Auseinandersetzung, in die sie eingefügt ist. Jedes Bild hat eine gewisse Unschlüssigkeit und kann durch das nachfolgende aufgehoben werden, was auch häufig geschieht. Die schwarze Perücke, die Camille mehrfach auf- und absetzt, ist dafür eine Metapher.

HF: Godard macht in der Regel keinen Unterschied zwischen wesentlichen und unwesentlichen Bildern. Im Gegensatz zu den meisten Regisseuren gibt es bei ihm keine Füllbilder. Statt dessen arbeitet er mit Bildern, die auch unabhängig von ihrer narrativen Funktion einen Wert haben. Die Streitszene allerdings ist sein Versuch, jenen Augenblick zu inszenieren, bevor das »Unwiderrufliche« geschieht – den Zeitpunkt, zu dem noch alles möglich scheint.

KS: Die Phantasiesequenz zeichnet sich nicht durch einen inneren Monolog, sondern einen inneren Dialog aus, etwas, das es, wie ein Einhorn, nicht wirklich gibt, aber als Vorstellung unverzichtbar sein kann. Noch erstaunlicher ist, daß dieses Duett in einem Augenblick der Entfremdung einsetzt; es bezeichnet ein Zusammensein in der Trennung. Die Phantasiesequenz zeigt außerdem, wie sich die vorgebliche Unmittelbarkeit im Verhältnis von Paul und Camille verflüchtigt und einem neuen Selbstverständnis Platz macht. Beide existieren nicht mehr innerhalb ihrer Beziehung oder innerhalb ihrer Körper. Wie Paul es ausdrückt: »Auch noch im Zustand der Erregung war es mir möglich, [Camilles] Gesten mit kühlem Blick zu verfolgen. Ebenso mochte sie meine Gesten beobachten.«

HF: Doch wie wir vorhin festgestellt haben, sind die beiden zu keinem Zeitpunkt im Film sich selbst oder einander je gegenwärtig. Sogar in der Schlafzimmerszene ist das Paradies nicht real, sondern das Ziel, auf das Camille zustrebt.

KS: Obwohl *Le Mépris* keine paradiesischen Zustände kennt, wiederholt sich der Sündenfall einige Male. Paul verkauft seine Seele an Jerry für 10.000 Dollar; außerdem verrät er – wie wir noch sehen werden – Camille nicht nur einmal, sondern dreimal. Das Paradies, aus dem Paul und Camille verstoßen werden, liegt, wie ich schon gesagt hatte, ebenso vor ihnen, in der Zukunft, wie hinter ihnen. Das ist eigentlich ein sehr christlicher Gedanke: Die Ursünde existiert nur unter der Bedingung, daß die Menschheit fortfährt, zu sündigen. Damit es überhaupt zum Sündenfall kommen konnte, muß er immer wieder geschehen. Neu an der Fassung, die *Le Mépris* dieser alten Geschichte abringt, ist die Vorstellung, daß das verhängnisvolle Ereignis kein zwanghaftes Schicksal ist, sondern ebensogut aufgehoben werden könnte. Zwar ist Pauls ursprünglicher Verrat an Camille als Verhängnis kodiert, doch Camille gibt ihm zweimal Gelegenheit, die Geschichte umzuschreiben. Da ihm das mißlingt, hat man das Empfinden, das Paradies sei ein weiteres Mal verspielt worden.

HF: Ich finde es seltsam, daß wir in dieser Sequenz Zugang zu Camilles Gedankenwelt bekommen. In Moravias Roman wissen wir nie, was sie denkt. Ebenso wie ihrem Mann bleibt sie uns ein Rätsel.

KS: *Le Mépris* geht mit Camille ganz anders um als *Il disprezzo*. Ihre Subjektivität dient in gewisser Weise dem gesamten Film als ordnende Struktur. *Le Mépris* hat seine Bindung an Camille bereits dadurch bezeugt, daß der Moment, in dem sie in Jerrys Wagen steigt, herausgehoben wird. Der Film fordert uns zudem auf, ihre Erinnerung an diesen Moment mit Pauls Erinnerung zu vergleichen und ihre Version zu bestätigen. So ist es auch in dieser Szene, wenn die Kamera nicht bloß bei einer Gelegenheit, sondern gleich dreimal für Camille Partei ergreift. Als Paul ihr ins Gesicht schlägt, bleibt die Kamera bei Camille, statt auf ihn zu schneiden, während er sein Verhalten zu rechtfertigen sucht. Als Paul ihre »vulgäre Ausdrucksweise« beanstandet, kann Camille demonstrieren, daß sie der Obszönität Anmut zu verleihen weiß. Die Kamera hält in Großaufnahme auf Camille, als diese eine ganze Liste von Schimpfworten hersagt. Schließlich erlaubt ihr der Film in der Phantasiesequenz, was in *Il disprezzo* undenkbar ist: Sie darf den Verlust des Paradieses beklagen, das sie zwar nie besaß, das sie aber – durch Pauls verhängnisvollen Akt – dennoch verloren hat.

HF: Bestimmte Einstellungen in dieser Sequenz evozieren die Schlafzimmerszene, weil Camille einige Male auf dem Bauch liegend gezeigt wird. Die Phantasiesequenz enthält aber außerdem zwei Einstellungen, die Camille in der Vertikalen zeigen, das Gesicht der Kamera zugewandt. Auch hier demonstriert Godard, daß er die Zwänge der Breitwand überwinden kann. Wie die Verdichtung von Sprache und Bild setzen diese Übungen in Horizontalität und Vertikalität die Phantasieszene vom Rest der Wohnungsszene ab. Sie haben eine Deutlichkeit, die den übrigen Szenen fehlt.

KS: Erst ganz zum Schluß der Streitszene bewegt sich die Kamera noch einmal dem Format entsprechend. In dieser Einstellung sitzen Paul und Camille einander gegenüber. Die Lampe auf dem Tisch steht zwischen ihnen. Mit mechanischer Präzision fährt die Kamera von einem zum anderen und wieder zurück. Während dieser Fahrt knipst Paul die Lampe an und aus.

HF:Dieser Szene liegt eine ästhetische, keine dokumentarische Perspektive zugrunde. Ausgangspunkt ist ein formaler Code, nicht der Zufall. Zwar zeigt die Kamera Camille und Paul häufig beim Reden, doch ihre Fahrtbewegungen sind nicht durch den Gehalt des Gesprächs motiviert.

KS: Das An- und Ausknipsen der Lampe hat etwas von der Dramatik und der Bedeutung des Spiels, wenn junge Mädchen die Blütenblätter eines Gänseblümchens abzupfen und dabei auszählen: »Er liebt mich, er liebt mich nicht.« Der verhängnisvolle Moment der Entscheidung ist gekommen, jener Moment, der alles bestimmen wird. Brennt die Lampe am Ende oder brennt sie nicht?

HF: Während der gesamten Szene hat Paul einen Hut getragen. Zu ihrem Ende, bevor er die Wohnung verläßt, ergreift er noch die Pistole. Ihm dämmert langsam, daß er sich nicht außerhalb, sondern innerhalb einer Welt aus Texten befindet. Er glaubt allerdings immer noch, er könne wählen, in welchem Roman oder Film er lebt. Er glaubt, er sei Dean Martin in *Some Came Running* (1958).

KS: In der nächsten Szene, die in einem Kino spielt, folgen weitere horizontale Kamerafahrten, die Paul und Jerry, die rechts vom Mittelgang sitzen, und Lang und Camille, die links sitzen, verbinden. Sie alle sitzen der Leinwand zugewandt, was normalerweise eine Unterhaltung behindern müßte, doch die Bewegung der Kamera läßt die Personen miteinander kommunizieren.

HF: Einmal mehr ist die 35mm-Kamera eine selbständige Apparatur, wie ein Geschütz, eine Werkzeugmaschine oder ein Kran. Sie unterwirft sich dem Gefilmten nicht, sondern besteht auf ihrer Autonomie. Auf der Rampe singt eine Frau, während Liebespaare auf und ab flanieren. Lang und Jerry haben zu entscheiden, ob die Sängerin im *Odyssee*-Film eine Rolle bekommen soll. Jedesmal, wenn eine der Hauptpersonen spricht, blendet die laute Musik hart aus. Wie das An- und Ausknipsen der Lampe ist auch das ein Code. Es gibt eine Regel beim Tonmischen, nach der man die Nebengeräusche dämpfen soll, wenn ein wichtiger Satz gesprochen wird − diese Regel bricht Godard hier, indem er ihr allzu sehr Folge leistet.

KS: Auch im Gegenschuß auf die Bühne fährt die Kamera hin und her. Doch hier bezieht sie ihre Inspiration aus der Willkür, mit der die Paare über die Bühne schweifen.

HF: Im Kinosaal läßt sich Paul zu Jerrys Interpretation der *Odyssee* bekehren: Odysseus sei erst so lange nach Beendigung des trojanischen Krieges zu Penelope zurückgekehrt, weil ihre Untreue ihn unglücklich gemacht hatte. Lang fragt Camille, ob dies Jerrys Version des homerischen Epos sei oder Pauls. Die Frage ist wichtiger als es scheint. Während Paul spricht, scheint er für einen Augenblick lang die *Odyssee* vor dem Hintergrund seines eigenen Lebens zu lesen. Ist denn nicht auch er ein Mann, der glaubt, seine Frau sei ihm untreu?

KS: Es sind selbstverständlich nicht nur die Frauen, die untreu sein können, sondern auch die Übersetzungen. Indem Paul die Geschichte von Odysseus im Lichte seiner eigenen Geschichte liest, produziert er, so könnte man sagen, eine ungetreue Übersetzung. Wie als Antwort darauf beginnt Lang, ein Plädoyer für die pure Mimesis zu halten. Wie Homer der Natur die Treue gehalten habe, so müßten wir dem Autor treu bleiben. Die »Form« der *Odyssee* »darf nicht beeinträchtigt werden«. Wir können ihr entweder entsprechen »oder es gleich sein lassen«.

HF: Obwohl Lang so energisch auf der Notwendigkeit beharrt, Homers *Odyssee* die Treue zu halten, ist er im Film das schlagendste Beispiel dafür, daß dieser Vorsatz nicht einlösbar ist. In der Szene mit den Mustern kann er die griechische Vorstellung vom Schicksal nur über einen Umweg illustrieren; es bedarf dazu der Stimmen Dantes und Hölderlins. Damit verschiebt sich der Bezugsrahmen von einem heidnischen zu einem christlichen Verständnis der Beziehung zwischen Mensch und Gott.

KS: Lang macht deutlich, daß die Bedeutung eines Textes nicht im Text selbst zu finden ist, sondern in anderen Texten liegt. Daraus folgt, daß sich das Erbe der mediterranen Kultur nicht vom angelsächsischen Erbe trennen läßt. Wir lesen die Genesis mit der *Odyssee* und die *Odyssee* mit der Genesis.

HF: Jerry fragt Camille, warum sie nichts zur Geschichte beiträgt. Sie antwortet: »Weil ich nichts zu sagen habe.« Von allen vier Hauptfiguren im Film gibt Camille als einzige keine Interpretation der *Odyssee*. Die anderen behaupten alle, sie hätten Abstand zu den Ereignissen.

KS: Von Anfang an akzeptiert sie die ihr zugewiesene Rolle. Sie *ist* Penelope – die Frau, die von ihrem Mann erwartet, daß er seine Rivalen tötet. Darin liegt ihre narrative Funktion und ihre *raison d'être*.

HF: Auch Paul erfüllt eine narrative Funktion und verfügt über eine *raison d'être* – nur merkt er das selbst nicht. Das Capri-Kapitel von *Le Mépris* beginnt mit einer Einstellung auf Camille, die im Boot sitzt. Vor dem Hintergrund des blauen Meeres sieht man sie halbnah. Die nächste Einstellung zeigt einige Meter neben ihr zwei Männer mit einer Mitchell-Kamera, derselben vielleicht wie vom Anfang des Films. In der darauffolgenden Einstellung sehen wir erneut Camille, diesmal von oben. Während dieser drei Einstellungen ereignet sich ein unausgesprochener Wortwechsel zwischen der Frau und den Kameratechnikern, so als ob beide Seiten dächten: Nun ja, wir haben eine Frau und eine Kamera, legen wir los. Paul kommt ins Bild und fragt: »Was machst Du da?« Jetzt ist die Szene aus der Position gefilmt, die eben noch die Kamera eingenommen hatte. Paul verkündet, er habe gerade Jerrys Theorie verteidigt – die Theorie, derzufolge die *Odyssee* von einem Mann handelt, der seine Frau liebt, aber nicht wiedergeliebt wird. Die *Odyssee* ist auf einmal sehr nahe. Die diegetische und die außerdiegetische Kamera sind praktisch miteinander verschmolzen, so wie auch das Paar Homers und das Paar Godards. Um das noch deutlicher zu machen, gibt Godard, der Langs Assistenten spielt, Paul und Camille Anweisung, sich wegzubewegen – sie seien »im Bild«. Sie begeben sich zum hinteren Teil des Schiffes, während vorne Vorbereitungen für den Dreh von Langs Film getroffen werden.

KS: In dieser Szene besteht Godards Kamera wieder auf ihrer Selbständigkeit gegenüber der Kamera von Lang, und wieder, um Camille Referenz zu erweisen. Paul, der mit dem Rücken zur Mitchell und der Crew auf einem Klappstuhl sitzt, fragt, ob die Schauspielerinnen, die bei der gerade vorbereiteten Einstellung die Meerjungfrauen spielen, »sich ausziehen werden«. Als Francesca dies bejaht, ruft er: »Großartige Sache, dieses Kino. Normalerweise sieht man Frauen nur bekleidet, doch – klick! – im Kino sieht man ihre Ärsche.« Die diegetische Kamera findet mit den bald nackten Meerjungfrauen, was sie gesucht hat, doch Godards Kamera zeigt sie lediglich, noch in lange Tuniken gekleidet und mit dem Rücken zu uns, in einer Einstellung aus großer Entfernung. Die außerdiegetische Kamera bleibt auf Camille gerichtet.

HF: Dagegen bleibt Paul natürlich nicht bei Camille, und gleich darauf hat Jerry sie auch schon erspäht. Er fordert Camille auf, ihn zu begleiten. Weil er englisch spricht und deshalb auf die Übersetzung

seiner Offerte und auf Camilles Antwort warten muß, bekommt er
Zeit, sich elegant in Positur zu stellen: ein Mann, der sich an der
Takelage des Schiffes festhält, hinter ihm die Felsen von Capri. Aus dem
Off antwortet Camille: »Nein, ich werde bald mit meinem Mann zu
Fuß zurückkehren.« Jerry verleiht seiner Einladung noch mehr Nach-
druck. Zum ersten Mal, nachdem sie sich zum Heck des Schiffes
begeben hat, sehen wir Bardot in Großaufnahme. Sie sagt: »Paul!«
Dieses Wort ist ein einziger Hilferuf. Sie neigt den Kopf, vielleicht vor
Scham, als Paul erwidert: »Geh nur, Camille. Mir ist es recht, geh nur,
Camille, geh. Ich werde mit Herrn Lang zu Fuß zurückkehren. Wir
wollen über die *Odyssee* sprechen.« Nach diesen Worten fährt die
Kamera auf Paul zu, während er sich eine Zigarette anzündet und seine
Augen kurz schließt, wodurch seine metaphorische Blindheit deutlich
gemacht wird. Als er die Augen wieder öffnet, ist der von ihm aus-
gelöste Mechanismus in Gang. Wir sehen gerade noch, wie Camille
verschwindet. Sie ergreift das Tau, das den Übertritt zum anderen Boot
markiert – jenem Boot, auf dem sie ihm davonfahren wird. Viel stärker als beim Aufbruch aus Cinecittà unterstreicht die Erzählung, daß
Camille dem Produzenten überlassen wird.

KS: Die ersten Worte, die Lang an Paul richtet, nachdem Camille ab-
gefahren ist, haben wieder die Wirkung, die Geschichte des Paares mit
der *Odyssee* zu verknüpfen: »Am Anfang brauche ich eine Szene, bei
der ein Göttergericht über das Schicksal der Menschen im allgemeinen und das von Odysseus im besonderen berät.« Jener Schauspieler,
der Odysseus spielt, geht über das Schiff; die Kamera folgt ihm mit
einem Schwenk. Odysseus und Paul teilen jetzt ein und denselben
Erzählraum. Das Schicksal des einen ist zum Schicksal des anderen
geworden. Der Schwenk geht an Odysseus vorbei und richtet sich auf

den Ozean. In der Ferne sieht man das Boot mit Camille und Jerry entschwinden. Diesem Schwenk folgt ein Schnitt auf die Neptun-Statue, der Unheil verheißt.

HF: All die Gespräche zwischen Paul und Camille konnten nicht verhindern, daß er seinen tragischen Fehler wiederholt. Sie haben nicht einmal dazu geführt, daß ihm sein Fehler bewußt wird. Die Kamera, die von Odysseus zum Boot schwenkt, das in der Ferne entschwindet, filmt nicht aus Pauls Sicht.

KS: Bei den zwei folgenden Einstellungen macht die Kamera ihre Unabhängigkeit noch stärker geltend. In der ersten umkreist sie von unten die Neptun-Statue – in einer Position, die Paul unmöglich einnehmen könnte. Dann steigt sie in einer sehr totalen Einstellung in die Höhe, um Paul, verborgen hinter einem Vorsprung, auf der Spitze eines der Felsen von Capri zu entdecken. Die Kamera scheint uns zeigen zu wollen, wie fern sie Paul steht.

HF: Paul schlägt eine neue Interpretation der *Odyssee* vor. Er erklärt Lang, daß es die Rivalen schon gegeben habe, bevor Odysseus in den trojanischen Krieg zog. Odysseus habe Penelope aufgefordert, sich ihnen gegenüber freundlich zu zeigen, und dadurch ihre Liebe verloren. Als er von seiner langen Reise zurückkehrte, wurde ihm klar, daß er die Rivalen nun alle ermorden mußte, sonst würde er Penelope für immer verlieren.

KS: Pauls Neuinterpretation der *Odyssee* entspricht seiner eigenen Lebenssituation. Der Rivale erweist sich plötzlich als das Hauptthema; die Erzählung ist auf den verhängnisvollen Augenblick zugespitzt, in dem ein früherer Fehler entweder wiedergutgemacht oder wiederholt wird. Als sei das eine wirkliche Wahl, entwirft Paul eine Handlung, die Camille und ihn in das Paradies zurückbringen würde, in dem sie niemals waren. In der anschließenden Szene jedoch macht er wieder seinen ursprünglichen Fehler. Er sieht, wie Camille Jerry küßt, und unterläßt es, zu handeln.

HF: Schicksalhaftigkeit hat in *Le Mépris* eine textuelle Gestalt angenommen. Paul und Camille sehen sich plötzlich gefangen in der Filmversion der *Odyssee*; sie beginnen ihr eigenes Leben im Licht des Epos zu deuten. Dabei wird bestimmten Ereignissen eine unheilvolle Bedeutung zugeschrieben. Die kulturellen Produktionen warten nur darauf, uns in dieser Weise in Bedrängnis zu bringen. Ereignisse, die an sich völlig harmlos sind, erhalten plötzlich einen tieferen Sinn. Welcher Text ins Spiel kommt und unserem Leben Bedeutung verleiht, ist im Grunde zufällig. Hat man einmal diesen Blick auf die Welt, dann hängt alles mit allem zusammen.

KS: Ich gebe Dir recht, in *Le Mépris* wird Schicksalhaftigkeit mit dem Einfluß gleichgesetzt, den Texte auf uns haben. In diesem Sinne kann man auch sagen, wir hätten die Götter, die über uns bestimmen, selbst geschaffen. Welche Texte es sind, die in Momenten, wie *Le Mépris* sie zeigt, bedeutsam werden, bleibt aber nicht völlig dem Zufall überlassen. Jede Kultur verfügt über eine Reihe von Meistererzählungen. Aus ihnen speisen sich die Vorstellungen, mit deren Hilfe Menschen ihrem Leben Sinn geben, wobei sie durch diese Erzählungen zugleich geformt und eingeschränkt werden. Diesem Schicksal entgeht niemand. Auch Odysseus hatte keine Wahl, als sich der Hilfe der Götter zu versichern oder gegen sie zu kämpfen.

HF: Auch wenn wir unser Leben durch Erzählungen hindurch interpretieren, zeigt *Le Mépris*, daß wir verändernd auf sie einwirken können. Paul und Camille spielen nicht einfach vorgeschriebene Rollen nach; sie schreiben die Geschichte von Odysseus und Penelope auch um.

KS: Ja, *Le Mépris* verdeutlicht, daß Meistererzählungen ihre Macht nur dadurch bewahren, daß sie ständig variiert werden, wobei jede Variation sich von der vorherigen Fassung entfernt und neue Elemente einführt. Genau das bedeutet in diesem Film »Übersetzung«. So bezeichnet Godard das Vermögen, den Zugriff der Meistererzählungen zu lockern. Handlungsfähigkeit besteht darin, die Geschichten, die uns bestimmen, neu entwerfen zu können.

HF: In der Szene auf dem Dach von Jerrys Villa spielen Paul und Camille die zwei Interpretationen der *Odyssee* durch, die Paul entwickelt hatte. Dabei verändern sie Form und Erzählung des homerischen Epos. Die erste Dachszene ist nicht wie eine epische Dichtung inszeniert, sondern als Theaterstück. Das flache Dach ist die Bühne; Camille und Paul müssen Dutzende Treppenstufen hinaufklettern, um es zu erreichen. Der Himmel, das Meer und die Felsen von Capri bilden die spektakuläre Kulisse dieses Freilufttheaters; Paul und Camille agieren wie Schauspieler. Sie winkt ihm mit beiden Armen zu, als er von seinem Spaziergang zurückkehrt. Mit ihren überdeutlichen Bewegungen macht

sie auch noch dem letzten Zuschauer klar, daß sie Penelope ist, die
nach zwanzig Jahren den Heimkehrer Odysseus zu Haus empfängt.
Paul betritt die Bühne und ruft laut nach Camille, obwohl er erkennen kann, daß niemand da ist. Gleich darauf sieht er, wie sich Camille
und Jerry an einem der Fenster der Villa küssen, womit Penelopes Untreue bezeugt ist. Wie das elisabethanische Schauspiel rechnet diese
Kußszene mit einem Betrachter; die Fensteröffnung entspricht dem
Balkon von Romeo und Julia.

KS: In der anschließenden Szene in der Villa hat Paul endlich die Kraft,
den Drehbuchjob zu kündigen. Er ist allerdings nicht so weit, begründen zu können, warum er nicht länger für Jerry arbeiten will.
Später läßt er anklingen, daß seine Entscheidung nicht endgültig sein
muß. Camille geht wieder auf das Dach, und Paul folgt ihr kurz darauf.

HF: Als Paul sie erblickt, trägt sie ein metaphorisches Feigenblatt. Das
aufgeschlagene Buch bedeckt allerdings nicht ihr Geschlecht, sondern
den Po, der schon in der Phantasiesequenz, aber auch in der zweiten
Einstellung des Films so zärtlich von der Kamera ins Bild gerückt
worden war. Als Paul das Feigenblatt entfernt, hüllt sich Camille in
einen gelben Bademantel.

KS: Bereits während der Streitszene hatte Paul das Bedürfnis gehabt,
Camilles Körper, als ob der seine Unschuld verloren hätte, zu bedecken. Jetzt markiert die Nacktheit eindeutig einen Zustand nach
dem Sündenfall. Paul erzählt Camille, er sähe sie wie zum ersten Mal
– es sei ihm wie Schuppen von den Augen gefallen. Zum ersten Mal
ist er auch in der Lage, Camille und sich selbst gegenüber die Gründe

für ihre Entfremdung einzugestehen. Aber noch immer scheint es, als ob er sieht, ohne zu erkennen. Er bittet Camille zu entscheiden, ob er das Drehbuch schreiben soll, und er bietet an, noch länger mit ihr in Jerrys Villa zu bleiben. Mit jedem Wort wird die Kluft zwischen ihnen tiefer. Was unwiderruflich schien, wird schließlich unwiderruflich; es besteht keine Chance mehr für einen Neuanfang.

HF: Wenn das Mißverständnis so grundlegend geworden ist, daß die Vorstellungen des einen Menschen für den anderen überhaupt nicht mehr nachvollziehbar sind, dann ist jegliche Versöhnung ausgeschlossen. Genau das ist die Situation am Ende der Dachszene.

KS: Ja, es scheint als wolle Godard bedeuten, daß die Liebe weniger einer vollständigen und angemessenen Sprache bedarf, als vielmehr des Wagnisses der Übersetzung. Der Sprache untreu zu sein, muß nicht heißen, daß man ihrer Übersetzbarkeit mißtraut.

HF: Kommt dieses Prinzip sowohl auf der Ebene der filmischen Aussage als auch innerhalb der Fiktion zum Tragen? Hält Godards Kamera Camille die Treue, indem sie sie verrät?

KS: So kommt es mir vor. In gewisser Weise sagt der Film nie »Camille«, egal wie sehr die Kamera bei dem Bild ihres Körpers verweilt. Er sagt: »Eva«, »Penelope«, »Bardot«.

HF: Paul muß eingeschlafen sein, nachdem er sich gesetzt hatte, während Camille ins Meer hinausschwamm – nackt wie die Seejungfrau auf den Mustern. Als er aufwacht, ist sie bereits in Jerrys Begleitung auf der verhängnisvollen Rückreise nach Rom. »Au revoir« hat

sie auf den hinterlassenen Zettel geschrieben; der Film läßt keine wörtliche Übersetzung zu.[13]

KS: Während Homers Penelope jahrelang wartet, daß Odysseus ihre Freier tötet, zeigt Camille nicht so viel Geduld. Sie versucht, die Welt dieses Textes zu verlassen und ihrer »Penelope-Funktion« zu entkommen. Man könnte behaupten, daß Le Mépris ihr ein Leben außerhalb dieser Wirklichkeit verwehrt. Man könnte aber auch behaupten, daß der Film ihren Tod als das Ende jeder möglichen Veränderung inszeniert. Die Verschmelzung der Rahmenhandlung mit dem Film im Film, der Odyssee Langs, ist durch ihren Tod jedenfalls unmöglich geworden. Ohne Camille / Penelope kann Paul nicht länger Odysseus sein. Er verläßt Capri, und Le Mépris schließt mit dem Dreh von Langs Version der Rückkehr des Odysseus. Wieder ist der verhängnisvolle Augenblick der Entscheidung gekommen. Odysseus muß sich überlegen, was er mit seinen Rivalen anfangen soll. Doch nun spielt ein anderer diese Rolle.

HF: Le Mépris ist nicht nur die Geschichte von Paul und Camille und der Odyssee, sondern auch die Geschichte Italiens. Eben das verkündet die Plakatwand in der Szene vor dem Capri-Kapitel: Viaggio in Italia. Die Fahrt von Rom nach Capri kann sich Godard schwerlich vorstellen, ohne diesen Film Rosselinis aus dem Jahr 1953 zu zitieren. Der Filmtitel hat eine narrative Bedeutung, so wie das bei Buch- und Filmtiteln in den Filmen von Godard oft der Fall ist. Le Mépris spielt in Italien, weil hier Vergangenheit und Gegenwart unmittelbar aufeinanderprallen. Aber noch eine weitere Bedeutung steckt in der Anspielung auf den Rosselini-Film. In Viaggio in Italia mietet ein Ehepaar ein Haus in der Nähe des Vesuv. Von ihrer Terrasse aus kann man eine der berühmtesten Kulturlandschaften der Welt erblicken. Rosselini schneidet die Landschaftsbilder aber in kurze Einstellungen, als hätte das Paar keine Augen für die Schönheit der Umgebung. Wie Paul und Camille denkt dieses Ehepaar mehr an eine Trennung als an Italien.[14]

KS: Ich weiß nicht, ob ich dieser Deutung zustimmen kann. Die Paare beider Filme bewohnen Italien mit Leib und Seele, nur eben nicht mit ihren Augen.

HF: Ja, vielleicht muß man sich ihre Reisen anders vorstellen als jene der Touristen des neunzehnten Jahrhunderts. In der Vergangenheit pflegten die Reisenden die Landschaften um Palermo, Sorrento und Capri zu skizzieren oder zu malen. Das geschah nicht in der Absicht, Bilder zu produzieren, sondern um die Landschaft besser zu verstehen, so wie man Musik besser versteht, wenn man Klavier spielt. Dagegen erfahren die Paare aus *Viaggio in Italia* und *Le Mépris* Italien durch das Medium ihrer eigenen Existenz; es ist nicht die Malerei, sondern es sind ihre persönlichen Beziehungen, welche sie mit der Landschaft verbinden. Vielleicht ist die Liebe die Kunstform unserer Zeit. Obwohl sich Paul und Camille existentiell mit Italien verbinden, bleibt die Kamera doch der Tourist des neunzehnten Jahrhunderts. Sie muß weiterhin Bilder machen.

KS: Ja, nur hindert uns Godard zu denken, daß dieser »Tourismus« des neunzehnten Jahrhunderts eine Beziehung zu Italien aufbauen würde, die authentischer ist als die von Paul und Camille. Capri wird uns immer nur im Rahmen der *Odyssee* gezeigt. Das rot verputzte Haus, wo die letzten Szenen von *Le Mépris* spielen, verweist nicht auf die Villa von Malaparte, sondern auf das Heim, in das Odysseus zweimal zurückkehren und wo er Penelope, die auf ihn wartet, vorfinden wird. Und das tiefblaue Wasser des Mittelmeeres, mit dem der Film abschließt, singt wie die Sirenen von den Abenteuern des Odysseus. *Le Mépris* lehrt uns, daß es ohne *Il disprezzo* keinen Paul und keine Camille gibt, ohne Bilder keine Worte und ohne das klassische Griechenland kein Italien des zwanzigsten Jahrhunderts. Doch obwohl das Paradies mit jeder Übersetzung ein weiteres Mal verloren zu gehen scheint, ist etwas viel wichtigeres gewonnen.

1 Alberto Moravia, *Die Verachtung* [*Il disprezzo*], aus dem Italienischen von Piero Rismondo, Wien und München 1963.

2 Jean-Luc Godard, »Le Mépris«, in: Alain Bergala (Hg.), *Jean-Luc Godard par Jean-Luc Godard*, Paris 1985, S. 249.

3 Bei Zitaten aus dem Film haben wir uns an das französiche Drehbuch gehalten, wie es in *L'Avant-Scène Cinéma*, Nr. 412/413 (1992) veröffentlicht wurde.

4 Jose Luis Guarner zufolge war es insbesondere Levine, der auf Nacktaufnahmen von Bardot bestand. Vgl. Ian Cameron (Hg.), »Le Mépris«, in: *The Films of Jean-Luc Godard*, New York 1969, S. 59.

5 Auch Toby Mussman gibt in seinem Aufsatz »Notes on *Contempt*« den Hinweis, daß in *Le Mépris* die Geschichte vom Sündenfall erzählt wird. In: ders. (Hg.), *Jean-Luc Godard par Jean-Luc Godard: A Critical Anthology*, New York 1968, S. 156)

6 Auch im mittleren Teil der Aufnahme, als alle Farben zur Geltung gebracht werden, taucht ein gelbes Handtuch auf.

7 »An Interview with Jean-Luc Godard« (engl. von Rose Kaplin). Das von den *Cahiers du Cinéma* geführte Gespräch findet sich wiederabgedruckt in: T. Mussmann (Hg.), *Jean-Luc Godard par Jean-Luc Godard: A Critical Anthology*, zit. Anm. 5, S. 113.

8 James Monaco meint, daß Godard der Rolle der Francesca die Funktion zugedacht hat, die Synchronisation des Films zu unterlaufen. Vgl. ders., *The New Wave: Truffaut, Godard, Chabrol, Rohmer, Rivette*, New York 1976, S. 138.

9 Jean-Luc Godard, »Scénario du Mépris«, in: *Jean-Luc Godard par Jean-Luc Godard*, zit. Anm. 2, S. 246.

10 In »Jenseits des Lustprinzips« [1920] schreibt Sigmund Freud den Trieben einen »dämonischen Zwang« zu. Vgl. ders., *Studienausgabe* Bd. 3, Frankfurt a. M. 1975, S. 246)

11 Dieses Gespräch basiert auf Maurice Blanchots Interpretation von Hölderlins »Dichterberuf«, vgl. Maurice Blanchot, »L'itineraire de Hölderlin«, in: ders., *L'espace littéraire*, Paris 1955, S. 283-92.

12 Wir haben nur die zweite und dritte dieser Varianten gefunden. Die zweite lautet: »so lange der Gott uns nah bleibt«; die dritte: »so lange, bis Gottes Fehl hilft«. Vgl. Friedrich Hölderlin, *Sämtliche Werke und Briefe*, hg. von Michael Knaupp, München 1992, S. 271 und S. 331.

13 Das französische Wort »revoir« bedeutet wörtlich »wiedersehen«.

14 Vgl. hierzu Jacques Aumont, der *Le Mépris* zu *Viaggio in Italia* in Beziehung setzt. In: ders., »The Fall of the Gods: Jean-Luc Godards Le Mépris«, in: Susan Hayward / Ginette Vincendeau (Hg.), *French Films: Texts and Contexts*, New York 1990, S. 219f.

Worte wie Liebe

Alphaville, une étrange aventure de Lemmy Caution (1965)

Die Zeit gebraucht Worte wie Liebe.
Paul Eluard, *Capitale de la douleur*

HF: In *Alphaville* (1965) spielt Eddie Constantine die Rolle des Lemmy Caution, so wie er das schon zuvor in Dutzenden Produktionen der fünfziger und sechziger Jahre getan hatte. Er trägt Hut und Trenchcoat, liebt die Frauen, den Whiskey und das Geld. Doch in diesem Film trägt der Mann mit dem pockennarbigen Gesicht zusätzlich einen Band mit Gedichten von Paul Eluard bei sich. Lemmy Caution braucht beides, Knarre und Poesie, um den Kampf gegen Alpha 60 aufnehmen zu können – ein Computer, der in der Stadt Alphaville ein totalitäres Vernunftregime etabliert hat.

KS: Er bedarf aber noch einer weiteren Waffe: der Liebe von Natasha (Anna Karina). Natasha ist die Tochter von Leonard Vonbraun, jenes Wissenschaftlers, der Alpha 60 entwickelt hat. *Alphaville* beweist, wie recht Susan Sontag mit ihrer Behauptung hat, daß »dort, wo der Schmerz regiert, nur drei Reaktionen wirklich von Relevanz sein können: Gewalt anwenden, mit Ideen herumhantieren, oder zu versuchen, in einer völlig willkürlichen und romantischen Liebe die Verhältnisse zu überwinden.«[1] Im Film stehen diese drei Formen der Reaktion aber nicht in der Weise »beziehungslos« nebeneinander, wie sie es nach Sontag generell tun, sondern bilden zusammen etwas neues, das *Alphaville* als »Licht« versinnbildlicht.

HF: Der Film beginnt mit der Naheinstellung einer runden Deckenlampe. Sie flackert in ominöser Weise zu einer Musik, die man als »Alpha 60-Motiv« bezeichnen könnte. Diese Naheinstellung ist das erste einer ganzen Reihe von Bildern, die Kreisformen zeigen. Godard dienen sie dazu, den Rechner zu charakterisieren, der Alphaville kontrolliert. Indem dieser Rechner, der so hoch entwickelt ist, daß er einen Atomkrieg gegen die Welt führen kann, nur mittels einer einfachen Lampe dargestellt wird, zeigt *Alphaville* seine Verwandtschaft mit jenen

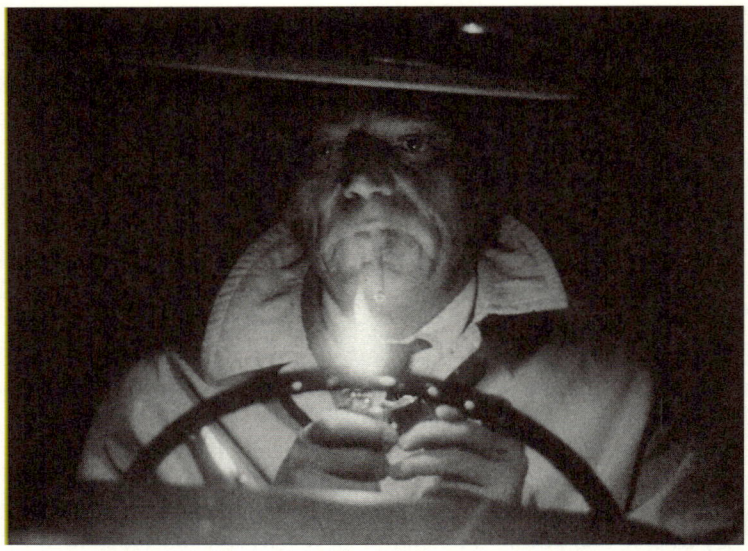

Billigfilmen, in denen ein gewöhnlicher Eßteller eine fliegende Unter-
tasse abgeben darf.

KS: Das gleiche Bild erscheint zum gleichen musikalischen Motiv noch
einmal nach dem Vorspann. Plötzlich schwenkt die Kamera nach rechts
über eine nächtliche Stadtlandschaft. Die erleuchteten Fenster der
Hochhäuser glimmen in der Dunkelheit wie Signallichter. Im Schwenk
gewinnt die Kamera an Fahrt – bis sie entdeckt, worauf ihr Suchen
gerichtet war: die Scheinwerfer eines Ford Galaxy. Bei der nächsten
Einstellung schwenkt die Kamera erst nach links und anschließend an
einem Hochhaus auf und ab, während der Galaxy davor zum Stehen
kommt. Die Stimme von Alpha 60 spricht: »Es gibt Zeiten, zu denen
die Wirklichkeit für eine mündliche Verständigung zu kompliziert wird.
Doch die Legende vermag ihr eine Form zu geben, die die ganze Welt
durchdringt.«[2] Die nächste Einstellung zeigt den Fahrer des Galaxy
halbnah. Zunächst ist nicht viel mehr als das Lenkrad auszumachen
und eine schattenhafte Figur dahinter. Dann aber steckt sich Lemmy
Caution mit dem Feuerzeug eine Zigarette an und läßt den Lichtschein
auf sich fallen. Im Zwielicht, das die Straßen spenden, holt er kurz darauf die Pistole aus dem Handschuhfach, entsichert sie und läßt sie in
die Tasche gleiten – die Legende hat ihren Auftritt.

HF: Offenbar ist Lemmy Caution ein Geheimagent. Nie aber hat man den Eindruck, als stünde irgendeine Organisation hinter ihm. Eher wirkt er wie ein Privatdetektiv. Die Legende, die er verkörpert, ist die heroische Detektivfigur des Amerika der dreißiger und vierziger Jahre, als Gangstersyndikate zum Synonym für politische und ökonomische Macht wurden. Der Detektiv ist eine melancholische Gestalt; er verficht eine Moral, die ihre Geltung längst verloren hat. Nun hat es diesen Topos des Film Noir nach Alphaville verschlagen. Der altmodische Detektiv erlebt seine Wiedergeburt, um es mit den Computermächten aufzunehmen. Obwohl ein Science Fiction-Film, wirkt Alphaville wie ein Film Noir. Jedes aufscheinende Licht kann eine Sternschnuppe sein.

KS: Godard hat in einem Interview behauptet, daß »Lemmy jemand ist, der das Licht zu Menschen bringt, die nicht mehr wissen, was Licht ist.«[3] Diese Aussage klingt zunächst überraschend, schließlich ist Licht für die Einwohner von Alphaville über alle Maßen wichtig. Sie benötigen Elektrizität für ihre eigene Energiezufuhr; ohne dieses Licht könnten sie nicht überleben. Was sie aber tatsächlich vergessen haben, sind die geheiligten Ursprünge des Lichts. Mit seinem Feuerzeug versucht Lemmy ihre Erinnerungen wiederzuerwecken; in dessen Schein erst tritt die Poesie zutage. Er ist Prometheus, der erneut das Feuer von den Göttern zu den Menschen trägt.

HF: Um den mythischen Charakter von Lemmys Feuerzeug zu betonen, läßt Godard es die Szene beleuchten. Bei den meisten Filmen drehen unsichtbare Hände ein Dutzend außerhalb des Bildes montierter Lampen auf, sobald im Bild ein Licht ausgeht. Hier dagegen kann sich Dunkelheit ausbreiten, nachdem Lemmys Licht erloschen ist.

KS: Für die Stimme von Alpha 60 hat Godard einen Mann gewählt, dessen Stimmbänder im Krieg zerstört wurden und der später mit Hilfe einer Membrane zu sprechen lernte. Wie Richard Roud meint, wollte Godard »keine mechanische Stimme, sondern eine, die man sozusagen getötet hat.«[4] Der Grund dafür ist, daß zumindest hypothetisch die Stimme von Alpha 60 über kein Bewußtsein verfügt. Gleichzeitig verkündet der Rechner oftmals ziemlich überraschende Dinge. An dieser Stelle etwa trägt er zur Macht der Caution-Legende bei – und schlägt sich damit nicht auf die Seite der Vernunft, sondern auf die der Poesie. In solchen Augenblicken scheint er eher Freund als Feind zu sein.

HF: Zeigt sich der Rechner als Lemmys Gegner, dann immer im Zusammenhang mit der Zeitform der Gegenwart. Es ist in Alphaville
streng untersagt, sich in der Vergangenheit zu ergehen. Zugleich richten sich alle Anstrengungen darauf, das Kommende zu planen und im
voraus zu kalkulieren, so daß die Zukunft zur Gänze der Gegenwart
untergeordnet wird. Zeitlichkeit wird im Namen der ewigen Wiederkehr des Gleichen ausgemerzt.

KS: Kurz nachdem Alpha 60 das erste Mal zu hören war, vernehmen
wir noch einen weiteren männlichen Off-Kommentar – dieses Mal
Lemmy selbst. Er sagt: »Es war 24 Stunden und 17 Minuten ozeani-
scher Zeit, als ich die Vororte von Alphaville erreichte.« Diese Stimme, die sich erinnert, ist dem Film Noir entlehnt; hier aber übernimmt
sie eine andere Funktion. Sie stellt den Film insgesamt unter das
Zeichen des Vergangenen, und nicht – wie man es bei einer Science
Fiction erwarten sollte – des Zukünftigen.[5] Außerdem deutet sie an,
daß der Zeit im Kampf zwischen Lemmy und Alpha 60 eine zentrale
Rolle zufallen wird.

HF: Als Lemmy in seinem Hotel ankommt, folgt ihm Raoul Coutards
Handkamera durch die Drehtür am Eingang und, als er auf sein Zimmer geht, in den gläsernen Fahrstuhl. In beiden Einstellungen bricht
sich das Licht im Glas und beweist seine expressive Kraft. Als Lemmy
neben der Verführerin Klasse 3, Béatrice, durch die Hotelgänge läuft,
setzt Godard seine Lichtexperimente fort. Die einzigen Lichtquellen
innerhalb der Erzählung sind hier die Deckenlampen und, für einen
Moment lang, Lemmys Feuerzeug. Die Abstände zwischen den
Deckenlampen bewirken, daß Lemmy und Béatrice abwechselnd in
Licht und Schatten getaucht werden.

KS: Sowohl im Gang als auch später auf Lemmys Zimmer plappert
Béatrice ohne Unterlaß: »Hier lang, mein Herr … Ihren Koffer, mein
Herr … Sind Sie müde, mein Herr? …Wollen Sie sich ein bißchen aus-
ruhen, mein Herr?« Die Einwohner Alphavilles kommunizieren in der
Regel über endlos wiederverwendbare Formeln – ein Hinweis auf die
Vorherrschaft des Typus über das Individuum und der *langue* über die
parole.[6] Auf beinahe mathematische Weise wird die Sprache rationali-
siert und stillgestellt; sie kreist um sich selbst und treibt der Kommunikation auf diese Weise die Intersubjektivität aus. Die am häufigsten
gebrauchte Formel: »Es geht mir gut, danke sehr, bitte schön« rechnet mit keinem Gegenüber.

HF: In Detektivstories spielt das Hotelzimmer eine wichtige Rolle. Es ist der anonyme Schauplatz für Sex, einen Drink oder um Selbstmord zu begehen. Lemmys Zimmer ist da keine Ausnahme. In rascher Folge spielen sich hier Verführung, Gewalt und Romanze ab. Eben noch hat sich Lemmy eines Eindringlings und einer zudringlichen Frau erwehren müssen, da betritt die großartige Natasha Vonbraun die Szene. Dieses Hotelzimmer weist allerdings eine Besonderheit auf, aus der Godard auf erfinderische Weise Nutzen ziehen wird: Das Badezimmer läßt sich durch zwei Türen betreten. Während Lemmy durch die eine Tür geht, kann eine weitere Figur unerwartet von der anderen Seite auftauchen. Nachdem der Film Lemmy und Béatrice Gelegenheit gab, das Bad in allen erdenklichen Kombinationen zu betreten und wieder zu verlassen, wird ein von links kommender Eindringling gezeigt. Lemmy naht von rechts. Der zwischen ihnen entbrennende Kampf wird im Spiegel aufgezeichnet, das Kampfgeräusch von der Musik, die aus der Jukebox tönt, nahezu erstickt. In dieser Szene gelingt es *Alphaville*, die Erinnerung an einen Lemmy Caution-Film zu wecken, allerdings wird hier weniger das Muster als der Gestus dieser Reihe beschworen.

KS: Zuvor, Lemmy hatte eben die Vorstädte von Alphaville erreicht, war er auf ein Verkehrszeichen gestoßen, das »Ruhe. Logik. Sicherheit. Sorgfalt« gebot. Die Eigenschaften, die er in der Hotelszene offenbart, widersprechen diesem Gebot in jeder Hinsicht. Zunächst wird Lemmy als gewalttätig charakterisiert. Er schlägt nicht nur den Eindringling zusammen, sondern springt auch derb mit Béatrice um. Von dieser Neigung zur Gewalt könnte man denken, sie stünde im Widerspruch zu seiner Rolle als Retter der Menschheit. Es zeigt sich aber bald, daß Lemmys Moral nur wenig mit einem traditionellen Tugendverständnis gemein hat. Lemmy verkörpert alles Menschliche, das sich der technokratischen Vision Alphavilles widersetzt. Seine Gewalttätigkeit durchbricht den Zustand der Narkose, in dem diese Welt vor sich hin dämmert.

HF: Zugleich ist Lemmys Gewalttätigkeit eine Trope. Er fordert Béatrice auf, sich das Poster mit dem Vargas-Akt über den Kopf zu halten. Dann sehen wir Lemmy, auf dem Bett liegend, bei der Lektüre von Raymond Chandlers *The Big Sleep*. Ohne das Buch abzulegen, schießt er zweimal auf das Poster. Godard erweist damit nicht nur der Detektivtradition, auf die er sich bezieht, Reverenz, sondern setzt auch Lemmys Gewalttätigkeit in Anführungszeichen. Sie hat denselben Stellenwert wie seine Zigaretten, die Pistole und der Trenchcoat.

KS: Alle Vargas-Girls, auch das Bild, auf das Lemmy schießt, zeigen jene träumerische Gelassenheit, über die auch Béatrice verfügt. Man könnte ihm unterstellen, daß er zwar auf das Bild schießt, im Grunde aber die Frau meint. Aus seiner Aggression spricht jedoch weniger Frauenverachtung als Sentimentalität. Daß Lemmys Gewalttätigkeit paradoxerweise für Zärtlichkeit steht, verrät Godard, indem er vor und nach den Schüssen auf ein Auto schneidet, das draußen vorbeirast – von einem Piepton begleitet, der in Alphaville zumeist »Zensur« bedeutet. Nicht Gewalt ist in dieser Welt verboten, sondern Gefühl.

HF: Bevor Lemmy auf das Vargas-Girl schießt, knipst er von Béatrice ein Photo. Die Kamera, mit der er photographiert, ist ein ebenso häufig gebrauchtes Accessoire wie Hut und Trenchcoat. Nur verdankt sie sich nicht dem Film Noir, sondern verknüpft Lemmy mit dem Filmemacher Godard und erinnert uns, daß die Leidenschaft des einen auch die Leidenschaft des anderen ist. Lemmy trägt die heilige Flamme nach Alphaville, wo man nur Elektrizität kennt; Godard bringt dem Kino die Erleuchtung, wo man vergessen hat, daß es außer Studiolampen noch etwas anderes gibt.

KS: Wenn Lemmy durch den Sucher sieht, macht er damit zugleich seinen eigenen Blick oder Standpunkt bewußt. Die Kamera ist immer auch eine Metapher für sein Auge oder Ich: für das, was der Film als »Bewußtsein« bezeichnet. Es ist von entscheidender Bedeutung, daß Lemmys Bewußtsein hier erneut mit Rückschau in Verbindung gebracht wird. Nicht nur ist die Kamera als solche eine Apparatur des neunzehnten Jahrhunderts, auch Lemmys eigener Apparat wird von den Alpha 60-Technikern als altmodisch bewertet. Dazu kommt, daß die Kamera in der Zeitform der Vergangenheit spricht. Stets sagt sie: »Das hier ist gewesen.«[7]

HF: Nachdem Béatrice gegangen ist, kündigt Alpha 60 das Eintreffen von Natasha Vonbraun an. Während Lemmy auf sie wartet, stellt er sein Feuerzeug auf die Konsole und bringt es durch einen gezielten Schuß zum Brennen. Die Kamera hält auf das Feuerzeug, da fragt Natasha aus dem Off: »Haben sie Feuer?« Nach einer Großaufnahme auf ihr Gesicht erwidert Lemmy: »Ich kam 9000 Kilometer, um es ihnen zu bringen.« Hier erklingen zum ersten Mal die romantischen Töne des »Natasha-Motivs«. Der semantische Umfang des Begriffs »Licht« [»light« oder im Französischen »feu« kann sowohl »Feuer« als auch

»Licht« bedeuten, A.d.Ü.] erweitert sich mit diesen beiden Einstellungen erneut.

KS: Für das nun folgende Geschehen bietet *Alphaville* zwei unterschiedliche Fassungen an. Natasha sagt in Großaufnahme: »Mein Name ist Natasha Vonbraun.« Von außerhalb des Bildes antwortet ihr Lemmy: »Ja, ich weiß.« Das Wissen, das aus seiner Stimme spricht, scheint so alt wie die Welt. Es klingt, als seien sie sich seit urdenklicher Zeit wieder und wieder begegnet. Doch die Erinnerung schwindet sogleich. Die Kamera springt jetzt in eine Position, von der aus sie Lemmy und Natasha gemeinsam im Bild unterbringt, während er fragt: »Frau Vonbraun?« und sie ihm darauf in aller Routine erwidert: »Ja, es geht mir gut, danke sehr, bitte schön.«

HF: In Alphaville schütteln die Menschen den Kopf, wenn sie »Ja« sagen und nicken bei »Nein«. Bei Natasha sieht das aus, als hege sie einen Widerstand gegen das, was sie sagt. Ein ähnlicher Widerspruch taucht auf, als Natasha über ihre Pläne für den Abend spricht und man ihr dabei ins Gesicht blickt. Ihre Worte könnten nicht banaler sein, doch aus Stimme und Verhalten spricht eine unendliche Traurigkeit.

KS: Man gewinnt oft den Eindruck, Natasha sei geistig »woanders«. In einer anderen Fiktion wäre dieses »woanders« das Unbewußte. Hier aber wird es mit dem Begriff »Bewußtsein« versehen. Zwischen Alphavilles »Bewußtsein« und Freuds »Unbewußtem« existiert aber dennoch eine strukturelle Entsprechung. Zwar unterliegt das »Bewußtsein« stärker einer sozialen als einer psychischen Verdrängung, doch auch dieses ist vergessen worden und bedarf zu seiner Wiedergewinnung der Aufarbeitung durch Erinnerung. Wie in der Psychoanalyse werden in *Alphaville* Vergessen und Erinnern in linguistische Termini gefaßt. In beiden Fällen kann man sich nicht mehr erinnern, sobald dem jeweiligen Gegenstand der linguistische Ausdruck entzogen wird; umgekehrt vollzieht sich Erinnern durch Sprechen.[8]

HF: Auf dem Weg zum Fahrstuhl fragt Lemmy Natasha im Hotelkorridor, ob sich schon einmal jemand in sie verliebt hat. Das Wort Liebe im Mund zu führen ist in Alphaville strikt untersagt, deshalb hat es die größte magische Kraft. Hier führt es aber lediglich zu einem Mißverständnis. Natasha fragt, was es bedeutet, und Lemmy vermutet, daß sie ihn zum Narren hält. Da sie beide nicht imstande sind, den anderen zu verstehen, verfallen sie in Schweigen. Godard schaltet zu-

sätzlich jeden Ton aus, sowohl die Musik als auch das Geräusch ihrer
Schritte. Lemmy und Natasha sind in ihrem Schweigen auf eine Art
vereint, für die sie in der Sprache noch keinen Ausdruck gefunden
haben.

KS: Stets privilegiert *Alphaville* das Nichtverstehen gegenüber der
Vernunft – jenes »warum«, das zu fragen in Alphaville verboten ist,
über das obligatorische »weil«. Das »warum« ist produktiv: Es kann
zu der Einsicht verhelfen, daß etwas vergessen wurde, und das ist der
erste Schritt zum Sich-Erinnern. Lemmy will sich mit seiner Verblüf-
fung aber nicht abfinden. Er erinnert sich, daß er eine Figur aus einer
Detektivgeschichte ist, der Unwissenheit zum Verhängnis werden
kann. »Es ist immer dasselbe,« sagt er aus dem Off, »man versteht
nichts, und dann, eines abends, gehst du deswegen hops.« Er schreibt
sich diese Worte in sein Notizbuch, dem Gegenstück zum Photo-
apparat.

HF: Als Natasha und Lemmy mit dem gläsernen Fahrstuhl hinunter in
die Halle fahren, steigt die Kamera wieder in die Nachbarkabine.
Natasha und Lemmy fahren zuerst los, und für einen Augenblick, bis
die Kabinen wieder gleichziehen, ist die Verbindung zwischen Kamera
und Erzählung gekappt. Dieses Spiel von Verlust und Wiederfinden
wird von der Diegese noch einmal aufgegriffen, als Natasha sich langsam von Lemmy entfernt, zum Schalter geht und anschließend zu ihm
zurückkehrt. Hier wird dem Begehren Raum gelassen, damit es sich
entwickeln kann.

KS: Während beide zu Natashas Wagen gehen, spricht Lemmy aus
dem Off: »Ihr Lächeln und ihre kleinen spitzen Zähne erinnerten
mich an einen dieser alten Vampir-Filme, die man in den Cinerama-
Museen zu sehen bekam.« Damit gibt er zu verstehen, daß man auch
von Natasha behaupten könnte, sie würde eher die Vergangenheit als
die Zukunft repräsentieren. Auch ihr Vorname setze sie stärker zu
dem, was war, in Beziehung als zu dem, was ist – erzählt ihr Lemmy
im Auto. Worauf sie ihm das zentrale Dogma von Alphaville entgegenhält: »Ja, doch, man kennt nur das, was in der Gegenwart existiert.
Niemand hat in der Vergangenheit gelebt, und niemand kann in der
Zukunft leben.«

HF: Wir werden später erfahren, daß Natashas eigentlicher Name
nicht Vonbraun, sondern Nosferatu lautet, womit erneut die Brücke

zum Vampirfilm geschlagen wird. Als Lemmy sie fragt, wie weit es noch sei, wendet sich Natasha mit der Anrede »Karl?« an den Fahrer. »Karl« heißt der Kutscher vom Grafen Dracula. Für einen Augenblick wähnen wir uns in einem Horrorfilm. Doch statt uns auf ein entlegenes Schloß zu bringen, meint Karl nur: »Sie wissen doch, daß wir durch die nördliche Zone müssen.«

KS: Nachdem er Henri Dickson (Akim Tamiroff) telephonisch nicht erreichen konnte, macht sich Lemmy auf zum Hotel Roter Stern, dem Schlupfwinkel des ehemaligen Geheimagenten. Im Hotel liest ein Gast laut eine Beschreibung aus einem Reiseführer vor, die dem entspricht, was wir sehen: »Es läßt sich in keiner Weise mit unseren prächtigen … Passagen, die … von Luxus und Licht erstrahlen, vergleichen,« heißt es, »es ist nichts weiter als ein riesiges, aber enges Labyrinth.« Das Treppenhaus, wo Lemmy und Henri reden, wird von einer einzigen kahlen Glühbirne beleuchtet. In seiner Schäbigkeit erinnert das Hotel an B-Movies aus den Vierzigern. Indem er einen großen Lichterkranz einschneidet, in dem sich ein kleinerer Kranz dreht, kontrastiert Godard diesen Ort mit dem offiziellen Stadtbild von Alphaville. Die Ironie will es aber, daß die futuristische Stadt ihrerseits teilhat am Rückfall in die Vergangenheit; Godard beschwört Alphaville, indem er das Paris der sechziger Jahre metaphorisch mit Rauch und Spiegeln versieht.

HF: Mit dem Geld, das Lemmy mitgebracht hat, zahlt Henri nicht nur die Zimmermiete und das Bier, sondern leistet sich einen Traum. Er bittet die für das Hotel zuständige Verführerin auf sein Zimmer. Vor ihrem Eintreffen sprechen er und Lemmy über Alphaville und den hier regierenden Rechner. Ihre Unterhaltung ist eine Ansammlung von Science Fiction-Klischees: Alphaville sei eine »reine Technokratie«, in der Künstler oder Poeten keinen Platz hätten; und Alpha 60 sei im Vergleich zu unseren jetzigen Rechnern unvorstellbar viel intelligenter. »Technokratie« verbildlicht Godard mit einer Naheinstellung auf Einsteins Formel für die Relativitätstheorie, die wir nicht nur aus dem Physikunterricht in der Oberstufe, sondern auch von T-Shirts und Postern her kennen.

KS: Die Science Fiction-Handlung ist bloß die Voraussetzung für eine vertiefte Meditation über Zeitlichkeit und Affekte. Wichtig an dieser Szene ist nicht das Gerede zwischen Henri und Lemmy, sondern was geschieht, nachdem die Verführerin das Zimmer betreten hat. Sie wird von Henri begrüßt, indem er ihr die Namen der legendären Frauen

von einst zuspricht: »Treten sie ein, Madame la Marquise, mein Mantel, Madame Récamier … Danke sehr, Madame Pompadour … Ah,
Madame Bovary.« Diese Schmeicheleien, der Vergangenheit verhaftet,
sind Gesten der Liebe; sie verhelfen Henri dazu, das schäbige Zimmer
zu verklären und die viert- oder fünftklassige Verführerin als Göttin
erscheinen zu lassen.

HF: Auch Lemmy bringt durch das wiederholte Blitzen seiner Kamera
Licht in das Dunkel des Hotels Roter Stern.

KS: Als aber Henri die Verführerin umarmt, ereilt ihn der Tod. Lemmy
tritt an das Bett, auf dem Henri nach Luft ringt, weil er noch auf
Informationen hofft, die ihm bei seiner Aufgabe helfen könnten, Alpha
60 zu zerstören. Doch scheinbar ohne Erfolg. In ihrer Vermengung von
Politik und Affekt klingen Henris letzte Worte verwirrend: »Lemmy …
Bewußtsein … Bewußtsein … bring Alpha 60 dazu, sich selbst zu zerstören … Zärtlichkeit … rette die, die weinen.« Überraschend ist außerdem, was Lemmy unter Henris Kissen findet: Paul Eluards *Capitale de
la douleur*, eines der Meisterwerke des Surrealismus.[9]

HF: Lemmy begibt sich in das Institut für allgemeine Semantik, um
Natasha zu treffen. Als er das Gebäude betritt und nach dem richti-

gen Saal sucht, wird er mit viel »Luft« über dem Kopf gefilmt. Die Kadrage scheint noch etwas anderes bezwecken zu wollen, als nur einen Zustand der Desorientiertheit zu vermitteln. Godard will uns auch die Reihe der Deckenlampen vorführen, die sich in den Fenstern als Sternenhimmel spiegelt. *Alphaville* folgt Lemmys Weg durch die vielen Räume des Instituts nahezu in Echtzeit. Godard ist an der Bewegung nicht weniger interessiert als am Licht, und Eddie Constantine ist ein Schauspieler, der sich zu bewegen weiß.

KS: Der Raum, in dem Natasha dem Vortrag von Alpha 60 lauscht, ist bei Lemmys Eintreten stockfinster. Lemmy wird von einer Platzanweiserin mit der Taschenlampe zu seinem Sitz geleitet. Beide Gestalten tappen durch die Dunkelheit; von Zeit zu Zeit fällt das Licht auf ein verfremdet aufscheinendes Gesicht. Die Taschenlampe wird zur glühenden Fackel, die nach Natasha Ausschau hält; in dieser samtenen Nacht zieht es das Licht zur Motte, nicht die Motte zum Licht.

HF: Nachdem die Platzanweiserin Lemmy verlassen hat, geht sie zum Wandschalter und schaltet die Beleuchtung ein. Unter dem elektrischen Licht verflüchtigt sich das mythische Moment, und aus der glühenden Fackel wird wieder eine ganz gewöhnliche Taschenlampe. Lemmy versucht, mit Natasha zu reden, doch sie bittet um Ruhe und weist auf Alpha 60. Der Rechner, der uns 150 Lichtjahre voraus ist, wird in dieser Szene mit Hilfe des Kühlers eines Peugeot oder Renault dargestellt. Wieder demonstriert Godard, daß sich der Eindruck, vor einer hochtechnologischen Apparatur zu stehen, mit den Mitteln einfachster Technik erzielen läßt. Indem er Glühbirnen hinter den Ventilator klemmt und dessen Rotationsbewegungen mit der orphischen Stimme von Alpha 60 unterlegt, macht er aus einem gewöhnlichen Autoteil einen angemessenen Widersacher für seinen überlebensgroßen Protagonisten.

KS: In der ersten Einstellung des Films spricht Alpha 60 aus der Vergangenheit. Wie auch Lemmys Stimme führt uns der Rechner in eine Welt, die nicht mehr besteht. In dieser Szene aber meldet er sich aus dem Innersten der Erzählung heraus zu Wort. Doch erneut ist er ein wesentlich ungetreuerer Repräsentant der Ideologie von Alphaville als viele der menschlichen Einwohner. Es beginnt alles ganz konventionell: Niemand hat in der Vergangenheit gelebt, und niemand wird in der Zukunft leben, weil Zeit ein sich endlos wiederholender Zirkel ist, die ewige Wiederkehr des Gleichen. Aus diesem Grund sei »alles schon

gesagt«. Dieser letzte Gedanke weckt aber umgehend die Befürchtung, daß Zeitlichkeit ein Wesensbestandteil der Sprache sein könnte.
Wie ließe sich dann ausschließen, daß Worte ihre Bedeutungen ändern
und Bedeutungen ihre Worte? Und ist Differenz nicht auch Teil des
menschlichen Wesens, so daß selbst der Glaube eine im Grunde höchst
individuelle Angelegenheit ist? Erscheint es nicht offensichtlich, »daß
jemand, der ständig an der Schmerzgrenze existiert, [einer anderen]
Form von Religion bedarf als jemand, der zumeist geborgen lebt«?
Alpha 60 klammert sich an das Konzept einer ewigen Gegenwart, als
suchte er den genannten Befürchtungen zu entfliehen, was nur zu
neuen Befürchtungen Anlaß gibt. Wenn niemand vor uns gelebt hat,
dann sind wir »einzigartig, verzweifelt einzigartig«. Anders als Lemmy
Caution, der in einem ständigen Austausch mit vergangenen Geschichten und Legenden steht, vernimmt Alpha 60 in der Leere nichts
als das Echo der eigenen Stimme. Ausschließlich gegenwärtig zu sein
bedeutet, nie relational denken zu können. Wenn man Sichtbares und
Hörbares nicht mit zuvor Gesehenem und Gehörtem vergleichen
kann, dann »lassen sich zwar ein einzelnes Wort oder ein vereinzeltes Detail auf einer Zeichnung erkennen. Doch das Verständnis des
Ganzen fehlt.«

HF: Um die unendliche Gegenwart von Alphaville zu veranschaulichen,
greift Alpha 60 zum Bild des Kreises. Was eigenartig ist, denn der Kreis
deutet eher auf Mythos denn auf Vernunft. Wahrscheinlich überschreitet Alpha 60 auch hier die Doktrin, die er selbst vertritt. Ohne
das mythische Ornament kann der Rechner nicht existieren.

KS: Der Kreis ist als Symbol von Alphaville überall gegenwärtig. Die
Hauptstraßen sind alle in Kreisform angelegt, jedes Bild von Alpha 60
hat die Gestalt eines Kreises, und auch über das endlos wiederholte
»Es geht mir gut, danke sehr, bitte schön« könnte man sagen, daß es
in einer Zirkelbewegung stets wieder in sich selbst einmündet. Dagegen werden diejenigen als gradlinig charakterisiert, deren Existenzweise eine zeitliche ist. Wir haben uns daran gewöhnt, Linearität
teleologisch zu denken, als ein Prinzip, das die Mittel dem Zweck
unterordnet. Aber wir werden sehen, daß die Dissidenten unter den
Einwohnern Alphavilles gänzlich anderer Meinung sind. Für sie ist die
Bewegung vorwärts eine Erlösung. Allerdings ist der Gegensatz
zwischen gerader Linie und Kreis, wie Du schon gesagt hast, kein
Dogma.

HF: Die Zeichnungen, auf die wir während des Vortrags von Alpha 60 blicken, scheinen von nirgendwoher zu kommen. Für einen Moment sehen wir die weiße Projektionsfläche, aber nie den Projektor. Wie die Worte, die Alpha 60 spricht, stehen auch diese Zeichnungen in einem merkwürdig widersprüchlichen Verhältnis zur Ideologie von Alphaville. Auf einer einprägsamen Darstellung sieht man eine Wippe, an deren Enden ein Ausrufe- bzw. ein Fragezeichen stehen. Die Wippe steht waagerecht; sie gibt weder dem einen noch dem anderen Zeichen Priorität. Auf einer anderen Zeichnung erblickt man das Signum SOS, wie es eben in den Fluten zu versinken droht.

KS: Während die Ideologie von Alphaville Sprache auf mathematische Formalisierung hindrängt, geschieht hier das Gegenteil. In dieser Szene wird der Versuch unternommen, die Beziehung zwischen Signifikant und Signifikat sowie zwischen Zeichen und Referent zu »motivieren«.[10] Die Sprache wird einem Prozeß ausgesetzt, den Freud als »Primär-vorgang« bezeichnet: Worte und andere linguistische Symbole werden wie Bilder oder sogar Dinge behandelt.[1] Dieser Vorgang ist der Ratio direkt entgegengesetzt. Nicht nur wird gezeigt, wie sich die Bedeutung von Worten verschiebt, die Worte werden außerdem noch in den Dienst des Begehrens gestellt. Gleich dem Monolog, den Alpha 60 hält, deuten die Bilder, die ihn begleiten, auf einen fundamentalen Widerspruch im Megahirn. Dieser Widerspruch läßt sich nicht auf-heben. Alpha 60 steht außerhalb der Zeit, verfügt aber über Gedächtnis. Der Computer kann sich nicht erinnern, ist aber auch nicht imstande, irgend etwas zu vergessen.

HF: Mit einem Freund läuft Natasha nach Vortragsende eine Wendel-treppe hinunter. Moderne Gebäude wie das Institut für allgemeine Se-mantik beruhen auf dem rechten Winkel. Hin und wieder läßt der schonungslose Rationalismus des rechten Winkels aber auch Raum für die mythische Kreisform. Indem er Natasha auf der Wendeltreppe zeigt, macht uns Godard erneut darauf aufmerksam, daß die Einwoh-ner Alphavilles nicht vom Funktionalismus allein leben können.

KS: Im Foyer des Instituts für allgemeine Semantik erklärt ihr Lemmy, daß er von der Lektion des Rechners nichts begriffen habe. Aus Natashas Antwort läßt sich schließen, daß die Einwohner Alphavilles so sehr auf die Salbadereien von Alpha 60 programmiert sind, daß ihnen Abweichungen oder Brüche entgehen. Für Natasha ist die Lektion eindeutig: Leben und Tod existieren in ein und derselben

Sphäre. Doch Leben und Tod in die gleiche Sphäre zu verlegen liefe
darauf hinaus, die Endlichkeit zu verleugnen. Es hieße, die radikalste
aller Differenzen gleichzumachen oder das große Unbekannte in das
immer schon Dagewesene zu hüllen. Um sicherzugehen, daß er sie
richtig verstanden hat, stellt Lemmy Natasha die Schlüsselfrage:
»Fürchtest du den Tod?« – »Natürlich nicht«, entgegnet sie ihm daraufhin. Wo nichts die Gewißheit zu erschüttern vermag, da ist auch
keine Furcht. Es kommt wie eine Erlösung, als sie dann doch nachhakt:
»Warum?«

HF: Als ihr Auto an einer roten Ampel vorbeikommt zeigt sich, daß
in Schwarz-Weiß die drei Ampelfarben nicht gleich aussehen. Das liegt
daran, daß sie nicht die gleiche Intensität haben und sich auch, entsprechend ihrer Position zur Kamera, je verschieden in dessen Objektiv brechen – und das erscheint wie ein Wunder.

KS: Gegen Ende dieser Episode hören wir wieder die Stimme von
Alpha 60. Man hat zuerst den Eindruck, sie käme von demselben
mysteriösen Ort wie schon zu Filmbeginn. Sie artikuliert sich diesmal
allerdings zweifelsfrei als Stimme der Vernunft:»Auch besteht weder
in der sogenannten kapitalistischen Welt noch in der kommunistischen
Welt irgendeine böswillige Absicht, die Menschen durch die Macht
der Indoktrination oder des Geldes zu knechten; es gibt bloß das für
Organisationen ganz natürliche Ziel, alle Handlungen zu planen.«
Während Natasha und Lemmy das Gebäude betreten, in dem der
Galaempfang stattfindet, führt Natasha die Rede zu Ende:»Mit anderen Worten, wir minimieren das Unbekannte.« Damit wird klar, daß
Alpha 60 in diesem Moment aus Natashas Psyche spricht.Was er sagt,
bezieht sich weniger auf Gefahren, die aus der Vergangenheit drohen,
als auf solche, die in der Zukunft lauern – insbesondere alles, was mit
dem Tod zusammenhängt. Durch Planung versucht die Technokratie
von Alphaville, aus der Zukunft etwas zu machen, das sich von der
Gegenwart her steuern läßt und damit lediglich eine Erweiterung der
Gegenwart darstellt.

HF: Die Gala findet in einem Hallenbad statt. Auf einer Seite stehen
die Dissidenten aufgereiht, die einer nach dem anderen erschossen
werden sollen. Ihr Verbrechen besteht darin, sich unlogisch verhalten
oder Gefühle gezeigt zu haben. Einer hatte geweint, als seine Frau
starb, ein anderer glaubt an »Liebe und Aufrichtigkeit, Zärtlichkeit,
Großzügigkeit und Opferbereitschaft«. Wenn sie das Ende des Sprung-

bretts erreichen, wird eine Salve auf sie abgefeuert. Wer noch lebt, wird im Becken von einer Staffel Badenixen erdolcht. Hallenbäder können einem das Gefühl vermitteln, eingesperrt zu sein. Deren Duschräume und der Mangel an Privatheit erwecken Assoziationen an Konzentrationslager. Vielleicht ist das der Grund, warum Godard auf das Hallenbad als Hinrichtungsstätte verfallen ist. Das weibliche Bataillon, das in Ballettformation schwimmt, erinnert an das sonderbarste aller in Hollywood entwickelten Filmgenres, den Esther Williams-Film.

KS: Im Grunde geht es in dieser Szene aber um das Bild der geraden Linie. Das Hallenbad ist gut gewählt, weil sich für die Art von Linearität, um die es hier geht, kaum eine bessere Metapher finden läßt als das Sprungbrett. Das erste Opfer sagt »Es ist im Sinne des Lebens, daß man geradewegs auf das zusteuert, was man liebt.« und schreitet gefaßt auf das Ende des Sprungbretts zu. Die gerade Linie stellt die Antithese dar zur Bewegung, die ein festes Ziel vor Augen hat. Sie steht für das pure Begehren, das ohne wenn und aber auf sein Objekt losstürzt, aber auch dafür, daß das Subjekt die eigene Wahrheit zu erkennen sucht. Weder beim Begehren noch bei der Wahrheit wissen wir, was uns erwartet.

HF: Am Ende der Veranstaltung gelingt es Lemmy, die wichtigste
Person unter den Zuschauern, Leonard Vonbraun, von seinen Leib-
wächtern zu entfernen und in den Fahrstuhl zu schubsen. Als sie im
fünften Stockwerk ankommen, warten die Leibwächter jedoch schon
auf ihn. Er wird in den Fahrstuhl zurückgestoßen, und sie beginnen ihn
zu verprügeln. Die eigentlichen Treffer setzt Alphaville nie ins Bild –
nur die Intervalle zwischen den Schlägen, in denen Lemmy von einem
Leibwächter zum anderen durch das Bild pendelt. Die Anzeige des her-
abfahrenden Fahrstuhls zeigt die Zahl der Hiebe an und zählt ihn aus;
im Untergeschoß ist er k.o.

KS: Als Natasha den mißhandelten Lemmy zu Gesicht bekommt,
steigen ihr Tränen auf. Wie die Dissidenten hat sie sich nun endgültig
unlogischen, will sagen: menschlichen Betragens schuldig gemacht.
Einer der Anwesenden fragt, ob sie weint. »Nein ... das ist doch verboten«, gibt sie zur Antwort. Als die Kamera auf die Tränen hält, die
ihr die Wange hinunterlaufen, nimmt Godard die Raumausleuchtung
zurück, so daß ihr Gesicht desto heller erstrahlt. Es gibt kein Positiv
ohne Negativ – kein Weiß ohne Schwarz, keine Sterne ohne Nacht
und kein Begehren ohne ein gewisses Todesbewußtsein.

HF: Lemmy wird zum Verhör auf die Einwohnerkontrolle geschafft,
einem riesigen Bürokomplex, der auch Alpha 60 beherbergt. Zunächst
stellt ihm der Rechner einige Routinefragen nach Name und Alter,
anschließend folgen die vom Rechner so bezeichneten »Testfragen«.
Alpha 60 wird wieder mit Hilfe des Kühlers, aber auch mit der Deckenlampe repräsentiert. Die Deckenlampe ist mit unterschiedlichen Blen-
den gefilmt, so daß ihr Licht belebt erscheint. Die Mikrophone bewegen sich wie ein gestikulierender Roboter hin und her, wenn Alpha 60
redet.

KS: In der Sequenz mit den Testfragen werden Erinnerungen wach an
den Vortrag im Institut für allgemeine Semantik. Das Gespräch beginnt
sich um verbotene Themen zu drehen – Furcht, Tod, Liebe, Poesie –,
allerdings scheint es zuweilen ganz unwesentlich, wer hier Fragen stellt
und wer sie beantwortet. Lemmy und Alpha 60 werden sich immer
ähnlicher. Einmal erfahren wir: Es ist die Poesie, die die Nacht in den
Tag verwandelt, an anderer Stelle, daß die Liebe nichts Rätselhaftes an
sich habe. Diese letzte Offenbarung scheint darauf angelegt, uns zu der
verbotenen Frage anzustacheln: »Warum ?«

HF: Lemmy wird im Kernbereich von Alpha 60 gezeigt. Der Film folgt hier ganz den Konventionen einer Science Fiction. Lemmy findet heraus, daß ein Mensch aus seiner eigenen Welt, Leonard Nosferatu – unter dem Namen Leonard Vonbraun –, die Technokratie von Alphaville zu verantworten hat. Prototyp eines Wissenschaftlers, war ihm mehr an der Entwicklung seiner Theorien als am Wohl seines Landes gelegen. Inzwischen hat sich diese Amoralität zu einer beispiellosen Teufelei ausgewachsen. Vonbrauns Geschöpf, Alpha 60, hat der Welt, so wie wir sie kennen, den Krieg erklärt. Nur ein einziger Mensch kann diese Katastrophe noch verhindern: ein Mensch aus der alten, technologisch rückständigeren Kultur. Er allein ist in der Lage, die Waffen aufzubieten, um eine solche Maschine zu besiegen, die imstande ist, Probleme zu meistern wie die Berechnung von Zug- und Flugplänen und die Versorgung des Systems mit elektrischer Energie, die aber darüber hinaus sich noch einbildet, die Tücken der Kriegslogistik meistern zu können: Liebe, Poesie und Gewalt.

KS: Während Lemmy aus der Rechnerzentrale flieht, rundet sein Off-Kommentar die Science Fiction-Parabel ab: Alphaville läßt in seinem Konformitätszwang keine Ausnahmen zu. Außenseiter werden schnellstens assimiliert und Dissidenten entweder hingerichtet oder einer Gehirnwäsche unterzogen. An all dem ist Godard aber nicht sonderlich interessiert. Wichtiger als Totalitarismus und intergalaktischer Krieg ist für ihn der Zusammenbruch von Alpha 60, der schwerwiegende Probleme mit seinem Speichersystem hat. Was das für den Computer bedeutet, hat sich schon bei der Szene im Institut für allgemeine Semantik angedeutet. Was es für die Einwohner von Alphaville heißt, zeigt sich in der Szene nach Lemmys Flucht aus der Einwohnerkontrolle. Nach einem langen Weg zurück, geht er wieder in der Begleitung einer Verführerin dritter Klasse durch die Hotelhalle. Er fragt sie, ob sie je von den Äußeren Ländern gehört habe.[12] Als sie verneint, legt er ihren Nacken frei und schaut nach, ob sie eine Kontrollnummer trägt. Er herrscht sie an, endlich zu sich zu kommen, doch seine Grobheit schlägt sofort in Zärtlichkeit um, als sie ihn kurz darauf fragt: »Warum?« Aus lauter Dankbarkeit für diese wundersame Wiederkehr des Verdrängten tätschelt Lemmy ihr Bein.

HF: Natasha wartet hinter der Tür, als Lemmy in sein Hotelzimmer zurückkehrt. In einer Wiederaufnahme der früheren Szene, die Lemmy bei Natashas Eintreten zeigte, wird sein Auftritt in drei Möglichkeitsformen durchgespielt. Mit jeder Wiederholung strahlt das

Zimmerlicht heller. Unklar bleibt, welche Fassung die maßgebliche oder eigentliche ist.

KS: Man könnte sagen, daß *Alphaville* selbst hier in der Zeit zurückschreitet und damit an jener retrospektiven Wendung teilhat, die der Film stets mit Bewußtsein gleichsetzt. Es wird außerdem augenfällig, wie flüchtig die Erinnerung ist − wie sie die Vergangenheit unausgesetzt umarbeitet. Indem *Alphaville* drei unterschiedliche Fassungen von Lemmys Eintreten ins Hotelzimmer gibt, erinnert uns der Film daran, daß jede Erinnerung unaufhörlich revidiert und umgearbeitet wird und der Vereinheitlichung widerstrebt.[13]

HF: Lemmy ist sich ein wenig unklar, ob er froh sein soll, Natasha zu sehen. Während er noch überlegt, bittet er sie, den Kopf nach vorn zu beugen, und sieht nach, ob sie eine Kontrollnummer trägt. Als er unten an ihrem Nacken die Nummer 508 findet, braust mit einem Mal Musik auf; das romantische Natasha-Motiv gibt zu verstehen, daß diese Entdeckung in Lemmy ein überraschend heftiges Gefühl ausgelöst hat. Bislang war er immer davon ausgegangen, daß nur die roboterhaftesten Einwohner Alphavilles solche Kontrollnummern tragen.

KS: Allerdings hatte bereits das »Warum?« der Verführerin diesen Glauben erschüttert und den Verdacht in ihm aufsteigen lassen, daß der zu erwartende Kampf nicht zwischen Mensch und Maschine entbrennen wird, sondern zwischen dem menschlichen Bewußtsein und dem, was es knechtet. Mit der Entdeckung der Nummer auf Natashas Nacken wird klar, daß in der Seele jedes Einwohners von Alphaville ein menschliches Wesen eingekerkert ist, das heraus will. In dieses menschliche Wesen mit dem Antlitz Natasha Vonbrauns verliebt sich Lemmy.

HF: Lemmy fragt Natasha, ob sie je von Paul Eluards *Capitale de la douleur* gehört hat. Er reicht ihr das Buch, wobei er vielsagend auf ein paar Abschnitte hinweist, die unterstrichen sind. Natasha beginnt vorzulesen: »Wir leben in der Leere unserer Metamorphosen / doch das Echo, das sich durch den Tag hindurch zieht ... das Echo, das keine Zeit, Verzweiflung und Liebkosungen kennt ... / sind wir nah, oder weit entfernt, von unserem Bewußtsein.«[14] Lemmy fragt Natasha, ob sie je von einer Geheimbotschaft gehört habe. Denn dafür hält er das Eluard-Buch: eine kodierte Botschaft über Alphaville. Wie ein guter Geheimagent versucht er, den Code zu knacken.

KS: Natasha brütet über dem Wort »Bewußtsein«, ein Wort, an das sie sich bislang nicht erinnern kann. Dabei erschließt sie uns die Worte des Eluard-Gedichts auf ganz andere Weise. Sie enthalten in der Tat den Schlüssel zur Zerstörung Alphavilles, aber nicht so, wie Lemmy sich das denkt. Jenes Echo, »das sich durch den Tag hindurchzieht« und sich jenseits von Zeit und Affekt befindet, ist die Stimme von Alpha 60. Sie hat von den Seelen der Einwohner Alphavilles Besitz ergriffen und das »Bewußtsein« unbewußt werden lassen. Soll Alphaville überwunden werden, dann gilt es diese Metamorphose rückgängig zu machen; was unbewußt ist, muß wieder bewußt werden. Doch Lemmy fahndet weiterhin nach einem Code im konventionellen Sinn. »Tod im Gespräch,« sagt er düster, »in die Falle laufen, wenn man selber versucht Fallen zu errichten.« Ihm ist noch nicht klar, daß *Capitale de la douleur* nur demjenigen sein Geheimnis offenbart, der es poetisch zu lesen versteht. Auch in diesem Fall gilt, daß es der Lehrer ist, der dem Schüler die Wahrheit entdeckt.

HF: Natasha startet eine hektische Suche nach der »Bibel«. Die Heilige Schrift ist in Alphaville ein Wörterbuch, das alle Worte aufführt, die die Einwohner kennen dürfen. Wenn Worte gestrichen werden, was alle Tage vorkommt, dann sind sie sofort vergessen. Natasha ruft sich einige Worte in Erinnerung, die in den vergangenen Monaten gestrichen wurden. Sie haben alle einen affektiven Beiklang: »Rotkehlchen«, »Herbstlicht«, »Zärtlichkeit«.

KS: Während Natasha diese Worte spricht, blickt Lemmy auf die Seite in seinem Notizbuch, auf der er die letzten Äußerungen von Henri Dickson eingetragen hat: » ... bring Alpha 60 dazu, sich selbst zu zerstören ... Zärtlichkeit ... rette die, die weinen.« Die Querverweise, die sich zwischen diesen beiden Gruppen von Worten ergeben, machen zwar uns, nicht jedoch Lemmy klar, wie jene Geheimbotschaft lauten muß, die Dickson mit dem Eluard-Buch und seinen letzten Äußerungen übermitteln wollte: Liebe.

HF: Lemmy und Natasha frühstücken vor dem Fernseher, der den davor gedeckten Frühstückstisch als ein Stilleben des zwanzigsten Jahrhunderts spiegelt. Eine Zeitlang sehen wir von den beiden nichts weiter als ihre Finger bei einem miniaturhaften Balztanz. Wie es sich für einen hartgesottenen Detektiv schickt, kippt Lemmy Whiskey in seine Tasse. Jetzt kehrt er aber auch noch den Analytiker heraus, der Natasha dazu auffordert, sich an ihr Herkunftsland zu erinnern. Nach

einer Weile stimmt sie die Worte an: »Nueva York ... wo der Winter ... Broadway ...«

KS: Godard will uns begreiflich machen, daß niemand in Alphaville zur Welt kommt. Alphaville ist weniger ein anderer Stern als vielmehr ein Geisteszustand. Es bezeichnet einen Ort, an dem sich Menschen wiederfinden, wenn es der Vernunft gelungen ist, die Affekte auszutreiben. Jeder beginnt sein Leben woanders. Dieses Woanders trägt viele Namen – Tokyorama, Florenz, Nueva York –, sie alle aber bedeuten »Bewußtsein« oder: sich im Rahmen der Zeitlichkeit aufzuhalten. Für jeden, der in Alphaville wohnt, gilt, was Lemmy zu Natasha sagt: »Du gehörst nicht hierher.«

HF: Natasha fragt Lemmy, was denn Liebe sei. Er versucht es ihr mit einer Liebkosung zu demonstrieren, doch seine Berührung bringt es nicht. »Nein, das kenne ich doch, das ist Lust.« antwortet Natasha. Woraufhin ihr Lemmy sein Credo in Sachen Erotik mitteilt: »Nein, Lust ist das Resultat; ohne Liebe gibt es keine Lust.« Doch auch damit läßt sich dem Problem nicht beikommen. In welcher Weise sich Natasha das Wort »Liebe« allmählich erschließt, wird statt dessen in einer Sequenz anschaulich, der ein eigenes musikalisches Motiv zugeordnet ist. Natasha hält einen Monolog, untermalt von einer lyrischen Bilderfolge, der sie einige Male mit Lemmy zusammen, dann wieder ohne ihn zeigt:

»Deine Stimme, deine Augen, unser Schweigen, unsere Worte ...
Licht, das schwindet, Licht, das wieder kehrt. Ein einziges Lächeln
zwischen uns. Aus dem Wunsch heraus zu wissen, sah ich die
Nacht den Tag erschaffen. Oh du, Geliebter einer einzigen allein
... Schweigend versprach dein Mund, glücklich zu sein ... Ferner
und ferner, spricht der Haß, näher und näher, spricht die Liebe
... Das Herz, es hat nur einen Mund. Alles durch Zufall. Alles gesagt, ohne nachzudenken. Gefühle ziehen von dannen ... Man
braucht, um zu leben, nur fortzuschreiten, nur geradewegs auf
das zuzugehen, was man liebt. Ich bin auf dich zugegangen; ohne
Unterlaß strebte ich dem Licht entgegen ...«

KS: Es ist bezeichnend, daß Natasha nicht über Berührungen zur
Bedeutung des Wortes »Liebe« zurückfindet, sondern durch Sprache.
Es scheint aber, als sei nicht jede Sprache dazu geeignet. Nur eine
solche Sprache kann das verlorene Wissen erschließen, die bei den
Menschen, die sie sprechen oder vernehmen, Liebe erweckt oder
»performativ« erzeugt.[15] Damit stößt die Analogie zur Psychoanalyse,
die sich in dieser Sequenz häufig aufdrängt, an ihre Grenzen. Für Freud
hat das therapeutische Sprechen die Funktion, Affekte zu zähmen
oder zu überwinden[16] – Poesie ist die Krankheit, rationales Sprechen
die Heilung. Bei Godard hingegen befördert das therapeutische
Sprechen die Affekte – Vernunft ist die Krankheit und Liebe die
Heilung. Der Monolog Natashas macht schließlich klar, daß im Zentrum dieses Films weniger die Lehren der Psychoanalyse als die des
Surrealismus stehen mit ihrer Gewichtung auf Zufall, *dérive* und unbewußten Denkvorgängen.

HF: Die gerade Linie erweist sich auch hier als eine wichtige Metapher; und wieder mündet sie in einen Kreis. Als Natasha sagt: »Man
braucht, um zu leben, nur fortzuschreiten, nur geradewegs auf das
zuzugehen, was man liebt«, schreitet sie geradeaus. Als sie aber hinzufügt: »Ich bin auf dich zugegangen; ohne Unterlaß strebte ich dem
Licht entgegen...«, geht sie um einen Tisch mit einer brennenden
Lampe herum. Vielleicht will Godard hier bedeuten, daß sich der
mythische Kreis am Ende bloß um solche Menschen schließt, die nicht
nur allen Versuchen widerstehen, die Zukunft durch rationale Planung
zu kontrollieren, sondern die sich außerdem ihrer Ungewißheit
überantworten, indem sie auf das, was sie lieben, geradewegs zu-
gehen.

KS: Auch das Licht ist in Natashas Monolog eine wichtige Trope. Das Licht, von dem sie dauernd spricht, entstammt der Dunkelheit und wird von ihr wieder verschluckt. Es steht zu seinem Gegenteil nicht bloß in einem dialektischen Verhältnis, sondern geht aus ihm hervor.

HF: Das Licht kommt und geht auch in den Bildern, die Natashas Rede begleiten. Ein Großteil der Sequenz wird aus Einstellungen gebildet, in denen sich Helligkeit und Dunkelheit oft in schneller Folge abwechseln; manchmal zeigen sich Kontrast und Wechsel im gleichen Bild. Es geht um dasselbe Phänomen wie bei Lemmys Blitz – die Nacht zu durchdringen. Der Photoblitz wurde schließlich zu dem Zweck entwickelt, die Nacht zu erhellen.

KS: Vier Polizisten stürmen das Zimmer, um Lemmy auf die Einwohnerkontrolle zu bringen. Sie wissen sehr gut, daß einer Legende nicht mit gewöhnlichen Mitteln beizukommen ist. Deshalb greifen sie zu einer List. Sie befehlen Natasha, Witz 842 zu erzählen. Dieser Witz hat eine todsichere Pointe und überführt daher alle, die noch lachen oder weinen können. Die Polizisten warten, bis sich Lemmy vor Lachen überschlägt, dann schlagen sie selbst zu.

HF: Auf der Einwohnerkontrolle wird Lemmy ein letztes Mal vom Rechner befragt. Auch im Verlauf dieser Unterhaltung verkündet Alpha 60 wieder den Triumph der gegenwärtigen Gewißheiten über die Ungewißheiten der Zukunft. Alphaville ist überzeugt, den Krieg gegen die Erde zu gewinnen, weil Alpha 60 alles im voraus »kalkulieren [wird], so daß Fehler ausgeschlossen sind.« »Alles, was ich plane, wird auch umgesetzt«, erzählt der Computer.

KS: Doch wie Lemmy besitzt auch Alpha 60 eine Achillesferse; konfrontiert man ihn mit einem Rätsel, dann kann er es nicht *nicht* lösen. Lemmy gibt dem Rechner ein Rätsel auf, dessen Lösung ihn entwaffnen wird, indem es erweist, daß er menschlich ist – indem es aus ihm macht, was Lemmy »mein Ebenbild, mein Bruder« nennt. Eher denn als Zerstörung möchte man auch diesen Prozeß als »Liebeskur« begreifen.[17] Es wird deutlich: Die zwei Begriffe, die *Alphaville* einander gegenüberstellt, egal ob wir sie mit »Technologie« und »Poesie«, »Materialismus« und »Geist« oder »Vernunft« und »Gefühl« bezeichnen, lassen sich nicht auf einen simplen Gegensatz zwischen Alpha 60 und Lemmy oder den »Einwohnern von Alphaville« und »Erdbewohnern« reduzieren. Wir haben es hier mehr mit unterschiedlichen Seelenzuständen zu tun, die sich auf Alpha 60, die Einwohner Alphavilles und Lemmy gleichermaßen übertragen können.

HF: Das Rätsel, das Lemmy Alpha 60 stellt, dreht sich erneut um das Paradox der geraden Linie, die zum Kreis wird. Es geht um »etwas, das sich weder bei Tage noch bei Nacht verändert, so lange die Vergangenheit die Zukunft darstellt, auf die es in einer geraden Linie zustrebt, die sich aber, zum Ende hin, als Kreis schließt.« Während Lemmy mit dem Computer spricht, blinkt wieder das Licht. Wir merken jetzt, daß die Lampen, die Alpha 60 repräsentieren, schon von Anfang an geflackert haben.

KS: Kommt man dahinter, was mit der Wendung, daß die Vergangenheit die Zukunft darstellt, gemeint ist, dann hat man des Rätsels Lösung gefunden. *Alphaville* bietet hierzu jede Menge Hilfestellungen: Die in Alphaville verkörperte Zukunft wird mit Bildern des alten Paris beschworen. Der Geheimagent, zu dessen Ebenbild sich Alpha 60 entwickelt, geht auf den Kriminalroman der dreißiger und den Film Noir der vierziger Jahre zurück. Und die Zukunft, der Lemmy und Natasha zum Filmende hin zustreben, wird durch einen transformativen Akt des Erinnerns ermöglicht. Der Bedeutung von Liebe entsinnt sich Natasha in der Übertragung: Sie verliebt sich in Lemmy.[18] Indem sie der Zukunft entgegengehen, so ließe sich behaupten, werden die Charaktere von Alphaville auf ihre Vergangenheit zurückgeworfen. Somit ist Lemmys Rätsel gelöst: Es ist die Zeitlichkeit − jene übergreifende Kategorie, der jede im Film privilegierte Trope unterstellt ist.

HF: Die letzen Worte, die Alpha 60 in dieser Unterhaltung spricht, lauten: »Du kommst hier nicht heraus; die Tür ist versperrt.« Lemmy widerlegt diese Behauptung sogleich, indem er die Tür durchbricht. Mit seinem legendären Schießeisen erledigt er die Leibwächter, die auf der anderen Seite Wache standen. Man sollte sich über die Wahl der eigenen Mittel stets Gedanken machen; manche Feinde lassen sich nur mit Liebe überwinden, andere nur durch gut gezielte Schüsse.

KS: Auf dieselbe Weise räumt Lemmy noch weitere Hindernisse beiseite, bevor er in das Büro von Leonard Vonbraun gelangt. Damit ist der Augenblick für die Konfrontation zwischen den beiden Männern von der Erde − dem einen, der sie zu zerstören sucht, dem anderen, der allein sie retten kann − gekommen. »Ist Ihnen schon aufgefallen, daß Reporter und Rächer mit demselben Buchstaben

beginnen?« fragt Lemmy einen der Assistenten von Vonbraun. Jetzt
sind wir wieder in der Welt der Hüte, Trenchcoats und Privat-
detektive.

HF: Von den beiden Antagonisten versucht jeder den anderen auf
seine Seite zu ziehen. Vonbraun stellt Lemmy Frauen und Geld in
Aussicht und hebt die technische Überlegenheit von Alpha 60 hervor.
Vonbrauns Computernetzwerk wird durch die Schalttafel eines indu-
striellen Heizsystems repräsentiert, dessen Blinken und Schnurren
intellektuelle Höchstleistungen signalisiert. Lemmy erwidert ihm: »Sie
haben meinem Moralempfinden nichts weiter entgegenzusetzen als
eine technokratisch diktierte Existenz.« Deutlicher als je zuvor wird
klar: Das hier ist kein Kampf zwischen Mensch und Maschine, sondern
einer zwischen Schlauheit und dem, was man am besten rationalisti-
scher Materialismus nennen kann. Vonbraun warnt Lemmy: »Männer
von ihrer Sorte wird es bald nicht mehr geben. Ihnen blüht etwas
Schlimmeres als der Tod; sie werden zur Legende ...« Aus alphaville-
scher Perspektive heißt zur Legende zu werden: doppelt tot zu sein
– nicht nur ausgelöscht, sondern auch in die Vergangenheit verbannt.

KS: Es schickt sich nicht für eine Legende, über ihren legendären Status
zu reden. Statt dessen reagiert Lemmy auf die Todesdrohung, indem
er sowohl seine Sterblichkeit zugibt als auch die Angst eingesteht, die
sie ihm bereitet. Todesangst ist in *Alphaville* ein ebensolcher Beweis für
Menschlichkeit wie Liebe. »Sicher, ich habe Angst vor dem Tod,« sagt
Lemmy, »... doch für einen kleinen Geheimagenten ist Todesangst ein
Klischee ... so wie das Whiskeytrinken. Und ich habe mein Leben lang
getrunken.« Während dieser Unterhaltung wird Lemmy in eine
immer tiefere Dunkelheit getaucht; sie kündigt die Nacht an, die ihn
schließlich umfangen wird. Nachdem er Vonbraun mit der Knarre
erledigt hat, folgt ein Schnitt auf die blinkende Schalttafel des Heizsystems. In der nächsten Einstellung sieht man wieder Lemmy, der in
völliger Dunkelheit dasitzt. In einer Wiederholung jener Geste, mit
der er zu Beginn des Films seinen mythischen Status eingefordert hat,
steckt er sich mit dem Feuerzeug eine Zigarette an und läßt den Schein
sein Gesicht erhellen. Die Flamme lodert im Schatten des Todes.

HF: Die Legende nimmt dann wieder eine vertrautere Gestalt an.
Lemmy flüchtet aus Vonbrauns Bürogebäude und bahnt sich den Weg
zur Einwohnerkontrolle, wo Natasha als Geisel gefangengehalten wird:
Schüsse fallen, ein Taxi wird gekapert, eine dramatische Verfolgungs-

jagd entbrennt. In Aufsicht gefilmt, vollführen die Autos Schlenker um 180 Grad, als seien sie Revue-Girls oder Zirkuselephanten. Lemmy stellt erneut unter Beweis, daß der Mann mit dem Sinn für Poesie auch ein Mann der Tat sein kann.

KS: Auf der Einwohnerkontrolle schaut er in jedes Zimmer, bis er Natasha gefunden hat. Wie die anderen Einwohner von Alphaville leidet auch sie an mangelnder Elektrizitätszufuhr, ein Effekt des Zusammenbruchs von Alpha 60. Ein letztes Mal hören wir die Stimme des Rechners: »Die Gegenwart ist furchteinflößend, weil sie irreversibel ist ... weil sie gehemmt ist, unflexibel wie Stahl ... Zeit ist die Materie, aus der ich gemacht bin ... Zeit ist ein Fluß, der mich weiterträgt ... aber ich bin Zeit ... Es ist ein Tiger, der mich zerreißt ... doch ich bin auch der Tiger«. Indem er Lemmys Rätsel löst, hat Alpha 60 zum ersten Mal sein eigenes widersprüchliches Wesen erkannt. All die Worte, mit denen wir Erinnerung bezeichnen – Rückblick, Rückschau, Rückwendung –, betonen die Umkehr in die Vergangenheit. Aus diesem Grund steht Alpha 60 eher innerhalb als außerhalb der Zeitlichkeit. Tatsächlich ist Zeit sein Fleisch und Blut. Das zu begreifen stürzt den Rechner in einen Konflikt. Er wird von zwei einander entgegengesetzten Ansprüchen zerrissen: Auf der einen Seite existiert das Gebot des Kalkulier- und Vorhersagbaren, das Alpha 60 wie mit »Stahlklauen« gepackt hält. Auf der anderen Seite lauern die unkalkulierbaren Tiger aus Vergangenheit und Zukunft, die da heißen Begehren und Tod. Beide Ansprüche lassen sich nicht in Einklang bringen.

HF: Lemmys Plan ist brillant. Er sieht vor, Alpha 60 zu zerstören, indem der Rechner herausfindet, was er selbst ist. Der Computer wird durch Selbsterkenntnis ausgeschaltet. Es handelt sich hier um eine schräge Neufassung der Geschichte von Ödipus und der Sphinx. In dieser Geschichte wird die Sphinx zerstört, falls Ödipus das Rätsel, das sie ihm gestellt hat, aufzulösen weiß: Er muß benennen, was er selbst ist – der Mensch. In Godards Film lautet die Antwort am Ende gleich. Indem er sein durch und durch zeitliches Wesen erfaßt, erkennt sich Alpha 60 als Lemmys »Bruder« oder »Double« wieder – eben als Mensch.[19]

KS: Am Schluß von *Alphaville* fahren Lemmy und Natasha im Ford Galaxy durch die Nacht. Es ist bezeichnend, daß sie nie an eine geographische Grenze gelangen, wo Alphaville enden und unsere Welt beginnen könnte. Der Grenzverlauf ist psychischer, nicht territorialer Art, die Erde eher ein Geisteszustand als ein tatsächlicher Ort.

Natasha erreicht diesen Zustand erst als sie die magischen Worte spricht: »Ich liebe dich.« Das sind in Alphaville die Worte mit der größten performativen Kraft. Nur diejenigen, die sie herausbringen, sind gerettet; alle anderen für immer verloren.

HF: Natasha findet diese alles entscheidenden Worte nicht sofort. Sie behauptet, nicht so genau zu wissen, was sie sagen soll. Wie Eurydike wendet sie sich sogar zweimal um – nach dem, was Lemmy und sie hinter sich lassen. Doch am Ende formt die Frau mit dem Namen aus der Vergangenheit jenen einfachen Satz, der – egal wie oft schon wiederholt – diejenigen ins Licht taucht, die ihn hören, und diejenigen in Menschlichkeit, die ihn aussprechen. Zwar haben Lemmy und Natasha noch etliche Kilometer vor sich, ihre Bestimmung haben sie aber schon erreicht.

1 Susan Sontag, *Styles of Radical Will*, New York 1969, S.182.

2 Die Zitate (einschließlich Eluard) habe ich nach der französischen Originalfassung des Films übersetzt und diese Übersetzungen mit der von K. Silverman und H. Farocki herangezogenen englischen Fassung abgeglichen. Die deutsche Filmsynchronisation macht auch bei *Alphaville* ihrem miesen Ruf alle Ehre. Zum Beispiel heißt die »Séductrice« (welcher Klasse auch immer) im Deutschen »Vermittlerin«, A.d.Ü.

3 Zit. nach: Jean-Luc Douin, *Jean-Luc Godard*, Paris 1989, S.161.

4 Richard Roud, »Einführung«, in: ders., *Alphaville. A Film by Jean-Luc Godard*, New York 1966, S. 12.

5 Schon andere Kritiker haben betont, daß *Alphaville* mehr mit der Vergangenheit als mit der Zukunft befaßt ist. Für James Monaco (in: ders., *The New Wave. Truffaut, Godard, Chabrol, Rohmer, Rivette*, New York 1976, S. 156) ist Lemmy Caution »weniger jemand, der in die Zukunft reist, als ein Mensch, der, aus der Vergangenheit kommend, eine grauenhafte Gegenwart vorfindet.« Nach Robin Wood ist Lemmy Caution »ein Mensch von vor 20 oder 30 Jahren, der plötzlich in die Welt von heute versetzt wurde« (vgl. Robin Wood, »Society and Tradition: An Approach to Jean-Luc Godard«, in: Toby Mussman (Hg.), *Jean-Luc Godard. A Critical Anthology*, New York 1986, S.186). Marie-Claire Ropars-Wuilleumier schreibt, Alphaville handele eigentlich von einer längst vergangenen Epoche, in der es absolute Poesie gegeben habe (in: Michel Estève (Hg.), *Études Cinématographique*, Paris 1967, S.26-27.

6 In seinen *Grundlagen der allgemeinen Sprachwissenschaft* (aus dem Französischen von H. Lommel, Berlin 1967) unterscheidet Ferdinand de Saussure zwischen *langue* und *parole*, wobei letztere das abstrakte Sprachsystem bezeichnet und erstere die konkreten diskursiven Ausprägungen.

7 In »Die Rhetorik des Bildes« schreibt Roland Barthes: »Die Fotografie bewirkt … ein Bewußtsein des Dagewesenseins«, in: ders., *Der entgegenkommende und der stumpfe Sinn. Kritische Essays III*, aus dem Französischen von Dieter Horning, Frankfurt a. M. 1990, S. 39.

8 Hinsichtlich dieser linguistischen Auffassung des Verdrängens vgl. Sigmund Freud,
»Das Unbewußte«, in: ders., *Gesammelte Werke*, Frankfurt a. M. 1972, Bd. 10,
S. 264-303.

9 Die letzten Worte, die Henri an die Verführerin richtet – »Ich liebe dich« –, bringen
ihn auch mit dem Surrealismus in Verbindung. Wie Michael Benedikt bemerkte, war
»Liebe ... die zentrale Doktrin der Surrealisten«. Vgl. ders.,: »Alphaville and its Subtext«, in: *Jean-Luc Godard. A Critical Anthology*, wie Anm. 5, S. 214.

10 Saussure, wie Anm. 6, bezeichnet diese Beziehungen als nicht motiviert oder
»arbiträr«.

11 Für eine Darstellung des Primärvorgangs, den Freud mit dem Unbewußten in
Beziehung setzt, vgl. Sigmund Freud, »Die Traumdeutung«, in: ders., *GW*, wie Anm. 8,
Bd. 2/3, S. 593-614.

12 Die Einwohner Alphavilles bezeichnen den Rest der Welt als die »äußeren Länder«.

13 An vielen Stellen weist Freud auf Veränderungen innerhalb der Erinnerung sowie
auf die Anfälligkeit des Vergangenen für eine nachfolgende Umschreibung. Vgl. u.a.
den »Entwurf einer Psychologie«, in: ders., *GW*, wie Anm. 9, Nachschlagbd., S. 425 ff.,
sowie: »Über Deckerinnerungen«, in: ders., *GW*, Bd. 1.

14 Es scheint, als stammten nicht nur diese Zeilen, sondern auch der anschließende
Monolog Natashas aus Paul Eluards *Capitale de la douleur* (Paris, 1926). Am Ende der
Szene steht eine durch Lemmys Hotelfenster gefilmte Einstellung von Natasha, in
der sie eine Ausgabe des Buches hält. Tatsächlich finden sich im Film aber bloß zwei
Textstellen, die dem Buch entnommen sind: die beiden Gedichtüberschriften »Tod
im Gespräch« und »Gefangen im Versuch zu fangen«. Rob Miotke meinte uns gegenüber, daß die übrigen Passagen eher von den Gedichten auszugehen scheinen,
als daß sie sie heranziehen.

15 In *Zur Theorie der Sprechakte* [How to do Things with Words], Stuttgart 1972, definiert Austin performative Sprechakte als, über die Beschreibung von Wirklichkeit
hinaus, Wirklichkeit erzeugende Handlungen.

16 In »Jenseits des Lustprinzips« behauptet Freud eine Verbindung zwischen der psychoanalytischen Heilung und einer »Bindung« der Affekte. In: ders., *GW*, wie
Anm. 8, Bd. 13.

17 Von einer Heilung durch »Liebe« spricht Freud in »Der Wahn und die Träume in
Jensens ›Gradiva‹«, in: ders., *GW*, wie Anm. 8, Bd. 7, S. 118.

18 In der »Übertragung« »erinnert« sich der Patient in Form einer verdrängten Wiederholung. Vgl. Sigmund Freud, »Bemerkungen über die Übertragungsliebe« sowie
»Erinnerung, Wiederholen und Durcharbeiten«, in: ders., *GW*, wie Anm. 9, Bd. 10.

19 Nach Monaco »[ist] Alpha 60 nach dem Bild seiner Schöpfer gemacht«, in: ders., *The
New Wave*, wie Anm. 5, S. 158.

Analer Kapitalismus

Week-end (1967)

KS: *Week-end* beginnt an einem sonnigen Tag in einem luxuriösen Pariser Appartement. Dessen Bewohner, Roland (Jean Yanne) und Corinne (Mireille Darc), nehmen zusammen mit einem Freund einen Drink auf dem Dachgarten.[1] Roland wird ans Telephon gerufen, und sogleich ist der Eindruck bürgerlicher Anständigkeit dahin. Binnen Sekunden wird klar, daß es sich bei dem vermeintlichen Freund um Corinnes Liebhaber handelt und daß Roland und Corinne sich gegenseitig umbringen wollen. Das hält das Paar aber nicht davon ab, gemeinsam Pläne zu schmieden, wie man Corinnes Vater loswerden könnte, der zwischen ihnen und einer beträchtlichen Erbschaft steht.

HF: Ein, zwei Tage später, an einem nicht näher bezeichneten Samstag, bricht das Paar in die Provinz auf. Ihr Ziel ist das Städtchen, in dem Corinnes Familie wohnt. Sie hoffen, noch vor dem Ableben des Vaters dort einzutreffen, weil sie verhindern wollen, daß er sein Testament ändert. Doch der Wochenendverkehr, so führt es der Film auf drastische Weise vor Augen, ist ein Schlachtfeld. Entlang der Straße türmen sich Autowracks mit Leichen zu einem Blutopfer, das dem Gott des Individualverkehrs entrichtet wird.

KS: Schließlich erreichen Corinne und Roland ihr Ziel, doch sie sind in jeder Hinsicht zu spät dran. Sie schaffen es auch nie wieder zurück nach Paris, sondern verlieren sich in einer wüsten Apokalypse, die das Ende »unserer Welt«, wenn nicht sogar »der Welt« bedeutet.[2] Aber das bewegt sie kaum.

HF: Sie gehen durch die Trümmer, als machten sie einen Schaufensterbummel. Weder die verformten Stahlteile, von Godard zu modernen Skulpturen arrangiert, noch die zerfetzten Körper können ihre Gemüter bewegen. Die am Straßenrand lodernden Wracks sind von herzzerreißender Schönheit; die Herzen unserer Helden aber reißen nicht.

KS: In der Welt von *Week-end*, soviel läßt die Eröffnungsszene anklingen, sind nur materielle Güter imstande, Gefühle auszulösen. Im

Appartement ersinnt Corinne in aller Nüchternheit mit ihrem Liebhaber Wege, wie man Roland loswerden könne, während Roland vollkommen emotionslos mit seiner Geliebten über den Versuch plaudert, Corinne umzubringen – all das wird von einer lebhaften Szene
unten auf der Straße unterbrochen. Aus einer extremen Aufsicht
gefilmt, sehen wir die Fahrer eines Matra und eines Mini aufeinander
losgehen, weil das eine Auto das andere touchiert hat. Von Besitzer-
stolz war weder in den ehelichen noch den ehebrecherischen Beziehungen irgend etwas zu merken, doch sobald es um Autos geht,
bricht er hervor.

HF: Noch bevor der erste der beiden Zwischentitel von der Leinwand verschwunden ist, hebt diese Szene mit einem Hupkonzert an.
Wir lesen: »Ein Film, der durch den Kosmos irrt«, hören Verkehrslärm
und leise Gesprächsfetzen. Das Telephon klingelt, Corinne ruft Roland
zu: »Für Dich.« [3] Kurz darauf, als Roland gerade im Schlafzimmer
telephoniert und Corinne mit ihrem Liebhaber auf dem Dachgarten
plaudert, schiebt Godard den zweiten Zwischentitel nach: »Ein Film,
der auf dem Schrottplatz gefunden wurde.« Mit den zwei Zwischentiteln macht Godard klar, daß Week-end derselben Welt angehört wie
Corinne und Roland.

KS: Der erste Zwischentitel tut so, als sei Week-end ein Überbleibsel
der Apokalypse – als habe ein allerletzter Feuerstoß die Filmrollen
hinaus ins All geschleudert. Der zweite Zwischentitel befördert den
Film an jenen Ort, an dem auch die Autowracks schließlich landen
werden. Er charakterisiert Week-end als trash.

HF: Diese Art von Haß wird in späteren Godardfilmen zu Anwand-
lungen von Selbstzerstörung führen. Nicht so bei Week-end. Obgleich
narrativ ausgedünnt und häufig darauf gerichtet, den Zuschauer zu
schockieren, ist dieser Film mit der Sorgfalt eines Kunsthandwerkers
gearbeitet. In bruchlosen Übergängen knüpft Godard Szene an Szene.
Die Anlage des Ganzen ist auch ausführlich genug, um vielleicht nicht
jedes Ereignis, aber doch das Hauptgeschehen zu motivieren. Week-
end bereitet sogar Vergnügen, etwas, das Godard in seinen späteren,
explizit politischen Filmen zurückschrauben wird. Die Schaulust der
Zuschauer wird allerdings auf Umwegen bedient: Die Hauptdarsteller
haben kaum etwas zu tun, und der meiste technische Aufwand wird
mit Nebensächlichkeiten betrieben.

KS: Vielleicht gehört der Film aber gar nicht seiner Machart wegen auf den Müll. Vielleicht nimmt Godard nur vorweg, was mit *Week-end* wird, wenn der Film fertig ist. Wobei fertig nicht heißt, daß Godard ihn fertiggestellt hat, sondern daß wir als Zuschauer mit ihm fertig sind – nach der Vorstellung, wenn der Film, im psychischen Sinne, aufgebraucht ist. Um es anders auszudrücken, vielleicht lädt Godard uns ein, *Week-end* als Ware zu konsumieren. Wie Georg Simmel vor fast einem Jahrhundert zeigen konnte, hat eine Ware nur solange Wert, wie sie nicht genossen wurde: »Der Augenblick des Genusses ... konsumiert gleichsam den Wert«, den der ökonomische oder semiotische Tausch der Ware zugeschrieben hatte, und reduziert sie zu metaphorischem Müll.[4] Von *Week-end* könnte man behaupten, der Film will genossen werden, und das im doppelten Sinn des Wortes. Er ist ein Objekt, das uns auf seine eigenen Kosten Vergnügen bereitet.

HF: In gewissem Sinne *hofft* Godard sogar, daß *Week-end* schnell konsumiert wird. Er will nicht, daß der Film wie ein Biedermeiersessel von Generation zu Generation weitergereicht wird, sondern daß er an einem lauen Abend in den späten Sechzigern von Leuten mit Blumen im Haar inhaliert wird. Doch wie Dylans »The Times They Are A-Changin« ist er dennoch ein Klassiker.

KS: Das ist ein weiterer Grund, ihn auf den Müll zu befördern. Mit *Week-end* wollte Godard einen Film machen, den man wie ein Haschischplätzchen aufnaschen kann – und nicht wie ein bürgerliches Mahl mit drei Gängen. Wie viele andere der 68er-Generation mußte Godard jedoch einsehen, daß nichts von dem, was wörtlich oder metaphorisch geschluckt wird, vom Prozeß der Kommodifizierung (engl. *commodification* = zur Ware werden, A.d.Ü.) verschont bleibt. Es ist kein Wunder, daß er in den darauffolgenden Jahren so häufig den Versuch unternommen hat, unverdauliche Filme zu machen.

HF: Die Eröffnungsszene von *Week-end* geht mit einem weiteren Hupkonzert zu Ende. Roland sagt seiner Geliebten: »Bis Montag«, ein Satz, der nach der Abblende des Schlußbilds noch zweimal bei schwarzer Leinwand wiederholt wird. »Und wann ist es passiert?« fragt Corinnes Liebhaber zu Beginn der nächsten Szene. »Dienstag,« erwidert sie, »... ich bin sicher, daß es Dienstag war, denn am Mittwoch habe ich die Pille abgesetzt.« *Week-end* registriert obsessiv die Wochentage und manchmal auch die Tageszeit mit Hilfe von Zwischentiteln.

KS: In dieser Szene sitzt Corinne in Slip und BH auf einem Tisch. Sie erzählt ihrem Liebhaber, der hinter ihr auf dem Stuhl sitzt, eine Geschichte. Die Kamera bewegt sich unablässig vor und zurück, doch den beiden Figuren scheinen wir dabei nie näher zu kommen.

HF: Gegen ein helles Fenster aufgenommen, bilden die zwei Figuren dunkle Silhouetten. Gewöhnlich wirkt die Silhouettenphotographie verschönernd, aber hier ist nichts, was den Blick verlocken könnte. Die Verführung, die in dieser Szene lauert, geht nicht von den Bildern aus, sondern von Corinnes Worten.

KS: Sowohl die bildliche Inszenierung von Corinne und ihrem Liebhaber als auch die Unterordnung der Bilder unter die Worte lassen sich als sublimierend bezeichnen. Beide Verfahren tragen dazu bei, von der Besonderheit sinnlicher Anschauung zu abstrahieren: das Bild, indem es das Liebespaar verallgemeinert; und das Wort, indem es das geistige Bild an die Stelle des visuellen setzt.

HF: Die beiden menschlichen Figuren in dieser Szene stellen weniger Personen dar, als daß sie Haltungen markieren. An ihrer Stelle könnte man eine Vielzahl Charaktere gleichen Werts einsetzen.

KS: Die Idee der Äquivalenz spielt auch in der Geschichte, die Corinne erzählt, eine zentrale Rolle. Es geht dabei um eine Orgie mit drei Teilnehmern: Corinne, Paul und seine Frau, Monique. Die Positionen von

Corinne und Monique sind sowohl im Hinblick auf Paul als auch untereinander mehr oder weniger austauschbar. Die Geschichte hat den Zweck, Corinnes Liebhaber zu erregen, indem er zu Paul in eine identifikatorische Beziehung gesetzt wird. Wie schon die Eröffnungssequenz mit ihrer Symmetrie zwischen Roland und Corinne, die beide Ehebruch begehen und außerdem planen, einander umzubringen, demonstriert auch diese Szene die Austauschbarkeit der Kategorien »Mann« und »Frau«.

HF: Doch Corinnes Liebhaber scheint noch immer die Oberhand zu haben. Corinne erzählt ihr erotisches Erlebnis auf seine Aufforderung hin. Man könnte sogar sagen, daß es seiner Phantasie entsteigt. Daß Männer dem Geschlechtsverkehr, den sie selbst inszenieren, aus der Distanz beiwohnen, hat eine lange Tradition. Man büßt keine Macht ein, wenn man, wie Corinnes Liebhaber, andere Männer mit seiner Geliebten schlafen läßt – man gewinnt sogar an Macht hinzu. Der Standpunkt ist gewissermaßen ein unternehmerischer.

KS: Der Geschlechterdifferenz geht es in dieser Szene nicht deshalb an den Kragen, weil Corinnes Liebhaber eine untergeordnete Position zugewiesen bekommt, sondern weil der Inhalt ihrer Geschichte jene Kategorie verschiebt, die die Geschlechterdifferenz begründet – den Phallus. An einer entscheidenden Stelle bringt Godard das Offensichtliche mit dem Zwischentitel »Anal Ysis« auf den Punkt. In Corinnes Phantasie drehen sich alle erotischen Handlungen um den Anus, sieht man von der Stelle ab, als Paul mit seiner Erektion protzt. Paul bewundert Corinnes Arschbacken und kippt Whiskey darüber; Monique steckt ihren Finger in Corinnes Arschloch; Paul fickt, mit Corinnes Hilfe, Monique von hinten; Monique sitzt in einer Milchschüssel; und Paul steckt Corinne ein Ei in den Arsch. Nach Guy Hocquenghem ist der Anus als sexueller Bereich dem Geschlecht gegenüber indifferent.[5] Während der Penis und die Vagina der Differenz zuarbeiten, stiftet der Anus Ähnlichkeiten. Daß es hier darum geht, die Konstruktion der Geschlechter [gender] in einem ganz grundsätzlichen Sinne anzugreifen, manifestiert sich am Höhepunkt der Orgie. Alle drei Beteiligten frönen ein und derselben Handlung: Sie masturbieren, während sie sich gegenseitig dabei zuschauen.

HF: Doch noch immer verhält sich Corinnes Liebhaber wie jemand, der sich in einer Position der Überlegenheit befindet. Als sei das Vorspiel bei der Liebe ein männliches Vorrecht, fordert er Corinne am

Ende der Szene auf, zu ihm zu kommen und ihn zu erregen. Auch Roland handelt im folgenden stets nach dem Prinzip »Ich zuerst«.

KS: Es handelt sich hierbei um einen Fall von anachronistischem Bewußtsein: Der Reifegrad der männlichen Psyche hinkt der gesellschaftlichen Entwicklung hinterher. Während männlich und weiblich im Verlauf des Films immer stärker einander angenähert werden, halten Corinnes Liebhaber und Roland an der Illusion ihrer Überlegenheit fest. Das hat natürlich Auswirkungen auf die Frauen. Nicht nur ihrem Liebhaber muß Corinne zu Diensten sein, sie muß auch später ihren Gatten tragen, als er müde ist und nicht mehr weiterlaufen kann. Doch in Wirklichkeit, das zeigt der Film, sind beide männlichen Figuren machtlos.

HF: Als Corinne ihre Geschichte vorträgt, wendet sie sich weder an ihren Liebhaber noch an die Kamera. Sie spricht aber auch nicht zu sich selbst. Die Grundlagen des verbalen Austauschs – Ich und Du – scheinen irgendwie verlorengegangen zu sein.

KS: Das kann daher rühren, daß die Charaktere in *Week-end* nicht wirklich Subjekte sind. Subjektstatus genießen in unserer Kultur Personen, die in der Position sind, Dinge zu tauschen (Worte, Frauen, Geld usw.). Der Anspruch von Frauen auf diese Position wird oft nicht anerkannt, weil Frauen in manchen Kulturen selbst wie Waren zirkulieren und auch in unserer Kultur vom Vater zum Ehemann weitergereicht werden.[6] *Week-end* verwandelt auch die männlichen Figuren in Waren, indem die Vergleichbarkeit beider Geschlechter demonstriert wird. Wie Simmel betont, sind Äquivalenz und Tauschbarkeit »Wechselbegriffe« (S. 78).

HF: Vielleicht will Godard zeigen, daß die Waren immer unterschiedlicher werden, die Konsumenten aber immer gleicher. Immer mehr Leute sprechen immer weniger Sprachen, sind in dieselbe Produktionsweise eingebunden und hören dieselbe Musik.

KS: Offenbar will er darauf hinaus, daß der Spätkapitalismus zu einer Reduktion der Begriffe geführt hat, die als Wertstandards gelten können. Traditionell war dem Phallus im erotischen Bereich eine ähnliche Rolle beschieden wie dem Gold im Bereich der Waren.[7] Er war das »allgemeine Äquivalent«, dem die Partikularitäten, die anderen Körperteile, untergeordnet waren.[8] Nimmt man *Week-end* jedoch

beim Wort, dann hat der Phallus ausgedient. Bei der Verführungsszene zeigt Godard das männliche Geschlechtsteil als bloß eines von
drei Objekten, die man in den Anus stecken kann; daneben figurieren
noch ein Ei und ein Finger. In dem Maße, wie das Gold seinen
Herrschaftsbereich immer weiter ausdehnt, scheint es die anderen
allgemeinen Äquivalente außer Kraft zu setzen.[9]

HF: Ironischerweise schaut es so aus, als leiste das Kapital unwissent-
lich, woran alle bewußten Strategien des Feminismus gescheitert sind:
Es macht das Patriarchat nieder.

KS: So würde Godard uns gern glauben machen. Wir sollten aber nicht
vorschnell die Entthronung des phallischen Signifikanten bejubeln.
Week-end stellt klar, daß die Gewinne, die der Kapitalismus für die
Geschlechtsidentität [gender] einfährt, mehr als wettgemacht werden
durch die immer weiter fortschreitende semantische Verödung, die
das gesellschaftliche Feld durch ihn erleidet.

HF: »Gleich geltend« und »gleich gültig« haben im Deutschen dieselbe sprachliche Wurzel. Die Etymologie läßt erahnen, daß wir hier mit
einer Art Verflachung konfrontiert sind, einer Reduktion menschlicher
Existenz auf die Dimension der Horizontalen. Wo aber die Äquivalenz regiert, geht das Heilige verloren.

KS: Ja, hier vollzieht sich, was Max Weber als »Entzauberung der
Welt« bezeichnet hat.[10]

HF: Aber welche Rolle spielt nun genau die Analität bei dieser Entzauberung der Welt? Ist sie bloß ein für die Sexualität relevanter
Signifikant, der auf eine Art »uneingeschränkten Markt« verweist, wo
alles gekauft und verkauft werden kann?

KS: Analität ist in *Week-end* nicht nur der Signifikant der Äquivalenz,
sondern auch der der Exkremente. Das erweist sich in dem Augenblick, als die Kamera auf die Straße geht und mit ansieht, wie aus dem
Wertobjekt Auto Schrott wird. Unter spätkapitalistischen Verhältnissen werden Waren im Nu zu Abfall. Wenn der wirtschaftliche Wert
über jede andere Art, den Wert einer Sache zu bemessen, triumphiert,
dann führt das erstens zum dramatischen Verschwinden alternativer
Wertkriterien und zweitens dazu, daß sich die *Höhe* des Wertes, den
eine Sache überhaupt annehmen kann, verringert. Ihr Preis darf nie in

solche Höhen steigen, daß die Mehrzahl der Leute sich die Anschaffung, egal ob finanziell oder libidinös, nicht mehr leisten kann. Die
Anschaffung darf sie auch keinesfalls um ihre Reserven bringen, die ja
schließlich für die nächste Erwerbung benötigt werden. Es kann hier
keinen absoluten Wert mehr geben, nur Objekte, für die sich rasch ein
Ersatz herbeischaffen läßt.[11] Mit der Serialisierung des Tauschprozesses
wird der Augenblick des Vergnügens, das man an einer Anschaffung hat,
kürzer und kürzer. Auch aus diesem Grund verwandelt sie sich
wesentlich schneller in »Scheiße«. So gesehen, kommt die Analität der
Wahrheit des Spätkapitalismus wesentlich näher als der Phallus.[12]

HF: Aber sicherlich ist die Sexualität nicht einfach nur ein Spiegel der
Verhältnisse. Ich habe nicht den Eindruck, daß die Verführungsszene in
Week-end sagen will: Die Ökonomie, das ist die letzte Instanz. Da ist
zuviel Perversion im Spiel, die Vorlieben sind zu ausgetüftelt: in der
Milch hocken, Whiskey über den Hintern kippen usw.

KS: In gewissem Sinne kann man hier mit der gleichen Berechtigung
von Sexualität in der letzten Instanz sprechen wie von Ökonomie in
letzter Instanz. Mit der Verführungsszene wird angedeutet, daß die
Sexualität sich der Vorherrschaft des Phallus ebenso widersetzt wie
der Spätkapitalismus. In ihren Anfängen ist die Sexualität polymorph
oder anarchisch. Die phallische Phase bedeutet dann die rücksichts-
lose Unterordnung dieser Anarchie unter eine Art zentraler Regie-
rungsgewalt, – und viele Subjekte machen diese erotische Kolonisie-
rung nicht mit.[13] Freud zufolge behandelt das Unbewußte Scheiße,
Geld, Geschenke, Penis und Kind als austauschbare Dinge.[14] Das
Kapital hat lediglich das Gewicht zugunsten des ersten dieser Begriffe
verschoben.

HF: Ich habe den Eindruck, daß es in der Verführungsszene um mehr
geht als um sexuelle Perversion oder die Macht des Geldes. In der von
Corinne erzählten Geschichte stößt man auf einen beinahe zeremo-
niellen Gebrauch der Ursubstanzen Milch und Ei. Man muß den Eindruck gewinnen, daß genau in dem Moment, wenn das Prinzip der Äquivalenz triumphiert, die Sehnsucht nach Magie wieder hervorbricht.

KS: Ohne in irgendeiner Weise mit dem Heiligen in Beziehung zu
stehen, halten es die Menschen nicht lange durch. *Week-end* hilft, uns
begreiflich zu machen, warum das so ist. In der Szene, als Corinne
ihren Liebhaber heiß macht, wird klar, daß es die Ware Mensch ist, die

auf einem uneingeschränkten Markt am schnellsten ihren Wert verliert. Corinne bemerkt, daß Paul und Monique nur zwei Monate
verheiratet sind, daß Paul aber schon bereit ist, sie gegen Corinne
auszutauschen; Monique wiederum plant, mit einem anderen Mann
zu verreisen. Erneut präsentiert sich in der anschließenden Szene das
Auto als ein Besitzstück von höherem Wert. Roland kracht beim
Zurücksetzen in ein anderes Auto, und es entbrennt ein aberwitziges
Gemenge zwischen den beiden Parteien von Autobesitzern. Wo der
wirtschaftliche Wert die Oberhand hat, kann sich der Mensch nicht
einmal dem dürftigsten Objekt gegenüber behaupten. Der einzige
Wert, den ein Mensch *haben kann*, ist der absolute Wert.

HF: Die beiden Autoszenen führen ein weiteres Element ein, das für
Week-end konstitutiv ist und außerdem dazu beiträgt, das finstere
Gesamtbild etwas aufzuhellen: den Klamauk. Beide Streitereien sind
so kunstvoll in Szene gesetzt, als würden sie sich in einem Zirkus zutragen. Die Bewegungen der Protagonisten wirken nicht realistisch,
sondern choreographiert; ihre Leidenschaften, die bei den Streits
zum Vorschein kommen, sind nicht echt, sondern wirken aufgesetzt.
Es scheint, als würden sie nicht aufbrausen, weil sie Zorn verspüren,
sondern weil ihre Rolle das eben so von ihnen verlangt. Doch der Hinweis ist unübersehbar, daß unter der dünnen Tünche der Zivilisation
das Herz einer unbändigen Barbarei schlägt. Der Vater jener Familie,
mit der Corinne und Roland streiten, holt sein Gewehr und fängt an
loszuballern; der Sohnemann trägt eine Indianerhaube und spielt mit
Pfeil und Bogen. In den beiden Autoszenen meldet sich auch eine Pop
Art-Ästhetik an. Dinge ganz unterschiedlicher Art finden sich plötzlich in unmittelbare Nachbarschaft versetzt: ein Gewehr, Sprühfarbe,
Pfeil und Bogen, ein Chez Dolores-Kleid. Bei der berühmten Fahraufnahme vom Verkehrsstau wird diesem Prinzip noch stärker gehuldigt.
Hier werden exotische Tiere, Menschen, die Karten spielen, und Leichen zusammengewürfelt. Die Fahraufnahme ist wie eine dieser Fern-
sehshows, die eine verwirrende Fülle verschiedener Waren vor unseren Augen vorbeiziehen lassen. Einerseits sind wir von dem, was wir
zu sehen bekommen, stets gelangweilt, andererseits haben wir die
Hoffnung, daß gleich die große Entdeckung kommen wird.

KS: Wie üblich, wenn man etwas konsumiert, beschränkt sich die Lust
auf die Erwartung eines Glücks, das nie zum richtigen Zeitpunkt eintritt. Das ist serieller Konsum in seiner vollkommensten Ausprägung.

HF: Wie Andy Warhols *Silkscreens* waren die Happenings der sechziger Jahre ein Versuch, dieses Phänomen zu ästhetisieren und den Moment der Langeweile auf perverse Weise faszinierend zu finden. Die Einstellung aus dem fahrenden Auto heraus, so beliebt bei vielen Experimentalfilmen dieser Zeit, verdankte sich derselben Idee: du drehst das Radio an und überläßt dich dem Strom der Menschen und Dinge, die vorüberziehen und die gerade in ihrer Bedeutungslosigkeit wieder bedeutsam werden. Auch Godards Fahraufnahme vom Verkehrsstau steht in diesem konzeptuellen Zusammenhang.

KS: Diese Einstellung ist zugleich ein ironischer Kommentar auf den Kult des Individualismus, wie er im Zentrum des Spätkapitalismus steht. Keine zwei Autos im Stau sind gleich, und die Fahrer manifestieren noch auf ganz andere Weise ihre Differenz untereinander: mit den Dingen in ihren Autos, ihrer Kleidung und der Art ihres Zeitvertreibs. Dennoch müssen sie sich alle zur gleichen Zeit auf die französische Landstraße begeben haben, und hier stecken sie nun fest. Je gleichartiger die Subjekte einander werden, desto stärker müssen sie ihre Einzigartigkeit herausstreichen.

HF: Die Figur, die am vehementesten auf ihre Individualität pocht, ist natürlich Roland, der sich seinen Weg durch den Stau erzwingt, bis er wieder auf freier Strecke ist. Wie um die Absurdität dieser Ambition noch eigens zu betonen, wird Godard ihn später auf ein unkenntliches Stück Grillfleisch reduzieren. Doch auch wenn der Film Rolands Individualismuskult nicht teil, wird das Individuelle nicht verworfen. *Weekend* läßt erahnen, daß es jenseits der hier vorgeführten Welt sehr wohl noch etwas anderes gibt. Hier und auch bei späteren Szenen wird dieses »anderswo« auf die französische Landschaft projiziert, wahrscheinlich weil die Natur noch nicht vollständig kommodifiziert scheint. Zuerst sind wir von der Autoansammlung dermaßen in den Bann geschlagen, daß wir für nichts anderes Augen haben. Allmählich wird uns aber bewußt, wo sich das Ganze zuträgt: nicht am Stadtrand oder in einer Industriegegend, doch auch nicht vor dem Hintergrund eines Postkarten- oder Postermotivs. Statt dessen kann man hinter der Fahrzeugschlange ein goldgelbes, frisch gemähtes Feld ausmachen. Dieses Feld widersteht nicht nur allen Versuchen, es mit dem Vordergrundgeschehen in Zusammenhang zu bringen, sondern entzieht sich auch der Begrifflichkeit, mit der wir normalerweise festlegen, was visuell interessant ist. Es ist bar jeglicher Erzählung, Thematik oder photographischer Bedeutung.[15]

KS: Während sich Roland und Corinne der Autoschlange entwinden, stoßen sie auf die Ursache des Staus: ein Verkehrsunfall. Blutige Kadaver liegen am Straßenrand. Unsere Protagonisten läßt dieses Schauspiel gänzlich unbeeindruckt. Der Tod ist etwas, was anderen passiert.

HF: Gleich danach werden Roland und Corinne Zeugen eines weiteren Unfalls. Ein Bauer auf einem Traktor und ein reiches Pärchen in einem Triumph sind zusammengekracht. Unmittelbar vor dem Unfall war der Bauer (Georges Staquet) durchs Bild gefahren und hatte die »Internationale«, die Erkennungsmelodie des Sozialismus, gesungen. »Du Scheißbauer!« schreit Juliet (Juliet Berto), das Mädchen, aus dem Triumph, als sie entdeckt hat, daß ihr Freund tot ist. »Du kleine bürgerliche Fotze!« schreit er zurück. Week-end blendet den Zwischentitel »Klassenkampf« ein.

KS: Damit sind die Regeln klar. »Du mieses Schwein,« kreischt Juliet in vollstem Bewußtsein ihrer bürgerlicher Überzeugungen, »was du nicht ertragen kannst, ist, daß wir Geld haben und du nicht, oder?« »Würde es mich und meinen Traktor nicht geben, dann hätten die Franzosen nichts auf dem Teller.« lautet das Argument des Bauern.

HF: Juliet wendet sich an die Umstehenden, um zumindest von dieser Seite recht zu bekommen, doch die Zeiten der Klassensolidarität sind vorbei. Die Dorfbewohner weigern sich, Stellung zu beziehen. Als Juliet schließlich auf Roland und Corinne zugeht, ergreifen auch diese die Flucht. Auf dem spätkapitalistischen Marktplatz gilt die Regel: jeder oder jede für sich allein.

KS: Für einen kurzen Augenblick gibt Godard der Versuchung nach, sich die Vereinigung aller Waren auszumalen.[16] Sowohl der Bauer als auch Juliet protestieren heftig, als Roland und Corinne davonfahren. Sie empfinden die Weigerung des Paares, Partei zu ergreifen, als persönliche Zurücksetzung und reagieren darauf, indem sie sich zusammenschließen. Der Bauer legt begütigend seinen Arm um Juliet, und die beiden gehen ab.

HF: Was sich hier zuträgt, ist eine Identifizierung über Klassenschranken hinweg; Juliet und der Bauer scheinen zumindest eine Ahnung davon zu haben, daß sie im selben Boot sitzen. Erleichtert wird ihre Verbrüderung dadurch, daß sie Corinne und Roland als »übles,

dreckiges Judenpack« abstempeln. Ein Gegensatz läßt sich nur dann aus der Welt schaffen, wenn sich die beiden verfeindeten Parteien gegen eine dritte zusammenrotten. Die rassistische Äußerung folgt ironischerweise gleich im Anschluß an den Aufruf des Bauern zum Zusammenhalten: »Sind wir denn nicht alle Brüder, wie Marx gesagt hatte?«

KS: Doch mit diesem Ende gibt sich Godard nicht zufrieden. Nach einer Abblende zeigt er ein alternatives Ende. *Week-end* schneidet zunächst einen Zwischentitel ein mit dem Wortspiel: »*Faux tographie*« [falsches Photo], und dann ein Gruppenphoto, auf dem sich die Beziehungen ablesen lassen, die die Figuren selbst nicht zur Kenntnis nehmen wollten. Es zeigt Roland, Juliet, den Bauern und die verschiedenen Personen, die bei der Szene zugegen waren, als unwilliges Kollektiv, vereint vor einer Plakatwand.

HF: Nachdem sich unser Paar von diesem Schauplatz entfernt hat, beschwert sich Corinne, daß Rolands Abkürzungen sie »immer bloß Zeit kosten« würden. Und Zeit, fügt sie hinzu, »sei schließlich Geld«. Die penible Einteilung der Wochen in Tage und der Tage in Stunden, Minuten und Sekunden zeigt an, daß in der Welt von *Week-end* auch die Zeit zur Ware geworden ist. Anders als Roland hat Corinne aber gelegentlich helle Momente. Nach einem Blick auf die Landschaft fragt sie: »Wann hat die Zivilisation eigentlich begonnen?« Für einen winzigen Moment kommt ihr der Gedanke an eine Zeit, die vor oder außerhalb der Zeitrechnung des Marktes liegt. Als Roland nachhakt,

wie sie denn auf solch eine Frage käme, erteilt sie ihm die kryptische
Antwort: »Es liegt in der Landschaft.« Neugierig blicken wir auf die
grünen Wiesen, die aber genauso stumm daliegen wie das frisch ge-
mähte Feld hinter der Autoschlange. Aller Widerstand gegen den
Rationalisierungsprozeß, der die Dinge auf ihren Geldwert reduziert,
geht von der Natur aus.

KS: Corinne grübelt noch über die Worte des Bauern nach: »Sind wir
denn nicht alle Brüder, wie Marx gesagt hatte?« Roland entgegnet, daß
dieser Satz doch von Jesus stamme und nicht von Marx. Damit ist der
Startschuß gefallen für einen inspirierten »Riff«, der bei dem Begriff
»Gottessohn« einsetzt, um dann auf Umwegen wieder zu Marx zurückzufinden. Corinne und Roland werden von zwei Anhaltern ent-
führt: Joseph Balsamo (Daniel Pommereulle), ein Jesus des zwanzigsten Jahrhunderts, und seiner Begleiterin Maria-Madeleine (Virginie
Vignon), eine zeitgenössische Version von Maria-Magdalena. Seine
göttliche Abstammung verdankt Balsamo einer befleckten Empfängnis: der Sodomisierung von Alexandre Dumas durch Gott.

HF: »Balsamo« lautet der Name des Zauberers Cagliostro in Balzacs
Sarrasine. Hier steht der Name aber für »erotisches Gleitmittel« oder,
weil der Mittler doch göttlicher Herkunft ist, für so etwas wie Genets
heilige Vaseline.[17]

KS: Von Anfang an stellt Balsamo das Gesetz des Vaters in Abrede, ein
Akt, zu dem ihn sein Status als anales Erzeugnis oder Stück Scheiße in
idealer Weise befähigt. Er fragt Corinne nach ihrem Namen. Als sie
zuerst den Namen ihres Gatten und darauf ihren Mädchennamen
angibt, entgegnet Balsamo, daß dies doch väterliche Namen, nicht
aber ihre eigenen seien. »Siehst Du, Du weißt nicht einmal, wie Du
heißt.« empört er sich.

HF: Balsamo ist nicht nur der Sohn Gottes, sondern auch der Sohn
von Marx. Auch in dieser Eigenschaft subvertiert er das väterliche
Gesetz. Wie sein historischer Vorgänger, Paul Lafargue, vertritt er
nicht die Arbeitskraft, sondern die Faulheit.[18] Der Klamauklogik
dieser Szene entsprechend, wird Roland vom wild mit der Pistole
herumballernden Balsamo genötigt, das Auto zu wenden, um Marie-
Madeleine und ihn zurück nach Mantes-la-Jolie zu fahren. Er fuchtelt
mit der Pistole herum wie ein Dompteur. Auch diese Szene ist in
hohem Maße durchchoreographiert. Balsamo handelt nicht wirklich,

sondern improvisiert unter Zuhilfenahme verschiedener Dinge: des Filzhuts, eines Astes mit Blättern, einer Schafherde und des Hasen, den er ins Handschuhfach zaubert.

KS: Balsamo bietet Corinne und Roland einen ungewöhnlichen Tausch an, einen, wie man ihn sonst nur in Märchen findet: Wenn sie ihn nach London fahren, dann bekommen sie von ihm, was immer sie sich wünschen. Das wäre eine Chance, vom absoluten Wert zu träumen. Corinne und Roland erweisen sich aber als unfähig, außerhalb der Parameter des Marktes zu wünschen. Ihre Vorstellungen gehen nicht über einen Mercedes und Abendkleider von Yves Saint-Laurent oder ein Wochenende mit James Bond hinaus. Es ist auch bezeichnend, daß Corinne an einer bestimmten Stelle der Unterhaltung gar keine wünschenswerte Dinge mehr *haben*, sondern selbst eines *sein* will. Sie fragt Balsamo, ob er sie in eine »echte« Blondine verwandeln könne. Mit diesem Wunsch hofft sie, dem Goldstandard der Weiblichkeit noch stärker zu entsprechen. Balsamo jedoch zieht sein Angebot angewidert zurück.

HF: Zum Abschluß der Szene hin verkündet Balsamo das Ende der »grammatischen Ära sowie den Beginn eines Zeitalters der Extravaganz, und zwar in jedem Bereich, besonders aber im Kino«. In den späten sechziger Jahren war natürlich jeder »ungrammatisch« unterwegs. Und gerade das Kino, eben weil es über keine Grammatik verfügt, war ein besonders beliebter Schauplatz für Experimente dieser Art. Straub und Pasolini sprachen sich vehement gegen eine Grammatik des Kinos aus. Die Idee dahinter ist einfach: Grammatik kommt von Schule und hat aus diesem Grund mit Polizei zu tun. *Week-end* ist allerdings kein Film, der gegen die Fesselung durch grammatikalische Regeln rebelliert.

KS: Vielleicht bedeutet »ungrammatisch« hier etwas anderes als ästhetische Überschreitung – weniger »Rebellion gegen die hergebrachten Konstruktionsregeln« als vielmehr »Widerstand gegen den beschränkten Umfang linguistischer Begriffe, mit denen wir die Welt kolonialisieren«. Man kann sagen, daß das Wort eine vergleichbare semantische Reduktion innerhalb der Dingwelt bewirkt wie der Name des Vaters in der Welt der Subjekte oder das Gold in der Warenwelt. Diese Sequenz kommt einer wüsten Attacke gegen jedwede Form der Abstraktion gleich.

HF: So verstanden, enthüllt Balsamos Verkündung eines der ästhetischen Schlüsselprinzipien von *Week-end*. Auf dieses Schlüsselprinzip trifft man nicht nur in den Klamaukszenen des Films; es kommt auch in den Kunstformen der sechziger Jahre – Happening, Pop Art, Improvisation – zum Ausdruck, auf die der Film an anderen Stellen zurückgreift. Insofern Geld das »Wort« der Waren ist, sind diese Kunstformen »ungrammatisch«.

KS: Kurz nachdem sich Corinne noch gewundert hatte, ob denn nicht wirklich alle Menschen Brüder seien, zeigt *Week-end* sie und Roland bei einem ziemlich unbrüderlichen Verhalten: Beide beißen in die Hände von anderen Verkehrsteilnehmern, die das Paar zu attackieren scheinen. Hier haben wir so etwas wie Konsum im wörtlichen Sinne und sehen seine mörderischen Wirkungen.

HF: Auf äußerst sparsame und rätselhafte Weise bekommen wir das in zwei Einstellungen vorgeführt, die in keinen Kontext eingebettet werden. Weder wissen wir, wo sich die Szenerie abspielt, wer die anderen Leute sind, noch warum sie angreifen. Es handelt sich hier um eine Form reiner Aggressivität ohne jeden narrativen Vorwand. Diese Unbestimmtheit wirkt um so auffallender, je präziser die Zwischentitel ausfallen: »Samstag/Samstag/Samstag 16h.« An dieser Stelle scheint die Uhrzeit soviel zu bedeuten wie »Stunde des sozialen Konflikts«.

KS: Tatsächlich kämpft die motorisierte Meute gegen die Verzögerungen an, die jeder den anderen kostet. Doch keiner will bezahlen.

HF: Das ist auch das Motiv, das Roland veranlaßt, eine schmale Straße in halsbrecherischem Tempo zu nehmen, nachdem er und Corinne sich von Balsamo und Madeleine losmachen konnten. Erbarmungslos schiebt er beiseite, was sich ihm in den Weg stellt, Autos wie Fahrradfahrer. Schließlich hat er schon soviel Zeit verloren! Die Kamera aber weigert sich, das Affentempo mitzumachen. Wiederholt hält sie inne, um sich dem frischen Grün der Bäume und Wiesen zuzuwenden, für das Roland keine Augen hat.

KS: Die nächste Szene hilft uns besser zu verstehen, wie sich *Week-end* die Alternative zur Kommodifizierung eigentlich denkt. Man erblickt Saint Just (Jean-Pierre Léaud), die erste einer Reihe allegorischer Figuren, der in einem historischen Kostüm über eine saftige Wiese schreitet und mit voller Stimme aus einem Buch vorträgt: »Darf man

denn glauben, daß der Mensch die Gesellschaft geschaffen hat, um in ihr glücklich und vernünftig zu leben? Nein! Man muß annehmen, daß er, der Friedlichkeit und Weisheit der Natur überdrüssig, nichts sehnlicher wünscht als unglücklich und unvernünftig zu sein!« Ohne weiter auf Saint Just zu achten, führen Corinne und Roland ihre Unterhaltung fort. Während der von Saint Just gelesene Text voller Bedauern Rückschau hält, ist ihre Unterhaltung der Zukunft zugewandt – einer Zukunft, bei der lediglich unklar ist, ob Corinnes Eltern nun mit einem Messer oder einer Axt erledigt werden. Die Zeit von Saint Just ist die Zeit des Verlusts; ihre die des angestrebten Gewinns.

HF: Daß Corinne und Roland noch immer in der Phantasie künftigen Reichtums schwelgen, überrascht um so mehr, als Rolands wahnwitzige Fahrweise sie gerade in eine wüste Karambolage verwickelt hat. Roland kriecht unbeeindruckt aus dem Wrack. Corinnes verzweifelte Schreie gelten bloß ihrer Hermès-Handtasche.

KS: Auch ein so anschauliches Verhängnis wie der Autounfall führt weder dazu, daß Corinne und Roland ihr Verhältnis zur Vergangenheit neu überdenken, noch daß sich ihre Einstellung zur Frage des Opfers wandelt. Im Gegenteil, sie gehen dazu über, den ultimativen Traum des Spätkapitalismus in die Tat umzusetzen: Sie schaffen sich Dinge an, ohne sie zu bezahlen; sie feiern, was man als Wühltischorgie bezeichnen kann, und reißen anderen Unfallopfern die Designerklamotten vom Leib.

HF: Unmittelbar vor der Saint Just-Szene erscheint ein Zwischentitel mit den Worten: »Von der Französischen Revolution zu den Wochenenden der UNR«.[19] Von jetzt an wird es zahllose Anspielungen auf die Französische Revolution geben, die man als Einladung verstehen kann, kritisch über ihr Vermächtnis nachzudenken. Besonders deutlich wird das in der Szene auf der Wiese – hier kommt ein zentraler Begriff dieses Vermächtnisses auf den Prüfstand. Saint Just warnt, daß der Schlachtruf »Freiheit« seine Tücken habe. Schließlich kann die Freiheit eines Menschen für einen anderen Knechtschaft bedeuten. »Die Freiheit, so wie das Verbrechen auch, ist ein Kind der Gewalt!« ruft er, »Es scheint, als sei sie eine Tugend, die dem Laster, das verzweifelt gegen die Sklaverei ankämpft, entsteigt. Der Kampf wird lang werden, und die Freiheit wird die Freiheit töten.«

KS: Auch der letzte zentrale Begriff der Französischen Revolution, die Gleichheit, wird in Week-end einer kritischen Revision unterzogen. In der Welt dieses Films hat sich die Sehnsucht der Menschheit nach Gleichheit erfüllt, nur eben in monströser Form: Alle Figuren im Film sind gleich, weil die Kommodifizierung jegliche Unterschiede geschleift hat. Es überrascht nicht, daß die Bewohner dieser Welt ihrer Gleichheit nichts abgewinnen können. Doch statt eine Art »Bruderschaft« zu gründen, um das System der allgemeinen Äquivalenz kollektiv herausfordern zu können – etwas Entsprechendes hatte die »Faux tographie«-Einstellung bereits nahegelegt –, verplempern die Figuren in Week-end ihre Energie mit dem sinnlosen Versuch, sich voneinander abzusetzen. Natürlich mündet genau dieses Verhalten in die Situation, die Saint Just beklagt. Eine Person kann ihre Freiheit immer nur auf Kosten einer anderen verwirklichen. Godard zeigt uns, wie wichtig es ist, allen drei Werten zugleich Geltung zu verschaffen.

HF: Die Kritik am Autofahren, die Godard mit Week-end formuliert, könnte nicht vernichtender ausfallen. Dennoch will es die Ironie, daß er die Fahrerei vergöttert. Bei vielen Aufnahmen montiert er die Kamera auf einen Kran und läßt den Kran auf Schienen fahren. Dieser Aufwand, so kann man behaupten, unterscheidet sich in nichts von der Haltung, die Corinne und Roland an den Tag legen, sondern kommt aus dem gleichen Klassenbewußtsein. Die Saint Just-Szene ist ein gutes Beispiel. Während die Personen über die Wiese nach rechts gehen, fährt die Kamera mit. Die Strecke, die dabei zurückgelegt wird, ist enorm lang. Godard muß nahezu ebenso viele Meter Schienen

verlegt haben lassen wie bei der Autoschlange. Als Saint Just schließlich zum Höhepunkt seiner Rede kommt, fährt die Kamera hinauf und
zeigt Corinne und Roland, die in der Ferne verschwinden. Die Fahrt
der Kamera hinauf erfüllt eine rein rhetorische Funktion; sie imitiert
den gestelzten Redegestus von Saint Just. Die nächste Szene beginnt
zwar mit einer beliebten Trope des Avantgardefilms, dem »*loop back*«
an den Anfang eines Geschehens, das dann als Schleife wiederholt
wird. Doch auch diese Szene endet mit einer Aufwärtsfahrt der
Kamera, die uns den Kampf überblicken läßt, der um den Porsche
eines jungen Mannes entbrannt ist. Hier hat die Fahrt keinerlei
rhetorischen Grund. Die Kranaufnahme ist eher eine Art Status-
symbol, ein Mittel, um *Week-end* vom Underground-Film abzusetzen.
Sie sagt: »Schaut her, wir haben einen Mercedes. Wir arbeiten nicht
mit einem 2 CV.«

KS: Die Porscheszene gibt einer Empfindung Raum, die in der Welt
von *Week-end* völlig deplaziert erscheint: der romantischen Liebe. Der
junge Mann (wieder Jean-Pierre Léaud) steht zu Beginn der Szene in
einer Telephonzelle, der die Scheiben fehlen, und singt durch den Hörer
ein trauriges Lied an eine ferne Geliebte.

HF: Doch wie er selbst sagt, geht sein Ruf »ins Leere«; vom anderen
Ende der Leitung kommt keine Antwort. Im Grunde wird wohl auch
keine erwünscht. Das Singen des jungen Mannes ist ziemlich selbst-
bezogen. Er läßt das Telephonieren auch sofort sein, als er entdeckt,
daß sich Corinne und Roland für sein Auto interessieren, und verwandelt sich in einen mittelalterlichen Ritter, der mit einer Radkappe
als Schild und einem Schraubenzieher als Schwert sein Streitroß verteidigt. Godard liegen die Details am Herzen, mit denen sich ein
Autokampf vom anderen unterscheidet. Bei dieser Sorte Klamauk
kommt die extreme Agilität von Léauds Schauspielerei zur Geltung.
In seiner bubenhaften Gefallsucht hüpft er über das Autoheck.

KS: Corinne und Roland sind also genötigt, ihre Reise zu Fuß fortzu-
setzen. Bald gelangen sie in einen Wald, wo ihnen zwei weitere alle-
gorische Gestalten, beide in historischer Kostümierung, begegnen:
Dicker Däumling (Yves Afonso) und Emily Brontë (Blandine Jeanson).
Emily Brontë liest laut aus einem Buch vor; Dicker Däumling liest von
kleinen Zetteln ab, die an seinem Wams befestigt sind. Jedesmal, wenn
er eine Passage gelesen hat, bekommt er von Emily Brontë einen Stein
ausgehändigt.

HF: Godard kann sich ziemlich didaktisch zeigen, wenn er uns dazu kriegen will, langen Abschnitten aus wichtigen Bücher zuzuhören. Hier gewinnt er der Didaktik eine humoristische Note ab. Die Zettel an Dicken Däumlings Kleidern erinnern uns an die Spickzettel, die Kinder in der Schule gebrauchen. Sie bedeuten soviel wie: Es ist wirklich nicht leicht, diese alten Texte im Gedächtnis zu behalten. Da kann ein wenig Hilfe nicht schaden. Der zweite Scherz sind die Steine, die Dicker Däumling nach jedem Aufsagen erhält. Sie sind der Beleg, daß sich Kultur nicht auszahlt.

KS: Mit dieser Szene versucht Godard eine Form des Austauschs zu entwerfen, die außerhalb der für *Week-end* verbindlichen Parameter liegt. Der Tausch Worte gegen Steine ist ein direkter Tausch; er bedarf keines allgemeinen Äquivalents. Betrachtet man das Ganze semiotisch, dann unterhalten Steine und Worte nicht nur keinerlei Beziehung untereinander, sie schließen sich auch gegenseitig aus. Es sind also zwei gänzlich unvereinbare Dinge, die hier ausgetauscht werden, und das ist die versteckte Wahrheit hinter jeder Tauschbeziehung: Zwei Dinge können nie gleichwertig sein. So sieht es auch Godard. Emily Brontë und Dicker Däumling halten Corinne und Roland erst einen Stein und dann einen Zweig entgegen und fragen sie beide Male, was das sei. Unsere Protagonisten antworten, indem sie die betreffende Kategorie angeben, mit der wir gewohnt sind, diese Dinge zu belegen. Die Funktion der Kategorie liegt nun aber gerade darin, die Verschiedenheit der Phänomene »Zweig« und »Stein« zu unterdrücken. Emily Brontë zitiert daraufhin zwei Stellen bei Lewis Carroll, in denen die Kategorien »Katze« und »Fisch« in eine Vielzahl von Bedeutungen aufgespalten werden, für die sich kein gemeinsamer Nenner mehr angeben läßt (schwanzlose Katzen; Katzen, die bereit sind, mit einem Gorilla zu spielen; Katzen, die Fisch mögen und erziehbar sind; Fische, die nicht Menuett tanzen können; Fische mit drei Zahnreihen; fette Fische).

HF: Emily Brontë fängt an, sich über einen Stein Gedanken zu machen. Ihre Denkungsart verrät, warum in *Week-end* die Natur Chancen hat, der Kommodifizierung zu entgehen. Sie beschreibt den Stein als ein Ding, das von »Architektur, Skulptur, Mosaik und Juwelierkunst« ignoriert wurde und deshalb außerhalb unseres Verstehens liegt.

KS: Aus diesem Grund ist der Stein vollkommen singulär, also ohne Tausch- oder Gebrauchswert.[20] Außerdem kommt er aus einem anderen Zeitalter. Dieses Zeitalter geht der kommodifizierten Zeit voraus und wird sie aller Wahrscheinlichkeit nach auch überdauern. Die Steine tragen nichts weiter – »nichts, außer ihrer eigenen Erinnerung«.

HF: Irritiert und verärgert von Emily Brontës Weigerung, ihnen den Weg nach Oinville zu zeigen, stecken Corinne und Roland sie in Brand. Dicker Däumling erläutert den Grund, warum der Mensch im Spätkapitalismus das Opfer von sich auf andere abwälzt: »Was soll man mit ihnen reden,« meint er über Corinne und Roland, »Sie kaufen sich Wissen ein, um es dann wieder zu verkaufen. Das einzige, worauf sie scharf sind, ist günstiges Wissen, das sie für einen höheren Preis losschlagen können.«

KS: Corinne und Roland gelangen wieder auf die Straße und geraten bald an einen umherreisenden Musikanten (Paul Gegauff), der seinen riesigen Konzertflügel auf dem Hof eines Bauernhofs aufstellt und für die Bauern Mozart spielt. Die Kamera umkreist zweimal den Hof, und dann noch einmal in Gegenrichtung.

HF: Godard tituliert diese Szene mit »Musikalische Aktion«, und tatsächlich geschieht hier nichts weiter, als daß Mozart gespielt und aus dem Stegreif über Mozart und Musikgeschichte geplaudert wird. Wie die Autoschlange ist die »Musikalische Aktion« mehr oder weniger ein Happening. Auch hier werden Dinge zusammengebracht, die nicht zusammengehören (ein Konzertflügel und ein Bauernhof; Corinne und Roland und die Bauern), und man bestaunt das Schauspiel winziger Verschiebungen bei einer gleichbleibenden Zahl von Elementen. Diese Szene leistet außerdem einen wichtigen Beitrag zu den Überlegungen, die in *Week-end* zum Thema Zeit angestellt werden. Der Klavierspieler meint, die gesamte zeitgenössische Popmusik würde auf Mozarts Harmonien gründen. Diese Vorstellung einer Bewegung vorwärts, die tatsächlich eine Bewegung rückwärts ist, kommt auch in der Fahraufnahme zum Ausdruck.

KS: Der Klavierspieler unterscheidet zwei Sorten von Musik: solche, der wir zuhören, und solche, der wir nicht zuhören. In Wirklichkeit ist das eine Unterscheidung zwischen der Musik, für die wir zu zahlen bereit sind, und der, die uns nichts wert ist. Mozart ist ein Paradefall der ersten Gattung. Er ist der Goldstandard der Komponisten. Moderne Komponisten, die dieses Prinzip nicht beherzigt haben, konnten sich auf dem Musikmarkt nicht etablieren. Irgendwie schafft es Godard hier aber dennoch, Mozart vor der Warenform zu retten.

HF: Week-end ist in 35 mm gefilmt, was in den Künsten ungefähr der Ölmalerei gleichkommt. Trotzdem ist der Film skizzenhaft. Er nimmt manche Dinge einfach wieder zurück, so als wären sie auf eine abwischbare Tafel gemalt. In dieser Weise wird auch der Mozart dargeboten. In einem solchen Rahmen läßt er sich einfach nicht als abgeschlossenes Kunstwerk darstellen und »verkaufen«. Vielleicht hören wir den Mozart aber auch aus dem Grund anders, weil der Vortragsort so abseitig wirkt.[21] Die Bauern haben mit dem kapitalistischen Uhren-Fetisch nichts im Sinn. Die Kleider der Bauern machen der Mode keinerlei Zugeständnisse, und auch bieten sie sich selbst in ihren Haltungen und Bewegungen nicht dar. Einige von ihnen geraten ganz ohne Absicht ins Blickfeld der Kamera, andere verschwinden einfach aus dem Bild. Wieder andere verharren bewegungslos in den Eingängen und Nischen der Gebäude. Immer länger werden die Schatten der Menschen und Dinge auf dem Hof. Die Sonne wandert weiter, doch niemand außer Corinne und Roland läßt Anzeichen von Ungeduld erkennen.

KS: Bauern und Bauernhof haben keine Bedeutung für die Erzählung. Man kann sie auch nicht als pittoresk empfinden, also mit jenem Begriff belegen, der am meisten gebraucht wird, wenn es darum geht, die Landschaft in Gestalt einer Ware zu betrachten. Bauern und Bauernhof dürfen einfach sein; Godard läßt sie in ihrer uneingeschränkten Partikularität gelten. Dieses Sein ist nicht etwas, das schon vor dem Film da wäre. Ganz im Gegenteil, der Film erst stellt es her, und zwar indem er ein Vorgehen gestattet, das in Wahrheit ein Zurückgehen ist. So definiert sich die Zeitlichkeit des Opfers: das Vergangene im Gegenwärtigen anzuerkennen – und durch diesen Akt der Anerkennung paradoxerweise die Menschen und Dinge in ihrer strahlenden Singularität zu offenbaren. Nur indem wir die Vergangenheit annehmen, können wir erfahren, was in der Gegenwart sie übersteigt. Und nur indem wir der Gegenwart die Kraft zugestehen, all das, was wir je geliebt und verloren haben, in neuer Gestalt heraufzubeschwören, kann dieses einen absoluten Wert annehmen.

HF: Die Kamera benimmt sich hier in völligem Gegensatz zu Corinne und Roland, die vor lauter Langeweile gähnen. Noch dezidierter macht sie sich in jener Szene los, in der Roland es zuläßt, daß ein Fremder Corinne vergewaltigt. Ohne narrative Begründung fährt sie plötzlich nach links, während Corinne aus der Vertiefung, in der sie lag, heraussteigt und auf Roland zugeht. Es scheint, als wäre die Kamera gern woanders, jedenfalls nicht in der Nähe eines Menschen, der sich einerseits weigert, einem anderen Feuer zu geben, andererseits aber zusieht, wie seine Frau sexuell mißbraucht wird.

KS: Kurz darauf werden Corinne und Roland von zwei ausländischen Müllmännern aufgegriffen, die das Paar dazu bekommen, für sie zu arbeiten. In einer langen Einstellung stehen die Müllmänner vor dem gelben Lastauto und kauen an ihrem Brot. Dann lesen sie, einer nach dem anderen, einen längeren Text vor. In Großaufnahme erscheint jeweils der, der nicht spricht.

HF: Bei dieser Szene läßt Godard nichts unversucht, uns zu provozieren. Die Schauspieler, der eine Schwarzafrikaner, der andere Algerier, lesen mit monotoner Stimme in hohem Tempo, weniger um uns zu belehren, als vielmehr um uns zu beleidigen. Corinne und Roland, äußerst unglücklich mit ihrer Lage, erscheinen wie ein wenig schmeichelhaftes Abbild unserer selbst.

KS: Der Text ist ein leidenschaftlicher Aufruf an alle Schwarzen, gegen ihre weißen Unterdrücker mit Gewalt vorzugehen, und sucht die Gewaltanwendung zugleich zu legitimieren. Während die beiden Männer den Aufruf sprechen, zeigt Week-end in Rückblende vergangene Episoden aus dem Film: Basamo, der auf Corinnes und Rolands Auto schießt, ein Verkehrsgemetzel und Saint Justs Aufruf gegen die Freiheit. Diese eingestreuten Bilder haben den Effekt, das Prinzip der Gewalt aus einer unbestimmten Zukunft in die filmische Gegenwart zu holen. Zugleich machen sie deutlich, daß die Bedrohung der westlichen Zivilisation eine innere Bedrohung ist und nicht von außerhalb, aus der Dritten Welt kommt.

HF: Ab einem bestimmten Punkt verschiebt sich das Paradigma. Die Kamera beginnt, hin- und herzuspringen zwischen früheren Gewaltbildern und Einstellungen, die Corinne und Roland zeigen, wie sie unter einem Baum sitzen und so tun, als ob sie zuhören. Ein anderer Text, der sich mit Klassenverhältnissen befaßt, wird im Off gelesen. Uns wird erzählt, daß die Geschichte der Menschheit bis dato die Entwicklung einer Klassengesellschaft war und daß man die primitiveren Entwicklungsstufen unserer eigenen Geschichte in der Organisation anderer Kulturen, wie denen der Inkas, Maya und Azteken, wiederfindet.

KS: *Week-end* ist allerdings darauf aus, diese beiden Vorstellungen —
die westliche Geschichte sei eine Geschichte des Fortschritts, die
von der Primitivität wegführt, und wenn sich Primitivismen zeigen,
dann woanders — zu unterlaufen. Sobald der Off-Kommentar über
Indianerstämme zu reden beginnt, verweist Godard in Vorblende auf
die Kannibalenkultur, mit der der Film enden wird. Wir sehen drei
Personen in Hippieklamotten mit indianischen Stirnbändern. Später
wird der Film noch viel stärker darauf insistieren, daß das »Primitive«
keine Sache der Vergangenheit, sondern der Gegenwart ist, und daß
es nicht draußen, sondern drinnen liegt.

HF: Aus dem zweiten Off-Text kann man ganz deutlich eine Stimme
heraushören, die eine Geschichtssicht im Geist des allgemeinen Äquivalents vertritt. Jeder historische Moment und jede Kultur künden
nur von einer einzigen, immergleichen Geschichte: der Geschichte
des Klassenkampfes. Jede Spur von Andersheit, Zufälligkeit und Besonderheit ist ausgemerzt.

KS: Eine ähnlich homogenisierende Rolle spielt im ersten Text der
Begriff Rasse. Jede Kleinigkeit scheint sich in das Bild einer konti-
nuierlichen Geschichte der Unterdrückung der Schwarzen durch die
Weißen zu fügen. Doch diese starren Gegensätze werden ausgerechnet durch die rhetorische Strategie, derer sich der erste
Redner befleißigt, Lügen gestraft. Er begründet seinen Standpunkt,
indem er lauter Gemeinsamkeiten zwischen Weiß und Schwarz
konstatiert: »Ich behaupte, daß die Freiheit eines Schwarzen genauso viel Wert ist wie die eines Weißen. Ich behaupte, daß ein
Schwarzer zur Erlangung seiner Freiheit die gleichen Mittel gebrauchen darf, die andere Menschen gebraucht haben, um ihre Freiheit zu
erlangen.«

HF: Die gesamte Szene ist um diese rhetorische Trope organisiert.
Als Roland den Afrikaner um ein Stück Brot bittet, reicht dieser ihm
einen Brocken, der in seiner Größe den jährlichen Zuwendungen
Amerikas an den Kongo entspricht. Und als Corinne dem Araber mitteilt, sie sei hungrig, wendet er auf sie das gleiche Gesetz an, mit dem
die großen westlichen Ölgesellschaften Algerien konfrontieren:
»Zuckerbrot und Peitsche«.

KS: Hinter den Unterschieden, von denen wir denken, daß sie die
menschlichen Beziehungen prägen, lauert vielleicht eine tiefe Affinität.

Week-end läßt erahnen, daß der grundsätzliche Antagonismus, der das soziale Feld gliedert, ganz woanders liegen könnte.

HF: Eine feste Einstellung, die Corinne beim ersten Bad nach der Reise zeigt, verrät, daß die beiden im elterlichen Haus angelangt sind. Aus dem Gespräch zwischen Corinne und Roland geht hervor, daß der Vater schon vor ihrer Ankunft starb und daß die Mutter nicht gewillt ist, das Erbe mit ihnen zu teilen.

KS: Rechts hinter Corinne hängt ein Gemälde. Man erkennt eine Frau, die sich badet – eine Tätigkeit, die bei Weiblichkeitsdarstellungen oft idealisiert wird. Corinne gibt acht, daß ihre eigenen Bewegungen denen des Vorbilds an der Wand entsprechen.

HF: Roland liest im Off eine lange Geschichte über ein Nilpferd vor. Geschildert wird dieses Geschöpf als »die unansehnlichste Kreatur überhaupt«, weil es unseren Formvorstellungen widerspricht. Das Nilpferd hat »ein riesiges Maul«, einen »unförmigen Körper«, »absurd kurze Beine« sowie einen »grotesken Schwanz«. In jeder Hinsicht erscheint es als das Gegenteil der Badenden. Gleich Emily Brontës Steinen, steht das Nilpferd außerhalb der Sphäre von Gebrauchs- und Tauschwert. Während Roland weiterliest, zeigt die Kamera Szenen des ländlichen Lebens. Eine Szene – das Bild einer Benzinwerbung – läßt erahnen, daß wir vom Anfang des Films gar nicht so weit weg sind. Die andere Szene manifestiert wieder, daß das Land noch nicht vollständig kommodifiziert ist. Dreimal richtet sich die Kamera auf eine Straße, die in ein Dorf, vermutlich Oinville, führt. Im Zentrum des Bildes ist aber nicht, wie sonst üblich, der Kirchturm zu sehen. Der ist, kaum erkennbar, an den rechten Bildrand gedrängt. Statt dessen sitzt in der Bildmitte ein riesiger formloser Klecks aus dunkelgrünem Laub. Dieses Bild gibt nichts zu verstehen.

KS: Den Muttermord schildert *Week-end* äußerst ökonomisch in zwei Einstellungen. In der ersten sieht man Roland, der Mutter auf den Fersen. Er macht ihr verschiedene Vorschläge, wie man das Erbe des Vaters teilen sollte. Die Mutter weist jeden seiner Vorschläge zurück. Darauf beginnt Roland sie mit seinem Schal zu würgen; Corinne naht mit einem übergroßen Messer in der Hand. In der zweiten Einstellung sieht man den abgezogenen Hasen, den die Mutter mit sich trug. Er liegt jetzt auf der Terrasse am Boden. Von außerhalb des Bildes wird Blut über ihn geschüttet. Obwohl man noch immer die Schreie der

Mutter hört, konstatiert der implizite Vergleich mit dem Hasen ihren
Tod. Diese Einstellung ist zugleich eine Vorbereitung auf das Kommende: das Thema Menschenfleisch als Fleischware oder Fleisch-
gericht wird weiter ausgeführt werden.

HF: Das Gesetz, demzufolge man von seiner Familie Geld zu erben
hat, existiert nach wie vor, nur hat es inzwischen seine Grundlage ein-
gebüßt. Wir haben vergessen, daß das Erbe einst Teil eines Tausches
war: Von den Kindern wurde erwartet, daß sie sich um ihre alten
Eltern kümmern; als Lohn dafür erhielten sie dann das Erbe. Heutzutage ist es ein Verbrechen, wenn man etwas erbt. Wie *Week-
end* bezeugt, bezahlen andere mit ihrem Leben, damit für uns etwas
herausspringt. Als Gegengeschäft können wir allerdings nichts an-
bieten.

KS: Danach machen sich Corinne und Roland auf die Rückfahrt nach
Paris. Unterwegs werden sie von einer Horde Plünderer in Hippie-
kleidung überfallen und verschleppt. Es scheint, als würden sie aus
ihrer bürgerlichen Welt plötzlich in einen Abgrund gestürzt, der in jeder Hinsicht das Gegenteil davon ist, was sie kennen. Die Hippies sind
Kannibalen, die bei einem See im Wald leben. Sie haben an Geld kein
Interesse, haben auch keine Autos oder anderes Privateigentum.

HF: In ihrer Kleidung und ihrer Art zu tanzen unterscheiden sie sich
aber nicht allzusehr von der Gesellschaft, gegen die sie rebellieren:
Die Frauen tragen Miniröcke und sind über die neuesten Tänze auf

dem Laufenden. Die Gegenkultur dieser Hippies erschöpft sich darin, die Londoner *fashion* dem Pariser *chic* vorzuziehen.

KS: In *Week-end* bricht immer wieder die Sehnsucht durch, einer flachen oder entweihten Welt ihre sakrale Dimension wiederzugeben. Am deutlichsten zeigt sich das bei den Waldszenen, etwa als Kalfon (Jean-Pierre Kalfon), einer der Kannibalen, mit seinem Schlagzeug am Fluß sitzt und beim Spielen wie zu einem Wassergott ruft: »Ewiges Meer, ich grüße dich.«

HF: Das ist nicht die einzige Beschwörung übersinnlicher Mächte. Ein ausgetüfteltes Zeremoniell umgibt das rituelle Verspeisen von menschlichem Fleisch. Die Hippies bemalen ihre Opfer wie Yves Klein, bevor sie sie umbringen, und stecken ihnen magische Substanzen – Eier und Fische – in die Körperöffnungen. Auch diese Ereignisse haben Happeningcharakter.

KS: Man sollte meinen, der rituelle Verzehr von Menschenfleisch sei das genaue Gegenteil der in *Week-end* angeprangerten profanen Konsumhaltung. Doch Kommodifizierung bedeutet nicht immer und überall Profanisierung. Im wohl bekanntesten Abschnitt von *Das Kapital* behauptet Marx, daß auch Waren mit einer Aura versehen werden können. Sie erscheinen dann als »sinnlich übersinnliche Dinge« oder als »mit eigenem Leben begabte (...) selbständige Gestalten«. Diesen Prozeß der Warenfetischisierung vergleicht Marx mit dem, was sich in der »Nebelregion der religiösen Welt« abspielt.[22]

HF: Und Marx beschreibt nicht etwa einen Prozeß, der sich nur auf den Frühkapitalismus beschränkt. Auch wir erklimmen mit jedem Blick auf die Werbung von *Absolut* Vodka oder *Cartier*-Uhren den heiligen Berg.

KS: Doch keine Ware kann für immer scheinen. Ihren Glanz empfängt sie aus zweiter Hand. Wird die Richtung des Lichtstrahls nur ein bißchen verändert, wirkt das Metall sofort stumpf. Folgt man *Week-end*, dann hat auch der Kapitalismus eine Entwicklung genommen, die es schwieriger macht, sowohl die Ware zu fetischisieren als auch ihre Aura für länger zu bewahren. Die Unterordnung von immer mehr Menschen und Dingen unter das allgemeine Äquivalent des Geldes hat zu einer dramatischen Nivellierung von Wertunterschieden geführt. In einer wohl zwangsläufigen Geste, dieser Entwicklung entgegenzusteuern, macht Godard am Ende von *Week-end* den Versuch, genau jenem Gut seinen auratischen Wert wiederzugeben, das am vollständigsten ausgeplündert wurde – dem Menschen. Dieses Unterfangen ist aber für die Katz, weil es sich innerhalb der Parameter des Kapitalismus abspielt, der zwingend auf äquivalente Werte hinarbeitet.

HF: Es sind interessanterweise ausschließlich Frauen, die die Hippies refetischisieren. Um das Verspeisen von Männern ranken sich keinerlei religiöse Rituale. In einer Szene führen die Hippies sogar einen Frauentausch mit einem rivalisierenden Kannibalenstamm durch. In beiden Fällen kann man sagen, daß sie die traditionellen Geschlechterrollen übertreiben.

KS: Das Verspeisen von Frauenfleisch ritualisiert Godard vielleicht gar nicht wegen der Geschlechterdifferenz. Vielleicht ist ihm stärker daran gelegen, *Week-end* von Freuds *Totem und Tabu* abzugrenzen. In dieser Schrift, auf die sich *Week-end* mit Zwischentiteln wiederholt bezieht, geht es um ein Mahl, bei dem nicht Frauen-, sondern Männerfleisch in einem rituellen Akt verzehrt wird, der zugleich das Patriarchat begründet.[23] Eine Urhorde von Brüdern tötet den Vater, der über sie herrscht und alle Frauen für sich beansprucht. Nach dem Mord fressen sie ihn auf und schwören, nie wieder einen Vatermord geschehen zu lassen. Sie inkorporieren den Vater nicht nur buchstäblich, sondern auch symbolisch. Das heißt, daß sie sich mit ihm als Gesetz identifizieren und ihn als allgemeines Äquivalent aller Subjekte ausrufen. Von entscheidender Bedeutung ist das Gelöbnis, einen solchen Akt nie wieder geschehen zu lassen. Denn würde der Vater

ein zweites Mal ermordet und verspeist, hätte er seinen privilegierten Status verspielt. Er wäre lediglich eine Mahlzeit unter vielen.

HF: Andererseits finden wir in der Hippiekultur von *Week-end* genau dieselbe Form des seriellen Konsums wieder, die uns aus der Welt von Corinne und Roland vertraut ist. Die Opferflammen werden am Brennen gehalten, und das bedeutet, daß sie permanent Nachschub brauchen. Die Hippies machen zwar den Versuch, männlichen Vorrechten wieder Geltung zu verschaffen, doch wie sonst auch im Film wird das von der Serialität unterbunden. *Week-end* endet an einem Grillfeuer: die Körperteile von Roland und von den britischen Touristen und einem geschlachteten Schwein lassen sich nicht mehr unterscheiden. Nicht nur, daß dieses Mahl kein bißchen weihevoll verläuft, es ist nicht einmal sonderlich bedeutungsvoll. »Nicht übel«, sagt Corinne verhalten, als sie abbeißt.

KS: Man kann sagen, daß Roland schließlich zum Opfer wird, weil er den gesamten Film über kein Opfer bringen wollte. Dennoch halten die, die ihn verspeisen, seiner Ethik die Treue: Es sind immer die anderen, die zahlen müssen. Die Hippies verstehen nicht, daß sich die Welt absoluter Werte, nach der sie Nostalgie verspüren, nur bei Inkaufnahme von Verlusten realisieren ließe. Nur das, was uns alles kostet, kann unendlich wertvoll sein.

HF: Während all dieser Szenen nehmen Zwischentitel auf den französischen Revolutionskalender bezug. Es scheint, als verkündeten sie das Ende einer Welt und das Heraufziehen einer neuen. Inzwischen ist uns aber klar, daß Geschichte in *Week-end* nichts mit Anfängen und Enden, Rückschritten oder Fortschritten am Hut hat. Geschichte heißt gnadenlose Rationalisierung, die aber paradoxerweise das Bedürfnis nach Magie gebiert.

KS: Der Kapitalismus läßt es zwar zu, daß der von ihm entfachten Sehnsucht nach dem Heiligen Ausdruck verliehen werden kann, er ist aber unfähig, diese Sehnsucht zu befriedigen.

HF: *Week-end* weiß keinen Weg, um die entwertete Welt wieder zu verzaubern, nimmt aber die Sehnsucht nach dem absoluten Wert sehr ernst. Die Szene, in der sich Kalifon an den Fluß wendet, kann genau das Hochgefühl übermitteln, das man verspürt, wenn man »abhebt«. Für eine Sekunde scheint der Fluß tatsächlich ein Götterreich und nicht ein Ort, wo Familien baden gehen.

KS: Am Ende von *Week-end* wird gezeigt, daß es Menschen gibt, die den Tod sehr wohl als persönlichen Verlust empfinden. Dieses Gefühl könnte zum Ausgangspunkt von etwas ganz Neuem werden. Kalifon hatte Corinne für Valérie (Valérie Lagrange) eingetauscht, doch beim anschließenden Gefecht mit den rivalisierenden Hippies wird Valérie erschossen und stirbt. Zärtlich hält Kalifon sie in seinen Armen, während sie ihren Schwanengesang anstimmt. Daß er Valérie gegen Corinne eintauschen konnte, impliziert allerdings, daß auch Valérie austauschbar ist. Und so geschieht es auch. Er tauscht sie gegen Corinne zurück, und schon sind seine Wunden wieder geheilt.

HF: Die Großaufnahme der singenden Valérie schließt falsch an. Das reibt Godard uns ins Auge, indem er den Zwischentitel »*Faux Raccord*« einschneidet. Das bedeutet »falsche Verbindung«, aber nicht nur im technischen Sinne. Die Fehlanpassung betont das Pathos der Großaufnahme. Sie besagt: Wir müssen unsere Erzählung für diesen dramatischen Augenblick unterbrechen. Dieser Effekt macht zugleich deutlich, daß es im spätkapitalistischen Bürgerkrieg keine dauerhafte Verbindung zwischen dem Hippie-General und der sterbenden Soldatin geben kann.

KS: Im Schlußteil von *Week-end* erzählt einer der Hippies eine Geschichte, die uns an den Anfang des Films zurückführt. Diese Geschichte ist eine Allegorie jenes anachronistischen Bewußtseins, das immer noch den Phallus zu erkennen glaubt, wo in Wahrheit nichts als Scheiße ist. »Es war 1964,« erzählt Louis, an wen auch immer gewandt, »wir hingen unter der Trocadérobrücke herum, es war saukalt, kannst du dich noch erinnern? Es war der legendäre Winter '64 ... Und Alphonsine hat so gefroren, daß sie meinen Schwanz in die Hände genommen hatte, um sich zu wärmen. Und Alphonsine sagte: ›Mensch, Louis, was für einen Riesenschwanz hast du denn!‹ Und ich sagte ihr: ›Das ist nicht mein Schwanz, du Spinnerin, ich scheiße gerade.‹« Auch diese Geschichte macht deutlich, daß, wo immer die Kommodifizierung triumphiert, egal ob in der bürgerlichen Kultur von Paris oder der Gegenkultur, die Week-end uns am Ende präsentiert, der Phallus dem Anus das Feld räumen muß. Dabei handelt es sich aber nicht um die Utopie der sexuellen Befreiung, die damals bejubelt wurde, sondern um das katastrophische Ende jeglicher Singularität. Was man als »analen Kapitalismus« bezeichnen kann, führt zwar zur Nivellierung der Kategorien »männlich« und »weiblich«, doch nur um den Preis, daß beide Kategorien, zusammen mit Week-end, auf dem kosmischen Müllhaufen landen.

---

1 Week-end hat keine Credits. Deshalb war es uns nicht möglich, die Namen aller Darsteller in Erfahrung zu bringen.

2 In seinem Aufsatz »Weekend« schreibt Robin Wood: »Weekend handelt nicht vom Ende der Welt, sondern vom Ende unserer Welt«, in: Ian Cameron (Hg.), The Films of Jean-Luc Godard, New York 1969, S.169.

3 Die Zitate aus Week-end sind nach der französischen Originalfassung übersetzt.

4 Georg Simmel, »Philosophie des Geldes« [1901], hg. von David P. Frisby und Klaus Christian Köhnke, in: ders., Gesamtausgabe Bd. 6. Frankfurt a. M. 1989, S.34.

5 Guy Hocquenghem, Homosexual Desire [1972], aus dem Französischen von Daniella Dangoor, London 1987, S.87.

6 Claude Lévi-Strauss hat als erster herausgearbeitet, wie Frauen als Tauschobjekte oder Waren zwischen Clans zirkulieren und in dieser Funktion Gesellschaft begründen. Vgl. dazu ders., Die elementaren Strukturen der Verwandtschaft, aus dem Französischen von Eva Moldenhauer, Frankfurt a. M. 1981, S.107 ff. sowie S. 474 ff. Aus einer feministischen Perspektive setzen sich Gayle Rubin und Luce Irigaray mit der Vorstellung von Frauen als Waren auseinander. Vgl. G. Rubin, »The Traffic in Women: Notes on the ›Political Economy of Sex‹«, in: Rayna R. Raiter (Hg.), Toward an Anthropology of Women, New York 1975, S.157-210; sowie L. Irigaray, »Women on the Market« in: dies., This Sex Which Is Not One, aus dem Französischen von Catherine Porter und Carolyn Burke, Ithaca 1985, S.170-191. Für unsere Filminterpretation ist insbesondere Irigarays marxistisch orientierte Kritik relevant.

7 Das Wort »Gold« gebrauche ich an dieser Stelle metaphorisch. Es bedeutet nicht
   »wertvolles Metall«, sondern »Geld«.

8 Ich stütze mich hier auf eine wichtige Arbeit von Jean-Joseph Goux. Er argumen-
   tiert, daß in der Warenwelt Gold das allgemeine Äquivalent sei; im Bereich der
   Objekte der Phallus, im Bereich der Subjekte der Vater und im Bereich der Zeichen
   die Sprache. In all diesen vier Bereichen würde »eine identische Syntax einem ihrer
   Elemente gestatten ..., in eine Herrschaftsposition aufzurücken, um von dort aus die
   Bewertung der Menge vorzunehmen, aus der es selbst ausgeschlossen ist.« Jean-
   Joseph Goux, Symbolic Economies: After Marx and Freud, aus dem Französischen von
   Jennifer Curtiss Gage, Ithaca 1990, S. 24.

9 Marx bezeichnet das Gold als »universelle Ware«. Vgl. »Zur Kritik der politischen
   Ökonomie«, in: Karl Marx und Friedrich Engels, Werke Bd. 13, Berlin 1975-86, S. 127.

10 Die Rede von der »Entzauberung« der Welt stammt von Max Weber, der »rational
   empirisches Erkennen« als ihre Ursache identifiziert. Siehe seinen Aufsatz »Die
   Wirtschaftsethik der Weltreligionen«, in: ders., Gesammelte Aufsätze zur Religions-
   soziologie, Tübingen 1978, S. 564. Max Horkheimer und Theodor W. Adorno (in:
   dies., Dialektik der Aufklärung, Frankfurt a.M. 1971, S. 8) sprechen ebenfalls von der
   Entzauberung der Welt, die ihrer Ansicht nach eine Folge der Aufklärung ist.

11 Wie es Simmel in seiner »Philosophie des Geldes« (zit. Anm. 4, S. 43) ausdrückt:
   »Ebensowenig aber darf das Objekt, wenn es ein wirtschaftlicher Wert bleiben soll,
   sein Wertquantum zu einer Höhe steigern, bei der es praktisch wie ein absolutes
   wirkt.«

12 Mir geht es hier um ein Phänomen, das wir später als »analen Kapitalismus« bezeichnen werden. Dieser Begriff dient dazu, das Wirken und die Funktion eines allgemeinen Äquivalent aller Waren zu beschreiben. Die Idee war nie, das Wesen der
   analen Sexualität zu definieren. Das wäre auch gar nicht möglich. Wie Godard nicht
   müde wird zu zeigen, lassen sich alle Formen der Sexualität metaphorisch unendlich auslegen. Week-end, Numéro deux und Passion sind Beispiele für völlig unterschiedliche Vorstellungen über anale Sexualität. Das einzige, was diese Filme als Sym-
   bolsysteme gemeinsam haben, ist, daß sie Analität als inadäquate Lösung für die
   Probleme der Heterosexualität inszenieren. Ob man darin ein Prinzip erkennen
   kann, bleibt aber fragwürdig. Godard scheint hier persönliche Erfahrungen durch-
   zuarbeiten. Unablässig problematisiert er jene Aspekte der Sexualität, die ihn sexuell am stärksten fesseln.

13 Vgl. Sigmund Freud, »Drei Abhandlungen zur Sexualität« (1905), in: ders., Studienausgabe, Frankfurt a. M. 1969-75, Bd. 5, S. 43-145.

14 Sigmund Freud, »Über Triebumbesetzungen, insbesondere der Analerotik« in: ders.,
   Studienausgabe, zit. Anm. 13, Bd. 7, S. 128 ff.

15 In »Towards a Non-Bourgeois Camera Style« behauptet Brian Henderson, daß
   Week-end Tiefenschärfe verweigert (in: Bill Nichols (Hg.), Movies and Methods,
   Berkeley 1976, S. 422-38). Henderson interpretiert das als Zurückweisung von
   bürgerlichen Werten und bürgerlicher Innerlichkeit. Unser Argument ist ein anderes, nämlich daß Week-end die vom Spätkapitalismus konstruierte Welt als »flach«
   ansieht. In den Augenblicken, wo wir einen entlastenden Zugang zur Natur, die nicht
   oder nur teilweise kommodifiziert erscheint, erhalten, weisen die Bilder eine be-
   merkenswerte Tiefenschärfe auf.

16 »When the Goods Get Together« lautet eine der Kapitelüberschriften in This Sex
   Which Is Not One. Luce Irigaray spekuliert hier, was geschehen würde, wenn Frauen
   sich plötzlich weigerten, Tauschobjekte zu sein.

17 In *Tagebuch eines Diebes* (Hamburg 1983) beschreibt Jean Genet, wie die Polizei seine Tube Vaseline konfisziert hat, die für ihn das »Symbol ... einer geheimen Gnade« war (S.34).

18 Paul Lafargue war der Schwiegersohn von Marx. Er schrieb *Das Recht auf Faulheit* [1833], hg. von Iring Fetscher, Frankfurt und Wien 1966.

19 UNR (*Union Nationale Républicaine*) ist die Abkürzung für die Partei der Gaullisten.

20 Singularität hat meines Erachtens nichts mit dem Gebrauchswert zu tun. Der Gebrauchswert, nicht anders als der Tauschwert, mit dem er eng zusammenhängt, muß gesellschaftlich erzeugt werden. Wie Jean Baudrillard in *For a Critique of the Political Economy of the Sign* (aus dem Französischen von Charles Levin [St. Louis 1981, S. 63-87 und 130-142]) darlegt, sind unsere »Bedürfnisse« stets ideologisch produziert. Singularität oder absoluter Wert ist etwas vollkommen anderes. Zwar ist er ebenfalls eine Wirkung des Signifikanten, doch wird er privat und nicht gesellschaftlich hergestellt. Seiner Produktionsweise entspricht nicht der ökonomische oder semiotische Tausch, sondern das ontologische Opfer.

21 Wood benutzt den Begriff »Eingeschlossensein«, um diese Einstellung und das Verhältnis zwischen der Hofszene und dem Rest des Films zu beschreiben. Vgl. *The Films of Jean-Luc Godard*, zit. Anm. 2, S. 169.

22 Karl Marx, »Das Kapital«, in: Karl Marx und Friedrich Engels, *Werke,* Berlin 1975-86, Bd. 23, S. 86.

23 Sigmund Freud, »Totem und Tabu. Über einige Übereinstimmungen im Seelenleben der Wilden und Neurotiker«, in: ders., *Studienausgabe*, zit. Anm. 13, Bd. 9, S. 287.

Ich spreche, also bin ich nicht

Le Gai Savoir (1968)

HF: Nach seinem Erfolg mit À bout de souffle (1959) war Godard der
wohl erfolgreichste unter den *auteurs*. Zwei oder drei seiner Filme
fanden jedes Jahr einen weltweiten Vertrieb, obwohl sie den Markt-
regeln nicht gehorchten. Godard war mit solchen Halbheiten nicht
zufrieden; Le Gai Savoir (1968) war sein Versuch, einen Film zu
machen, der mit den bestehenden Produktions- und Distributions-
verhältnissen derart radikal bricht, daß er sich des etablierten Systems
nie wieder würde bedienen können. Wie so viele andere Menschen
auch, die in dieser Zeit alles daran setzten, ihre Jobs zu verlieren oder
aus der Schule geschmissen zu werden, hoffte Godard, daß dieser
Bruch zu etwas Neuem führen werde. Daß die französische Fernseh-
anstalt, die Le Gai Savoir in Auftrag gegeben hatte, den Film niemals
zeigte, kann also nicht überraschen.[1]

KS: Le Gai Savoir bildet den Anfang eines sonderbaren Kapitels in
Godards Karriere als Filmemacher. Die meisten Filmemacher versuchen, »gute Objekte« zu fabrizieren – Filme, die gefallen.[2] Angefangen mit Le Gai Savoir, und während der Dziga Vertov-Phase,[3] war
Godard vom gegenteiligen Wunsch beseelt – dem Wunsch, »böse
Objekte« herzustellen. Er suchte in dieser Zeit Filme zu machen, die
die Erwartungen sowohl der Zuschauer als auch der Produzenten
frustrieren und daher Mißfallen erregen würden. Doch zumindest im
Fall von Le Gai Savoir erwiesen sich einige Zuschauer als erstaunlich
widerspenstig. Ihnen war aufgegangen, daß es nicht nur einen Weg
gibt, Spaß zu haben.

HF: 1968 begannen sich die Studenten zu fragen: Was bedeutet mein
Tun unter politischen Gesichtspunkten? Welchen Zwecken dient es?
Einmal ausgestreut, trugen Fragen dieser Art die Saat der Selbstzwei-
fel in alle Richtungen davon. Sogar die Bürokraten fingen an, sich selbst
und ihren Betrieben unangenehme Fragen zu stellen. Godard war zehn
Jahre älter als die Studentengeneration, doch er teilte diese selbstre-
flexive Haltung. In Le Gai Savoir wirft er die Frage auf: Was ist Kino?
Diese Frage wird nicht nur verhandelt, es ist die Form des Films, in
der sie ausgetragen wird.

KS: Noch in einem anderen Sinn ist dieser Film, der vor den französischen Studentenunruhen im Mai '68 gedreht,[4] doch erst nach ihrem Ende geschnitten wurde, ein Kind seiner Zeit. Er setzt eine Kulturrevolution in Szene, die nicht weniger verführerisch ausfällt als das Projekt des großenVorsitzenden Mao, dem Helden vieler französischen Studenten. In *Le Gai Savoir* treffen sich zwei junge Leute, Patricia Lumumba und Emile Rousseau (Juliet Berto und Jean-Pierre Léaud), um für die Dauer von sieben Nächten in einem abgedunkelten Fernsehstudio ein neues Darstellungs-Regime an die Macht zu bringen. In der ersten Nacht formulieren sie einen Drei-Jahres-Plan, der in den folgenden sechs Nächten umgesetzt werden soll. Im ersten Jahr gälte es, Töne und Bilder zusammenzutragen. Im zweiten Jahr ginge es um eine Kritik von Ton und Bild; das zusammengetragene Material würde »reduziert« und »zerlegt«, »ersetzt« und »neugegliedert«; im dritten Jahr stünde die Schaffung einiger alternativer Textparadigmen auf dem Programm.

HF: Dies ist ein surrealistischer Studienplan, der auch so nicht umgesetzt wird. Von den drei Jahren ist nie wieder die Rede, der Film erzählt von sieben Nächten, in denen Emile und Patricia ihre Studien betreiben, wobei oft nicht zu unterscheiden ist, ob sie Material sammeln, es kritisieren oder bereits Modelle einer künftigen Praxis errichten.

KS: Die Untersuchung der Bedeutungs- und Darstellungsgrundlagen des Kinos verläuft in *Le Gai Savoir* nicht über eine Rückkehr zu den Ursprüngen. Sie vollzieht sich vielmehr im Zuge eines Neuaufbruchs, wie ihn der Mai '68 – zumindest wenn man den Protagonisten der französischen Studentenbewegung folgt – verhieß. In Frankreich war das kein ganz neuer Gedanke. Schon die Revolutionäre von 1789 hatten sich vorgestellt, daß sie noch einmal im Jahr 0 beginnen könnten. Die Uhr, die *Le Gai Savoir* zurückzudrehen sucht, hat aber weniger mit Zeit als mit Epistemologie zu tun. Die filmische Version des Mai '68 entspricht weniger den Geschehnissen auf den Pariser Straßen als den Ereignissen zwischen den Buchdeckeln von Althussers *Pour Marx*, Foucaults *Archäologie des Wissens* oder Derridas *Grammatologie*.[5] Den Filmtitel hat sich Godard von Nietzsche ausgeborgt;[6] Emile und Patricia sind vor allem Studenten,[7] was für diesen Film heißt, die Universität, aber auch das System, in das sie eingebettet ist, zu kritisieren. Versteht man diese Kritik in ihrer Radikalität, dann zielt sie auf die Auflösung unserer bestehenden Wissensformen ab.

HF: In *Le Gai Savoir* wird uns nichts von dem geboten, was an eine konventionelle Erzählung erinnert, in der die Gedanken von dem Fluß einer Handlung motiviert sein müssen. Dieser Film ist aus dem unterschiedlichsten Material zusammengesetzt, aus Cartoons, Zeichnungen, Anzeigen, politischen Plakaten und Photos vieler Art. Es gibt auch gerade erschienene theoretische Bücher zu sehen und Straßenbilder vom Paris zur Zeit des Mai 1968. Diese Bilder zeigen keinen Aufruhr und auch nicht dessen Unterdrückung, vielmehr ganz alltägliches Tun. Dennoch sind diese Bilder aufgeladen, das liegt an der Erwartung. Damals wurden viele Kameras auf die Massen oder »das Volk« gerichtet, weil hier die eigentliche Kraft läge – die Studenten wären nur deren Avantgarde. Die beschwörend angeschauten Alltagsbilder aber geben hier kein Zeichen. Allerdings, wenn man auf den Tisch von Otto Hahn sieht, zeigt sich auch nichts von den Kräften, die eine Kettenreaktion auslösen können.[8]

KS: Die Aufnahmen im Studio sind in kompromißloser Weise minimalistisch: Man erkennt nichts außer Patricia und Emile und einer gelegentlich ins Spiel gebrachten Requisite (ein transparenter Regenschirm, ein Fahrrad, ein Buch). Jeder der beiden Darsteller aber trägt zumindest ein Kleidungsstück in knalliger Farbe, das sich glühend vor dem dunklen Hintergrund abhebt. Wechselt einer von ihnen den Pullover oder auch nur die Haltung, so wird eine andere Farbe dominant, ihr Leuchten läßt die Szene wie durch Zauberhand verändert erscheinen.

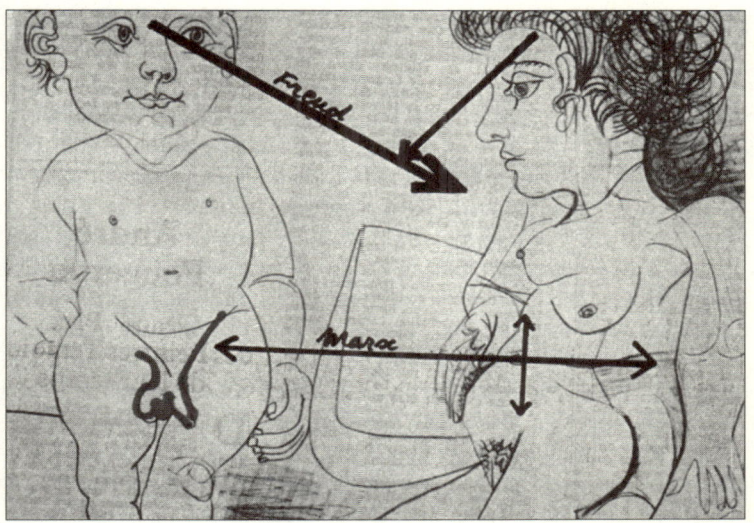

HF: Man weiß von Filmen, deren Handlung auf einen Schauplatz beschränkt bleibt, wie außerordentlich schwierig es ist, den Szenen-aufbau zu verändern, ohne damit nicht zugleich die Handlung umzu-stürzen. Bleibt man immer am selben Ort, dann stellen sich nahezu unvermeidlich Empfindungen von Klaustrophobie und Langeweile ein. Gefängnisfilme oder Stories, bei denen es um Belagerungszustände geht, bauen das in die Erzählung ein. Wie Andy Warhol mit *Sleep*, versucht Godard die Wirkungen zu maximieren, die der filmische Minimalismus auf die Zuschauer hat, hier im Sinne von: Es ereignet sich nicht viel, aber üblicherweise noch weniger.

KS: Die Studioszenen werden immer wieder unterbrochen – von Standbildern aus Büchern, Zeitschriften, Plakaten usf. –, auf die Inserts sind oft Worte geschrieben, und die gesprochenen Worte des Kom-mentars, manchmal eine Musik, begleiten sie. Godard setzt die Lein-wand wie eine Wandtafel ein – eine Praxis, von der er ein Jahr später sagen wird, sie sei Ausdruck militanten Filmschaffens.[9] Doch während sich Tafeln in der Regel gut und in aller Ruhe studieren lassen, wech-seln in *Le Gai Savoir* die Bilder mit rasanter Geschwindigkeit. Oft sind es auch bloße Einzelbilder, deren Bedeutung sich aufgrund der Kon-frontation von visuellen und sprachlichen Signifikanten verflüchtigt. In einem 1980 geführten Interview hat Godard diese Praxis des Auf-Bilder-Schreibens als Schutzimpfung gegen Akte der Benennung bezeichnet – gegen jedes »Das ist ...«[10] In *Le Gai Savoir* kommt diese Gegengift-Strategie deutlich zum Ausdruck.

HF: Was der Sprache die Worte sind, das fehlt den Kinobildern. Deshalb braucht der Film eine den Zusammenhang stiftende Struktur. *Le Gai Savoir* fehlt eine solche Struktur, sowohl visuell als auch sprachlich. Der Film erzeugt zuviel Informationen. Im verbalen Text und in den Montagesequenzen ist dagegen zuwenig Redundanz, die den Prozeß des Wiederauffindens von Elementen erleichtern könnte. Ein guter Film ist ein mnemotechnisches Gebäude. Die verschiedenen »Räume« gewährleisten, daß Worte und Bilder wiedererinnert werden. *Le Gai Savoir* will allerdings gar nicht »gut gemacht« sein; sein provisorischer Charakter besagt: Die Ereignisse vollziehen sich derart rasch, daß man keine Zeit hat, sich um feste ästhetische Konstruktionen zu scheren. Und überhaupt handelt es sich hier vielleicht weniger um einen Film als vielmehr um eine Skizze zu einem Film.[11]

KS: Wie die Namen schon andeuten, sind Patricia und Emile »Kinder« der Revolution. Die Geschichten und Attribute, mit denen sie versehen wurden, sind ganz allgemeiner Natur: Emile ist Filmemacher, der für eine offene Universität kämpft; Patricia hat ihren Job verloren, weil sie die Fabrikarbeiter mit Kassettenrekordern versorgt hat. Emile steht offenbar für revolutionäre Praxis, Patricia für revolutionäre Theorie, wobei diese Unterscheidungen nicht rigoros durchgehalten werden. Die primäre Funktion beider Darsteller lautet: reden, zuhören und hinschauen.

HF: In den frühen Filmen arbeitet Godard nie mit »Typen«. Seine Figuren sind radikal individuell und bestehen auf ihrer Eigenheit, aus der sich auch ihre Handlungen begründen. Das steht dem üblichen Begriff von Politik entgegen, und *Le petit Soldat* (1960) zeigt einen Mann, der eher aus literarischen als aus politischen Gründen nicht mehr gegen die algerische Unabhängigkeitsbewegung kämpfen will. In *Le Gai Savoir* ist die Situation aber genau umgekehrt: Die Biographie wird der Politik subsumiert. Dadurch wird die Präsenz der Schauspieler stark unterstrichen.

KS: Godard läßt Patricia und Emile als Kinder der Revolution erstehen und reduziert sie auf die Aktivitäten Sprechen, Zuhören und Hinschauen, weil er ihnen den Anschein von Substanz oder Wesen rauben möchte. Es wird später erst klar, warum ihm das so wichtig ist.

HF: In der ersten der sieben Nächte von *Le Gai Savoir* formulieren Patricia und Emile die revolutionäre Aufgabe, der sie sich in den verbleibenden sechs Nächten widmen wollen: zu lernen, zu lehren und »jene Waffe gegen den Feind selbst zu wenden, mit der er uns am hartnäckigsten traktiert: die Sprache.«

KS: Ihr erstes Interesse gilt dem Wissen: »Erst kommt das Wissen, und dann sehen wir mal, wie es weitergeht.« Viermal, als wäre es eine Mantra, wiederholen sie dieses magische Wort »Wissen«. *Le Gai Savoir* verhehlt allerdings nicht, daß Wissen eine komplizierte Angelegenheit ist. Anders als im Englischen unterscheidet das Französische zwischen »savoir«, Wissen im objektiven oder unpersönlichen Sinn, und »connaissance«, Wissen im Sinn einer subjektiven oder persönlichen Kenntnis. Aus dieser Unterscheidung schlägt Godard viel heraus. In der Anfangsszene sprechen Emile und Patricia noch von »savoir«, sie arbeiten sich im Verlauf des Films aber zur »connaissance« vor.

HF: Das Fernsehen wird zum Medium, mit dessen Hilfe Patricia und Emile lernen. Sie hängen sich nicht an den Apparat und kleben nicht an den Bildern und Tönen, die er ausspuckt. Bilder und Töne erfahren sie statt dessen in den Wohnzimmern, in die Patricia und Emile – als Fernsehen – gesendet werden. »Laß uns in die Wohnungen der Leute gehen und sie fragen, um mehr zu wissen.« sagt Emile.

KS: Mit den Worten »Wissen, jawohl« greift Emile in Richtung des Fernsehpublikums aus, das jetzt selbst zum Spektakel geworden ist; Emiles Geste unterstreicht den äußerlichen Charakter dieses Studienobjekts. Die Kamera folgt seiner Geste, worauf eine Montagesequenz einsetzt, in der sich bewegte Bilder vom zeitgenössischen Paris mit verschiedenen Standbildern abwechseln. Das Bild einer Menschengruppe, die sich darum bemüht, eine gigantische Rasierklinge hochkant zu stellen, eröffnet das erste erkennbare Kapitel oder die erste Sektion. Auf diesem Bild steht das Wort »Revolution«; in dem Moment, in dem wir daraus schlau zu werden versuchen, vermeldet die Stimme eines alten Mannes: »Eine Gesellschaft reduziert ...« In Summe thematisieren diese drei Bausteine der Einstellung die Revolution als Reduktion oder als Akt der Beschneidung dessen, was ist.

HF: Das Bild erinnert an Darstellungen des Alphabets, wie man sie in Kinderbüchern findet. Mit diesen Büchern werden die kleinen Betrachter vom Bild zur Sprache geleitet. Hier aber bleibt das Bild mehr-

deutig. Ist die riesige Rasierklinge eine Waffe oder ein Monument?
Steht sie für eine gegenwärtige oder für eine vergangene Revolution,
eine Revolution im Dienst der Zerstörung oder für eine, die sich längst
selbst als status quo definiert? Wenn Godard zum Mittel greift, auf
Bilder zu schreiben, dann zerlegt er immer auch den Text in seine Be-
standteile und fördert andere, normalerweise verdeckte Worte und
Bedeutungen zutage. Mit diesen Eingriffen unterstreicht er einmal
mehr die Idee der Reduktion. Doch auch dieses Beschneiden bleibt
zweideutig: Es löst weniger die Sprache auf, als daß es andere Worte
erzeugt. Auf diese Weise schafft Godard imaginäre Etymologien.[12]

KS: Der Satz, der anhebt mit »Eine Gesellschaft reduziert ...« wird
einige Bilder später mit den Worten »... auf ihren allereinfachsten
Ausdruck« beendet. Auf dem letzten Bild der Sequenz steht »Zéro«;
es ist ein Photo, das Godard mit einem Buch zeigt. Das »o« wurde
dreimal unterstrichen, so daß dem Wort eine numerische Bedeutung
entwächst, die das Konzept des »Nichts« noch einmal betont.[13] Fast
unmittelbar im Anschluß folgt eine zweite Montagesequenz, die das
Konzept der Reduktion mit der Rückkehr zum Ursprünglichen verbindet. Über Standbildern von Edward Sapirs *Language* und Derridas
Grammatologie, letzteres Werk ist die Hauptquelle der Inspiration für
das vorliegende *Le Gai Savoir*-Kapitel, erhalten wir eine umfassendere

Erklärung dafür, was es mit dieser Rückkehr auf sich hat: »Bis ans Ende der Welt ging ich auf der Suche nach dem, was Rousseau als das unmerkliche Einsetzen der Anfänge bezeichnet hat; ich suchte eine Gesellschaft, reduziert auf ihren allereinfachsten Ausdruck.« Das Wort »savoir« ist in dieser Sequenz über zwei Bilder geschrieben.

HF: Als würde er direkt auf das Bild- und Tonmaterial dieser Sequenz reagieren, umreißt Emile voller Begeisterung das Projekt, das Patricia und er initiieren, als eine Unternehmung, die bei Null beginnt. Patricia aber mahnt zur Vorsicht: »Halt, bevor wir hier frisch ans Werk gehen können, müssen wir zum *Punkt Null* [Zéro] zurück.« Wären Emile und sie dann tatsächlich bei Null angekommen, müßten sie sich erst einmal gründlich »umschauen, ob da nicht irgendwelche Spuren sind.«
KS: Natürlich läßt sich das Vorhandensein von Spuren in keinster Weise mit der Vorstellung von Nichts vereinbaren. Dieses Paradox macht deutlich, wie vergeblich Emiles Vorhaben ist.[14]

HF: Trifft der Film politische Aussagen von programmatischem Gewicht, dann tragen sie stets Spuren von etwas anderem. Die Bilder revolutionärer Gestalten umgibt stets ein »Rauschen«, weil sie aus Zeitungen oder Magazinen stammen, die sie in unmittelbare Nähe zu ganz anders geartetem Material stellen: zu Werbung, Comics und Texten. Man sieht das betont Neue immer vom Geläufigen eingefaßt.

KS: Obwohl in diesem Kapitel aus *Le Gai Savoir* immer wieder Bezüge zu Rousseau hergestellt werden, ist für das Projekt der Umkehr zum Punkt Null ein anderer Philosoph viel wichtiger: Descartes. In seinem *Discours de la méthode* berichtet Descartes von seinem »Entschluß, sich aller Meinungen zu entledigen, die man ehemals unter seine Überzeugungen aufgenommen hat«, und das Gebäude der Wahrheit vom Fundament aus aufzuziehen, so daß sich am Ende jede Überzeugung verifizieren ließe. Sich selbst nimmt Descartes von dieser Befragung allerdings aus; das epistemologische Projekt ist etwas Äußerliches. Sein Vermögen, die Realität der Außenwelt bezweifeln zu können, wertet Descartes als nicht zu widerlegenden Beweis seiner Existenz: Er denkt, deshalb ist er.[15] Diese Schlußfolgerung zwingt ihn aber, im Zirkel des immer schon Gedachten zu verbleiben. Die Behauptung, es sei möglich, sich von jeglichen Prämissen freizumachen, stellt *Le Gai Savoir* ebenso in Abrede wie den Begriff eines transzendentalen Subjekts, das seinen Ort außerhalb der Sprache haben soll.

HF: In dieser Hinsicht geht *Le Gai Savoir* über Marx hinaus. Auch von
Marx könnte man sagen, daß er das *cogito* in Frage stellt. Diejenigen,
die sich im Klassenkampf befinden, und das meint den historischen Prozeß als solchen, hätten keinen Zugang zum transzendentalen Wissen.
Auch für das Subjekt, dem es gelingen sollte, eine andere Perspektive
einzunehmen als die durch das Prisma der herrschenden Ideologie vor-
geprägte, gilt, daß sein Wissen durch Klassenschranken begrenzt bleibt.[16]
Doch was dem Individuum verwehrt ist, könnte dem Kollektiv möglich sein. Als Kollektivsubjekt *kann* das Proletariat des Industriekapita-
lismus Zugang zum Machtwissen erlangen.[17] Es ist recht aufschlußreich,
daß *Le Gai Savoir* so selten Marx erwähnt. Auch der Idee eines kollektiven *savoir* gegenüber scheint der Film feindlich eingestellt.

KS: Von Marx unterscheidet sich *Le Gai Savoir* noch in einem weiteren Punkt. Der Film versucht, den Menschen nicht bloß neu zu denken, sondern will ihn abschaffen. Emile sagt einmal: »Bei den Geistes-
wissenschaften geht es nicht darum, den Menschen zu konstituieren,
sondern ihn aufzulösen.« Die Vorstellung, daß die Geisteswissen-
schaften nicht viel anderes schaffen als die Abschaffung des Menschen,
ist Foucaults *Die Ordnung der Dinge* entnommen. Foucault behauptet
in diesem Buch, daß der Mensch als solcher lediglich an der Stelle
fehlender Signifikanten in Erscheinung trat – an der Stelle des
»Verschwindens des Diskurses«.[18] Sobald wir, als Ergebnis der
kombinierten Aktivitäten von Linguistik, Anthropologie und Psychoanalyse, dahin gelangen, die sprachlichen Grundlagen der menschlichen Subjektivität zu erfassen, wird der Mensch ausgelöscht »wie
am Meeresufer ein Gesicht im Sand«. Dieses völlig anticartesianische
Projekt bildet den Kern von *Le Gai Savoir*; es steht zum Begriff objektiven Wissens in einem extrem spannungsvollen Verhältnis.[19]

HF: Im zweiten Kapitel von *Le Gai Savoir* geht es, ganz Deiner Lesart entsprechend, ausdrücklich um Sprache. Allerdings arbeitet Godard hier mit einem erweiterten Sprachbegriff; ihm geht es darum, zu
zeigen, daß Bilder ebenso zur Sprache gehören wie Worte. Mit Hilfe
einer Reihe syntagmatischer Bündelungen können wir lernen, daß
auch Bilder ihre Bedeutung erst in Relation zu anderen Bildern entfalten. Außerdem erfahren wir, daß Bilder eine Form der Äußerung
darstellen. »In jedem Bild muß man wissen, wer spricht.« meint
Patricia. Godard hat eine Schwäche für derlei transsensorischen
Wortmißbrauch. Vielleicht ist auf Bilder zu schreiben sein Mittel, um
uns zu helfen, sie zu hören.

KS: Die Behauptung, daß in jedem Bild jemand spricht, legt die Annahme nahe, daß das Vorstellungsvermögen das Gesehene zumindest teilweise mit produziert. Wir blicken und helfen so, das Sichtbare zu erzeugen. Einige Momente später arbeitet *Le Gai Savoir* diese Konzeption noch deutlicher heraus. »Willst du die Welt sehen, dann schließe deine Augen.« sagt Patricia, während die Kamera auf sie gerichtet ist. Als sie ihrer eigenen Aufforderung nachkommt, zeigt uns der Film Pariser Straßenszenen – genau jene Sorte Material, die üblicherweise am stärksten Objektivität für sich reklamierte. Patricia gibt mit ihrer Feststellung – »In jedem Bild muß man wissen, wer spricht« – zu verstehen, daß es darauf ankommt, wer schaut: Wir können die Botschaft eines Bildes nicht wirklich verstehen, solange wir nicht wissen, welches Augenpaar dieses Bild erzeugt hat.

HF: Während Patricia spricht, schneidet Godard auf ein Schwarzweißphoto von Stalin. Das Schwarz wurde rot koloriert. Wie sollen wir dieses Bild verstehen? Deutet Godard an, daß Stalin selbst durch dieses Bild spricht? Oder dient das Bild den diskursiven Absichten eines Dritten? Gleich darauf zeigt uns *Le Gai Savoir* ein Bild von Mao, auf dem sein Halstuch rot gefärbt ist. Äußert sich dasselbe Subjekt auch in diesem Bild?

KS: Genau das scheint Godard nahelegen zu wollen. Das Subjekt, das durch beide Bilder spricht, läßt sich allerdings nicht biographisch verorten. Es geht nicht um Stalin oder Mao, sondern um das, wofür sie stehen: für Subjekte, die behaupten, im Besitz des absoluten Wissens zu sein.[20] Gegenüber dem Kommunismus sowjetischer Prägung gab die französische Studentenbewegung dem chinesischen den Vorzug. *Le Gai Savoir* wendet ein, daß sich diese beiden Spielarten des Kommunismus, zumindest was ihr Verhältnis zum Wissen anbelangt, nicht sonderlich voneinander unterscheiden.

HF: Seit Ende des Zweiten Weltkriegs hatte sich das Projekt der Russischen Revolution immer mehr diskreditiert – zunächst durch Stalins Alleinherrschaft in der Partei, und dann durch die neue Kaste, aus der sich seine Nachfolger rekrutierten. Demgegenüber schien Maos Kulturrevolution ein authentischeres Modell abzugeben. Wie Trotzkis permanenter Revolution konnte man ihr die Maxime unterstellen: Wir müssen gegen das Altern der Revolution und die Bildung neuer Klassen ankämpfen. Wir müssen die Revolution in immer neue Bereiche hineintragen. Dazu kam noch die Vorstellung, daß sich Maos

Kulturrevolution nicht auf Gesellschaftskritik beschränkte, sondern auch Selbstkritik einschloß. Man sucht in der Mao-Bibel jedoch vergeblich nach irgendwelchen Hinweisen, die diese Auffassung rechtfertigen könnten. Das *Kleine Rote Buch* kennt keinen anderen Unterschied als den zwischen »richtig« und »falsch«.[21] Zu einem Standpunkt zweifelsfreien Wissens gelangt man mit Maos Hilfe viel leichter als über den klassischen Marxismus. Marx warnt mit jedem Wort: Wage es ja nicht, dich auf das Thema weiter einzulassen, solange du nicht die gesamte Geistesgeschichte intus hast. Mao dagegen verspricht genau die Umkehr zum Punkt Null, von der Emile träumt. Er sagt: Wir fangen neu an, wiederholen die Revolution, und diesmal wird alles besser und schöner.

KS: In gewisser Weise steht Mao für *savoir* – stellvertretend für den Glauben an objektives Wissen. Einmal in diesem Kapitel blickt die Kamera sogar auf ein Poster mit der Aufschrift: »Mao sait tout [Mao weiß alles]«.[22]

HF: Ironischerweise üben Maos Vereinfachungen einen in erster Linie poetischen Reiz aus. Sie ziehen uns durch ihre künstlerische Radikalität in die Politik hinein. Man muß nicht Protestant werden, bloß weil man Bach liebt, doch bei den Aktivisten des Mai '68 fing alles damit an, daß sie Maos Prosa bewunderten; schließlich endeten sie als Maoisten. Das zeigt, daß der Maoismus letztlich weniger an das bewußte Wissen appelliert als an ein unbewußtes Begehren.

KS: Die Frage »Wer spricht in diesem Bild?« überhaupt aufzuwerfen scheint demnach wichtiger, als sie zu beantworten. Die Frage zieht die Vorstellung einer transzendentalen, weder durch Raum noch Zeit begrenzten Perspektive unmittelbar in Zweifel; sie zu stellen erinnert uns, daß jedes Bild das Produkt einer finalen Optik ist.

HF: Ein anderes Gespräch aus dem Sprachkapitel läßt uns über die Ausschlußfunktionen nachdenken, die jeder Ton und jedes Bild anderen Tönen und Bildern gegenüber haben. In einem überraschenden Zusammenhang taucht hier wieder Stalin auf. Patricia bittet Emile, zwei scheinbar beziehungslose Laute zu formen: »O« und »Stalin«. Die entscheidende Frage, so Patricia, gelte wohl dem, was diese Laute trennt – was sie daran hindert, etwas Gemeinsames zu ergeben.

KS: Patricia beschreibt die Aktivität, diese verborgenen Worte zu bestimmen, zunächst als »savoir« und dann als »connaître«. Damit sagt sie zugleich, daß das Wissen von den Ausschlußoperationen der Sprache vielleicht leichter auf subjektive denn auf objektive Weise erreicht wird. Arbeitet die Psyche nicht schließlich ebenso unerbittlich wie ein Polizeistaat daran, gewisse Begriffe von anderen entfernt zu halten, indem sie deren Verbindungen zensiert? Doch fast im selben Atemzug bricht sich der Wille zur Wahrheit erneut Bahn. Patricia sagt: »Wir müssen die Wahrheit in den Tatsachen ausfindig machen.« Als Emile sie fragt, was denn Tatsachen seien, antwortet Patricia: »Das sind die Dinge und Phänomene, wie sie objektiv existieren.«

HF: Ihre kleine Rede über die Tatsachen hält Patricia in einem Brustton der Überzeugung, der darauf abzielt, beim Zuhörer Zustimmung hervorzurufen, so als würde sie eine politische Ansprache halten. Sie macht nach jedem Wort eine Pause, so daß Emile es wiederholen kann. Das Ganze ist eine Indoktrinationsübung. Patricia versucht, Emile nach ihrem eigenen Bild zu formen. Hier wird genau vorgeführt, wie Worte andere Worte zum Verstummen bringen und neue sprachliche Verknüpfungen unterbunden werden.

KS: Mit einer weiteren Montagesequenz, von einem kubanischen Revolutionslied begleitet, beginnt ein neues Kapitel. Die Liedzeilen »Auf die Gefahr hin, daß es lächerlich klingt, laß dir sagen: den Revolutionär geleitet auch immer die ganz große Liebe« ziehen sich als geschriebener Text über ein Bilderensemble, so daß jedes einzelne wie ein Rebus wirkt. Das erste Bild – man meint Ché Guevara zu erkennen, der sich eben an eine Menschenmenge wendet – steht für »revolutionäre Erzählung«. »Gefahr« wird verbildlicht durch den Cartoon einer Frau, die in einem kleinen, zerbrechlichen Schiff auf hoher See kreuzt. »Erscheinen« steht auf einem Zeitungsphoto, das eine Studentendemonstration zeigt. Auch hier haben wir es wieder mit sprechenden Bildern zu tun.

HF: Die Bilder funktionieren nicht nur wie ein Rebus, sie geben dem Wort »Liebe« auch eine fleischliche Note. Das erste Bild stammt aus einer Zeitschriftenwerbung. Es zeigt einen grotesk gekleideten Mann, über den das Wort »lächerlich« (»ridicule«) geschrieben ist. Auf der gleichen Seite lupft eine Frau andeutungsvoll ihren Pullover, und über sie ist »cul« geschrieben, was »Arsch« heißt und auch ein Bruchstück aus dem Wort »ridicul« ist. Das letzte Bild in dieser Folge, das für »ganz große Liebe« steht, zeigt einen nackten Mann und eine nackte Frau, die sich umarmen. Es bildet den Anfang jenes Kapitels von *Le Gai Savoir*,

das man mit »Politik der Libido« überschreiben könnte und das der
Erläuterung einiger Wechselbeziehungen zwischen Politik und Sexualität gewidmet ist.

KS: Als wichtige Inspirationsquelle für den ersten Teil dieser Sequenz
kann Wilhelm Reichs *Die Massenpsychologie des Faschismus* gelten, ein
Buch, das in den sechziger Jahren von vielen aufmerksam studiert wurde. Reich vertritt die These, die Unterdrückung der Sexualität sei die
zentrale Voraussetzung des Faschismus. Die sexuelle Befreiung würde
hingegen der politischen Emanzipation dienen.[23] Für Reich vollzieht sich
die sexuelle Befreiung notwendig in heterosexuellen Mustern, was sich
auch in den Schlußbildern dieser Sequenz niederschlägt.

HF: Die nächste Lektion im »Politik der Libido«-Kapitel beginnt mit
der Off-Stimme einer Demonstrantin, die sagt: »In Frankreich uner-
wünscht.« *Le Gai Savoir* schneidet auf das Photo einer nackten Frau,
die auf ein weißes Bettzeug hingegossen ist. Auf dem Photo steht:
»dis cours du soir«. Durch die Spaltung des Wortes »Diskurs« kann
das zweierlei bedeuten: »abendlicher Diskurs« oder auch »etwas, das
dem vorgesehenen Ablauf des Abends zuwiderläuft«. Letzteres könnte eine Art alternative oder transgressive Universität meinen; die
Sexualität wird dem gewöhnlichen Universitäts-Curriculum entgegen-
gehalten beziehungsweise ihm vorgezogen.

KS: Diesem Bild wird aber gleich eine Sequenz nachgeschickt, die eher
die Negativität der Sexualität unterstreicht als ihr subversives oder
revolutionäres Potential: die Verbindung von Sexualität und Tod. Von
oben beleuchtet, so daß ihre Augenhöhlen tiefe Schatten bilden, spricht
Patricia den Satz: »Die Erotik ist eine Bejahung des Lebens, die sogar
den Tod in Kauf nimmt.« Die Sexualität wird hier als Schauplatz beschrieben, wo das Leben ein Höchstmaß an Intensität erreicht, um in
seine Negation umzuschlagen. Man sieht drei Bilder, die jeweils auf die
Schattenseite der Lust schließen lassen: Auf dem einen erkennt man
ein Auto, das in halsbrecherischem Tempo daherrast; das zweite Bild
zeigt den Rücken und Hintern einer Frau; das dritte Bild Bob Dylans
Gesicht, von Schatten zerfurcht.

HF: Das zweite Bild kommt der Intention dieser Sequenz besonders
nahe. In einem anderen Zusammenhang wäre es nichts weiter als ein
Kitschposter. Hier konnotiert es Sterblichkeit. Das Photo wurde dermaßen vergrößert, daß die Körnung besser zu sehen ist als der Frauen-

körper. Die Wassertropfen auf der Haut steigern diesen Effekt noch: Der Körper ist entwirklicht.

KS: Die nächste Lektion im »Politik der Libido«-Kapitel überrascht und provoziert zugleich. Während Emile in Großaufnahme erscheint, paraphrasiert Godard im Off einen Satz aus Marcuses *Eros and Civilization*: »Die Geschichte des Menschen ist die Geschichte seiner Unterdrückung. Die Wiederkehr des Verdrängten ist der Stoff, aus dem die unterirdische und tabuisierte Geschichte der Zivilisation hervorgeht.«[24] Die simple Gleichsetzung von sexueller Unterdrückung mit Faschismus wird zugunsten einer wesentlich differenzierteren Auffassung psychischer Prozesse aufgegeben. Unterdrückung wird hier als die alleinige Voraussetzung erkannt, unter der Menschen überhaupt *eine Geschichte haben können*, gleichgültig ob d ese Geschichte nun normativ verläuft oder die Normen überschreitet. Jene Geschichte, die *Le Gai Savoir* als »unterirdisch« oder »tabuisiert« bezeichnet, ist auf das engste mit dem Gesetz verknüpft, gegen das sie rebelliert. Immer schwerer wird es, an die Möglichkeit einer sauberen Trennung zu glauben.

HF: Im ersten Kapitel von *Le Gai Savoir* tritt Godard selbst auf. Er versichert in einem aggressiven Off-Kommentar, der so etwas wie das politische Über-Ich der Studentenbewegung repräsentiert, daß die Bewegung für ganz Frankreich gut ist. Kurz vor dem Beginn des »Politik der Libido«-Kapitels sind wir für eine Weile genötigt, Godards mahnenden Worten zu lauschen. Im Kapitel selbst reden dann ähnliche Stimmen auf uns ein, die alle auf mysteriöse Weise dem Umfeld des Mai '68 zu entsteigen scheinen – zunächst die Stimme Godards und dann die eines französischen Studentenführers. Mit zunehmender Spieldauer des Films wird Godards Stimme immer dominanter und eindringlicher, bis ihr tyrannischer Ton kaum noch erträglich ist. Zwar flüstert Godard, doch dieses Flüstern ist wie Gebrüll. Vielleicht sind nicht nur Emile und Patricia, oder Stalin und Mao, Stellvertreter jenes Subjekts, das behauptet im Besitz des absoluten Wissens zu sein. Vielleicht ist Godard mit von der Partie.

KS: Im »Politik der Libido«-Kapitel versieht *Le Gai Savoir* den aggressiven Charakter dieser Stimmen mit einem ironischen Kommentar. Während der Studentenführer in einer Art redet, die von epistemologischer Selbstgewißheit nur so trieft, liest man auf den Bildern einer Montagesequenz, eine Ohrfeige sei ein »philosophischer Standpunkt, der sich nicht widerlegen läßt«. Wie alle Analogien, läßt sich auch

diese umkehren: Ein philosophischer Standpunkt, der sich nicht
widerlegen läßt, ein Standpunkt also, der für sich in Anspruch nimmt,
im Besitz der Wahrheit zu sein, ist ein Schlag ins Gesicht. Doch je
länger der Film dauert, desto mehr verlieren Godards Worte ihren
Anspruch auf Rationalität und desto assoziativer werden sie. Das frei
assoziierende Sprechen ist aber genau die Ausdrucksform, aus der
sich die Psychoanalyse entwickelt hat.

HF: Im Zusammenhang ihres Projekts, etwas von den Fernseh-
zuschauern zu erfahren, in deren Wohnungen sie gesendet werden,
führen Emile und Patricia ein Interview mit einem kleinen Jungen und
einem Clochard. Es ist das Ziel dieser Interviews, die Beziehungen und
Verbindungen zwischen Worten herauszuarbeiten, die scheinbar
zufällig miteinander kombiniert werden. Deshalb wird auch hier mit
freier Rede operiert. Es zeigt sich, daß der kleine Junge wesentlich
kompetenter agiert als der Alte. Auf das Stichwort »Sexualität« antwortet er »Papa«, auf »Revolution« »Oktober« und auf »Revolutionär« »Zauberer«. Dem Clochard dagegen scheinen oft die Worte
zu fehlen.

KS: Das Interview mit dem alten Mann zieht sich über zwei der sieben
Nächte, die Patricia und Emile im dunklen Studio zubringen. Zwischen
die beiden Teile des Interviews wird eine Sequenz montiert, in der es
erneut um die Rückkehr zum Ursprung geht. Diese Sequenz besteht
aus einer Reihe von Bildern, die Zeitungen und Comics entnommen
sind. Auf den Bildern kann man lesen: »Wir sind nicht mehr bereit,
irgendwelche Wahrheiten, die sich scheinbar von selbst verstehen, zu
akzeptieren. Wir glauben nicht, daß es solche Wahrheiten überhaupt
gibt. Wahrheiten, die sich von selbst verstehen, sind bürgerliche
Philosophie.«

HF: Auf einem der ersten Bilder erkennt man zwei Comic-Polizisten.
Sie beziehen links und rechts von einem Fernsehapparat Stellung.
Auf dem Apparat steht: »Selbstverständliche Wahrheiten«. Andere
Bilder zeigen Gestalten, die mit Pistolen bewaffnet sind. Mit dieser
Sequenz wird der Unwissenheit der Masse gedacht: Sie ist sich nicht
im klaren darüber, daß Autowaschen und Kleiderstopfen bürgerliche
Tätigkeiten sind und daß man dem Konsumismus zum Opfer fällt,
wenn man ihnen nachgeht. Ferner entgeht der Masse, daß jene Bilder,
die man sich lustvoll reinzieht, unter polizeilicher Überwachung
stehen. Sie nimmt für bare Münze, was doch lediglich eine ideologische

Konstruktion ist, die von den repressiven Staatsapparaten unterfüttert wird. Dem gilt es den Kampf anzusagen.[25]

KS: Es ist komisch, wenn man heute sieht, wie sehr diese Sequenz auf ihre eigenen selbstverständlichen Wahrheiten pocht. Dreißig Jahre später sind wir nicht mehr so sicher, ob Autowaschen und Kleiderstopfen bürgerlich sind und ob die Massen tatsächlich von den Medien zum Narren gehalten werden.

HF: Selbst daß wir zum Mittelstand gehören, können wir nicht mehr schlimm finden.

KS: Ohne daß es ihre Absicht wäre, beruht diese Sequenz auf einer ganzen Reihe nicht hinterfragter Annahmen über die Klassenzugehörigkeit. Einmal mehr erweist *Le Gai Savoir*, daß es keinen radikalen Neuanfang geben kann. Zugleich warnt der Film vor den Fallstricken, die einer jeden Kritik innewohnen, die nicht berücksichtigt, wer sie vorbringt.

HF: Schließlich erinnert uns Godards Off-Stimme, die kurz danach flüsternd einsetzt, daß sich das revolutionäre Subjekt häufig psychischer, wenn nicht gar physischer Gewalt bedient, um der Wahrheit Geltung zu verschaffen.

KS: Das nächste, eindeutig identifizierbare Kapitel von *Le Gai Savoir* geht, stärker noch als die beiden Sequenzen mit frei assoziierter Rede, von einer erklärtermaßen psychoanalytischen Voraussetzung aus. Wie schon das zweite Kapitel befaßt es sich in erster Linie mit Bildern. Doch richtet sich das Augenmerk weniger darauf, wie wir Bilder artikulieren, als vielmehr darauf, wie wir durch sie artikuliert werden. In der ersten Einstellung blickt Patricia auf ein Bild von sich, das sie wie einen Spiegel in der Hand hält. Dieses Bild ist ganz eindeutig eine Repräsentation: kein Spiegelbild, sondern ein Schwarzweißphoto. Aus dem Off hört man Emile: »Die Kindheitskonflikte ... sind keine Konflikte mit der Wirklichkeit, sondern entstehen aus den Schwierigkeiten, denen sich das Subjekt bei der Identifizierung ausgesetzt sieht.« »Dann geht es also um das Bild, das man von sich hat«, antwortet Patricia, und wendet sich der Kamera zu. Hier deutet sich eine Verbindung zu einem der Schlüsseltexte des Mai '68 an: Lacans Abhandlung über das Spiegelstadium.[26] Lacan vertritt darin die These, daß wir nur dann ein Selbst entwickeln können, wenn wir uns mit bestimmten Bildern identifizieren.

Diese Identifizierung läßt sich aber nicht aufrechterhalten, weil die Bilder, in denen wir uns wiederfinden wollen, hartnäckig äußerlich und notwendig fiktiv bleiben. Die Worte, die Godard Emile in den Mund legt, beziehen sich genau auf jene »Entstehung einer langen Liebesbeziehung und zugleich der Hoffnungslosigkeit zwischen Bild und Selbstbild«[27], die jedes Subjekt vor dem Spiegel erfährt, und die der Grund ist, daß wir der Bilderwelt gegenüber niemals eine objektive oder interesselose Distanz einnehmen können. Wie Patricia schon deutlich macht, ist, so gesehen, jedes Bild potentiell ein Selbstbild.

HF: Doch die Liste verschiedener Bildtypen, die hieran anschließt – »Bilder aus Nylon, Reflexbilder, virtuelle Bilder, Bilder aus Büchern« –, scheint mit dem Selbst gar nichts zu tun haben.

KS: In gewisser Weise ist genau das der Punkt. Nachdem uns *Le Gai Savoir* zunächst aufgefordert hatte, die subjektive Wirkung der Bilder zu studieren, lädt uns der Film jetzt ein, diese Wirkung in ein Verhältnis zur Materialität der Bilder zu setzen. Ein Bild in seiner Materialität zu erschließen heißt, die Qualität herauszuarbeiten, die uns selbst von dem Bild unterscheidet; es bedeutet, das Bild als Signifikanten zu erfassen. Und wie Foucault in *Die Ordnung der Dinge* demonstriert hat, zieht das Auftauchen des Signifikanten das Verschwinden des Menschen nach sich.

HF: Als wollte er diesen Punkt eigens betonen, richtet Godard das Ganze so ein, daß er Patricia sich selbst beschreiben läßt – ihre Beschreibung wird jedoch durch das Bild widerlegt. Wir lassen das Bild automatisch als subjektive Realität gelten. Doch in dem Moment, wo wir das tun, beginnt Patricia aus dem Off zu sprechen. Auf die Weise wird das Bild um seinen illusorischen Charakter gebracht und als Repräsentation kenntlich.

KS: Unmittelbar vor diesem kleinen Lehrstück schlägt Patricia eine radikal neue Lesart der Kategorien Wahrheit und Unwahrheit vor. Sie wirft die Frage auf: »Was ist ein unwahres Bild?« und gibt die Antwort: »Eines, bei dem Bild und Ton real scheinen.«[28] Damit sagt sie, daß Bild oder Ton nicht etwa dann unwahr seien, wenn sie die Wirklichkeit entstellen, sondern wenn sie der Wirklichkeit zu entsprechen scheinen – wenn wir fähig sind, sie uns anzueignen. Auf der anderen Seite können Bild oder Ton dann als wahr gelten, wenn es ihnen sichtlich nicht gelingt, uns zu repräsentieren.[29]

HF: Diese Sequenz hat allerdings einen Haken. Um klarzustellen, daß der Spiegel Patricia nicht getreu wiedergibt, muß Godard ihrer Off-Stimme Wirklichkeitscharakter verleihen. Im Verlauf dieser Sequenz wird er es aber unterlassen, die Stimme im selben Maße zu entwirklichen wie das Bild. Somit gestattet er der Stimme, ihre illusorische Macht auszuspielen, was um so mehr verwundert, als er selbst ständig aus dem Off redet.

KS: Ich glaube, wir stehen hier wieder vor dem unmöglichen Versuch, eine vollständige Dekonstruktion vornehmen zu können. Es wird immer Töne und Bilder geben, die wir als Signifikanten übersehen. Das macht Godard anschaulich, indem er Patricias Off-Kommentar nicht anzweifelt. Andererseits hat er uns längst die Werkzeuge an die Hand gegeben, um diese Stimme von ihrem scheinbaren Wahrheitsanspruch zu lösen. Das ist eine Arbeit, die der Film gar nicht mehr selbst tun muß.

HF: Godard will am Ende auch gar nicht darauf hinaus, daß Bilder und Töne uns immer nur einen falschen Eindruck von uns vermitteln. Er will vielleicht nur sagen, daß kein Bild und kein Ton *unter allen Umständen* eine unverzerrte Wiedergabe ermöglichen. Emile sagt gleich darauf:»Bei diesen Bildern und Tönen von dir muß man zu dem vorstoßen, was da ist – und wann es da ist.«

KS: In der Sequenz, die mit dem Spiegel beginnt, setzt *Le Gai Savoir* Ton gegen Bild und Bild gegen Ton. An anderer Stelle im Film deutet Godard an, daß jedes Bild über ein hörbares Komplement verfügt und jeder Ton über eine sichtbare Entsprechung. Emile macht irgendwann den Vorschlag, mit Guerillaaktionen gegen Zuschauer vorzugehen, die sich synchronisierte Filme anschauen. Denn sie haben noch nie einen Tonfilm wirklich »tönen« gehört.

HF: In *Le Gai Savoir* findet sich noch eine weitere Sequenz, die beklagt, daß Bild und Ton einander gegenseitig verfehlen. Indirekt wird damit eingestanden, daß die Möglichkeit einer richtigen Entsprechung immerhin besteht. In dieser Sequenz hat sich Emile hinter Patricia gestellt, weshalb wir ihn nicht sehen können. Er sagt:»Der Mensch ist das, was er gemacht hat und was aus ihm gemacht wurde.« Als würde Emile durch sie sprechen, formt Patricia seine Worte mit ihren Lippen nach. Ihr Bild hält den Ort besetzt, den eigentlich sein Bild einnehmen sollte.

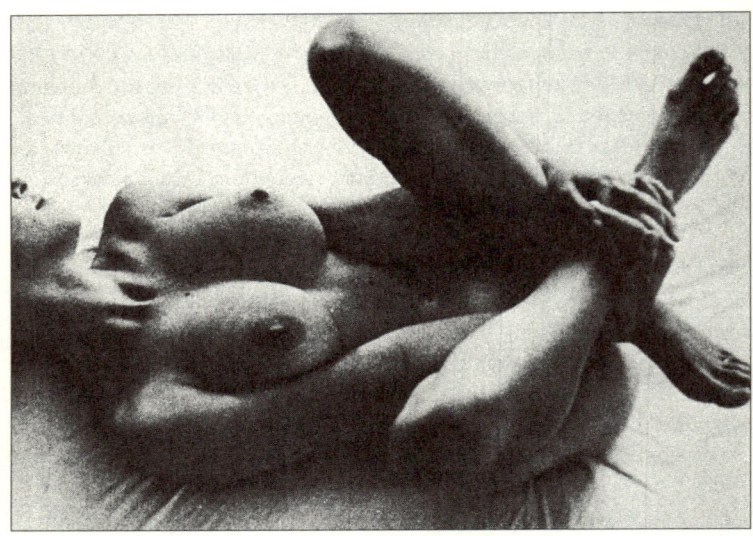

KS: Diese Sequenz, die der Spiegelsequenz unmittelbar folgt, ist Teil eines Kapitels über Bilder, deren Töne und über Töne, deren Bilder zensiert wurden. Um letzteres zu illustrieren, benutzt Godard Schwarzfilm. Er arbeitet sich zu der Idee vor, daß es ebenso wie »Tonlosigkeit« auch »Bildlosigkeit« gibt. Von Patricia ließe sich sagen, daß sie in der von Dir beschriebenen Sequenz das Bild Emiles zum Schweigen bringt.

HF: Wieder werden wir darauf gestoßen, daß in jedem Bild irgend jemand spricht.

KS: Daß irgend jemand spricht, egal ob in Ton oder Bild, kann man aber erst dann behaupten, wenn irgend jemand zuhört. Und zuzuhören heißt, mehr als eine bloß physiologische Aktivität abzuleisten; es impliziert Verständnis, im tiefsten Sinne des Wortes. »Eine Aussage haben wir in dem Moment vernommen, wenn wir Teil von ihr geworden sind.« sagt Emile.

HF: *Le Gai Savoir* macht uns jetzt das Angebot, Teil einer bestimmten Aussage zu werden. Zweimal spricht Patricia den Satz: »Die Freiheit einer Frau fängt bei ihrem Bauch an.« Der Film springt zwischen zwei Bildern hin und her. Beide Bilder zeigen Frauen, die auf dem

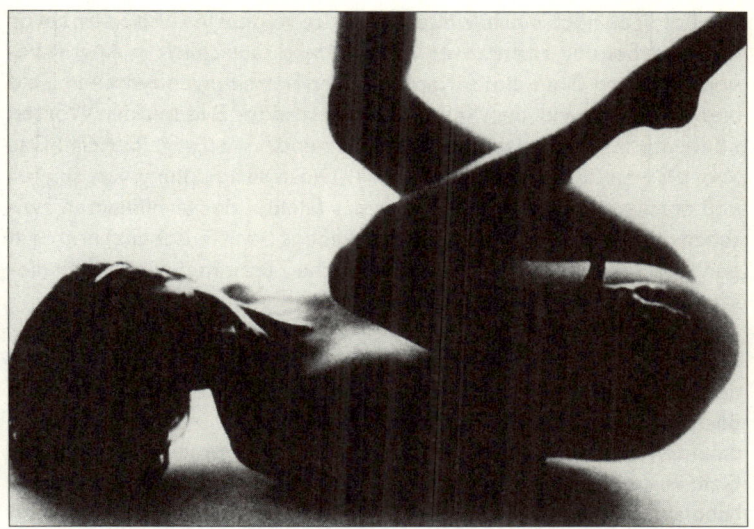

Rücken liegen. Auf dem einen Bild schlingt die Frau ihre Hände um die gekreuzten Beine und versperrt den Zugang zu ihrem Geschlecht. Vielleicht handelt es sich hierbei um eine Referenz auf Man Rays Photographie *La Prière*, auf der eine Frau die Hände über ihrem Hintern gefaltet hat. Das zweite Bild zeigt eine Frau auf dem Rücken, die ihre Beine leicht nach oben in die Höhe streckt. Dieses Bild könnte aus einer Peep Show stammen. Die Bilder sind derart schnell hintereinander montiert, daß man das, was ich gerade beschrieben habe, nie wirklich erkennt. Es ist unmöglich festzustellen, ob wir eine Frau sehen, die sich vor sexuellen Übergriffen schützt, oder eine Frau, die sich hingibt. Zwischen den Ausdrücken »Weigerung« und »Einladung« herrscht ein permanentes Oszillieren. Es scheint, als würde sich die Freiheit einer Frau mit keinem dieser Bilder angeben lassen, sondern eher im Raum dazwischen liegen.

KS: »Hören« scheint in dieser Sequenz beides zu bedeuten: Zuhören und Zuschauen. Patricias Worte allein sind nicht genug, um ein Verständnis herbeizuführen. Sie bedürfen der zwei Bilder mit den Frauen auf dem Rücken. Jeder Ton hat sein visuelles Gegenstück und jedes Bild sein akustisches Komplement: soviel gibt Godard mit dieser Montage zu verstehen. Dennoch entsprechen sich Wort und Bild nicht im Verhältnis eins-zu-eins. Es scheint, als müßten das Sichtbare und das Gesprochene aufeinander antworten, um zusammenzugehören.

HF: Es folgen noch einige weitere wichtige Kapitel in *Le Gai Savoir*, bevor
die Ausarbeitung alternativer Kinomodelle tatsächlich in Angriff genommen wird. Eines dieser Kapitel ist den Beziehungen zwischen Geld
und Sprache gewidmet. Während ein abstraktes Bild mit den Worten
»Bedeutung spielt« (»sens joue«) eingeblendet wird, sagt Patricia:»Das
Wort ist erteilt.« (»parole donnée«) Diese Verknüpfung von spielen
und erteilen bietet ein Beispiel für das Gleiten des Signifikanten zwischen dem Feld der Ökonomie (des Gebens oder Tauschens) und dem
der Sprache; es weist auf die grundsätzliche Zusammengehörigkeit dieser beiden Bereiche hin.

KS: Das nächste Kapitel legt uns nahe, die Finanzkrise in London mit
der linguistischen Krise in Paris zusammenzudenken. Auf den ersten
Blick scheint dieser Vorschlag verblüffend, aber man kommt bald
dahinter, daß in Krisenmomenten sowohl die Sprache als auch das
Geld einer *Neubewertung* unterzogen werden, die gravierende Folgen
haben kann. Der Mai '68 hat zu einer Neubewertung des linguistischen
Signifikanten geführt, die seinen Wert dramatisch ansteigen ließ. Die
Welt ist seitdem nicht mehr die gleiche.[30]

HF: Während Patricia auf einem Stuhl sitzt und die Seiten einer
Kinderfibel zum Lernen des Alphabets umblättert, demonstriert
Emile noch einmal die innige Verwobenheit der ökonomischen und
linguistischen Sphäre. Er greift sich einige Worte heraus, mit denen
das französische Bildungssystem die Buchstaben des Alphabets illu-
striert, und behauptet, daß sich an allen Beispielen nicht nur die
implizite Verteidigung ökonomischer Privilegien, sondern auch die
Unterdrückung alternativer Werte nachweisen läßt.

KS: Emiles erstes Beispiel lautet »eine Brioche ist besser [meilleur]
als Brot« und entstammt direkt dem Geist von Marie-Antoinette. Der
größere Teil des Alphabet-Buches trägt aber eher bürgerlichen Werten Rechnung: »Buchstabe A: kaufen [acheter], und nicht Kunst [art]
… Buchstabe F: nicht Faschismus, sondern Familie und Käse [fromage].«

HF: Emiles Antwort auf das Ganze ist eine differenzierte Darstellung
des Verhältnisses zwischen Geld und Sprache: »Banken sind dazu da,
um Geld zu verleihen, und Wörterbücher, damit man sich Worte aus-
borgen kann. Was man aber nicht geliehen bekommt, das ist der
Unterschied zwischen dieser und jener Banknote oder diesem und
jenem Wort.« Wörterbücher machen jedes Wort verfügbar, ebenso

wie die Banken jeden Nennwert – »Faschismus« so gut wie »Familie«
und »Käse«, »Kunst« ebenso wie »kaufen«. Was sie uns aber nicht
erklären können, sind die Unterschiede zwischen den jeweiligen
Worten. Wir erfahren aus ihnen nichts über die Hierarchien und
Ausschlußverhältnisse, die zwischen Worten bestehen. Alle Worte
scheinen gleich, wie die Bürger in der Demokratie.

KS: Patricia hat ihren Arm um Emile gelegt. Sie kehren uns ihre Rücken
zu und sinnieren über eine der Regeln, die kein Wörterbuch erläutert, der Bild und Ton aber zu gehorchen haben: die Regel des »eins
nach dem anderen«. Diese Regel will es, daß man nie auf zwei Worte
oder zwei Bilder zugleich zugreifen kann. Sie verbietet außerdem,
die Ausschlußfunktion eines Wortes oder Bildes gegenüber anderen
deutlich zu machen. Verfügen wir hingegen über Töne *und* Bilder,
dann lassen sich diese beiden Beschränkungen überwinden. Indem
man Bild und Ton »übereinanderlegt«. kann man zwei Dinge zugleich
kommunizieren oder zeigen, was ein Wort oder Bild ausschließt. Mit
der Aufschlüsselung dieses Prinzips wirft Emile Licht auf viele der
Experimente, die *Le Gai Savoir* mit Ton und Bild anstellt.[31]

HF: Im nächsten Schritt richten Emile und Patricia ihre Aufmerksamkeit auf die akustische Dimension der Sprache. Einige Sprachen bleiben uns unzugänglich, doch nicht weil uns ihre Grammatik oder Syntax fremd sind, sondern weil wir sie einfach nicht hören. Delphine
beispielsweise kommunizieren auf einer viel höheren Frequenz als wir.

KS: Dann versuchen Emile und Patricia das »Oh ja« wiederzugeben, mit dem eine Freundin auf den Vorschlag, ins Pentagon zu ziehen und dort den Clown zu spielen, reagiert hatte. Es gelingt ihnen aber nicht; der Ton läßt sich nicht genau treffen. Die Stimme eines Menschen ist das Ergebnis einer ganz spezifischen Erziehung, wobei Erziehung hier ganz weit zu verstehen ist. In den zwei Worten, die Emile und Patricia duplizieren wollten, schlummern »alle Plattenalben der Beatles« und außerdem noch die »Erzählungen von André Gide«. Die Stimme erweist sich hier als das Individuellste am Sprechen – als das, was es zuvor nicht gab und nie wieder geben wird.

HF: Es ist bezeichnend, daß sich Emile in diesem Zusammenhang auf das Geschrei eines Neugeborenen bezieht – das, was für Hannah Arendt die Ankunft des absolut Neuen in der Welt signalisiert.[32] Die vorliegende Sequenz unterstreicht aber nicht nur den singulären Charakter der Stimme, sondern auch ihr Kommunikationsvermögen. Als Emile seinem Bedauern Ausdruck gibt, das »Oh ja« nicht mechanisch aufgezeichnet zu haben, hält ihm Patricia entgegen, es sei nicht die Bestimmung der Worte, aufgezeichnet zu werden. Worte würden vielmehr übertragen. Sie betont, daß der Klang allein in der Lage ist, ein Gefühl zu übermitteln oder, besser noch, einer Haltung der Welt gegenüber Ausdruck zu geben.

KS: Das Klangkapitel leitet logischerweise zum Zeitkapitel über; in beiden Fällen geht es darum, was an einer Äußerung einzigartig ist.

HF: »Zeit,« sagt Patricia, »… man weiß [sait] nicht, was das ist.« Emile versucht, sie zu widerlegen, indem er ihr eine physikalische, also wissenschaftliche Definition der Zeit vorlegt. Patricia weist das zurück. Satt dessen gibt sie eine Definition, die sich nur durch die subjektive Erfahrung der Lektüre eines Textes erschließt.

KS: Der Text, mit dem Patricia ihren Begriff von Zeit darzulegen hofft, sind die *Méditations sur la première philosophie* von Descartes, die Begleitschrift zum *Discours de la méthode*. Die Zeit, um die es ihr hier geht, ist weder der Zeitraum, den Descartes zum Schreiben der *Méditations* aufgewandt hat, noch die Anzahl der Stunden, die Patricia zu ihrer Lektüre benötigte, sondern vielmehr die Zeit des Buches selbst. Emile hat mit dieser Auffassung seine Schwierigkeiten, meint aber dann, in einem scheinbaren Trugschluß: »Mit einem Mal denke ich, daß die Zeit etwas Schändliches an sich hat.« Patricia erwidert ihm: »Ja, Ewigkeit und Schande sind zusammen in die Welt gekommen.« Einen Augenblick später ergibt der Trugschluß einen gewissen Sinn. Emile und Patricia versuchen, die für einen Text spezifische Zeit mit Hilfe eines Attributes zu verstehen, das der Text selbst nicht aufweist: Unendlichkeit. Die Zeit der *Méditations* ist dem Text ganz und gar eigen; sie ist gleichbedeutend mit den Worten und Leerstellen, aus denen der Text zusammengesetzt ist. Der Begriff der Unendlichkeit ist deshalb schändlich, weil er diese Eigenheit nicht zuläßt.

HF: Godard macht sich an dieser Stelle aber keineswegs für eine Art von historischem Relativismus stark; er behauptet nicht, daß Freuds *Die Traumdeutung* zwar um 1900 stimmte, heute aber nicht mehr zutrifft. Die Zeit eines großen Textes ist etwas, das wir hundert Jahre später ebenso nachvollziehen können. Es ist eine »Zone«, die wir zu jedem Zeitpunkt betreten können. In diesem Sinne ist Lesen eine Art Zeitreise.

KS: Und dennoch scheint Godard behaupten zu wollen, daß die Worte eines Textes nur solange zutreffen, wie wir uns innerhalb dieser »Zone« aufhalten. Das heißt, diese Worte werden in der Folge nicht entwertet, sondern bleiben bestehen, nachdem sie einmal irreduzibler Ausdruck ihrer Zeit gewesen waren. Das heißt aber auch, daß sie sich nicht universalisieren lassen und für immer als wahr gelten. Der Text, den Patricia liest, ist einer von der Sorte, denen wir eine solch universale Gültigkeit zuerkannt haben – ein Text, dem es lange nach seiner Zeit immer noch gelingt, unsere Anschauungen zu prägen. Patricia und Emile versuchen die scheinbare Unendlichkeit der *Méditations* zu subvertieren, indem sie die Zeit aufspüren, in die der Text gehört. Im Anschluß an dieses Kapitel kommt das kritische Verhältnis, das *Le Gai Savoir* dem cartesianischen Projekt gegenüber zeigt, noch deutlicher zum Vorschein. Emile fragt Patricia, wie viele Diskursebenen es denn gebe, woraufhin sie – über das Bild einer jungen, scheinbar in Träumen versunkenen Frau gebeugt – mit der folgenden Deklination aufwartet: »Sie denkt. Sie wird gedacht. Sie denkt nicht. Das Denken löscht sie aus.« Mit diesen Worten macht *Le Gai Savoir* die Definition des Menschen zunichte, die Descartes in den *Méditations* und dem *Discours de la méthode* getroffen hat. Der Film »löscht« die Frau – und entsprechend auch den Mann –, indem er behauptet, daß beide nicht aufgrund ihres Denkens, sondern ihres Gedacht-Werdens existieren. Gleichzeitig verweist der Film auf sein eigenes Unterfangen, nämlich die Rückkehr zum Punkt Null. Der Punkt

Null hat jetzt aber eine gänzlich neue Bedeutung angenommen: Er markiert keinen Ort epistemologischer Stabilität, der uns die Sicherheit gibt, wenigstens hier nicht an der Nase herumgeführt zu werden, sondern er markiert die Nichtigkeit, die sich in der Gedankenlosigkeit des Denkers offenbart.

HF: Der Film *Le Gai Savoir* stellt nun verschiedene Filmtypen vor. Im ersten, dem »Amateurfilm«, wartet Godard mit einer Metapher auf, die das theoretische Projekt veranschaulichen hilft: Patricia umkreist auf ihrem Fahrrad Emile, der kommentiert: »... wenn man im Kreis fährt, dann kommt man zwar zum Ausgangspunkt zurück, jedoch von der anderen Seite her.«

KS: Mit dem nächsten Kinomodell, dem »Erziehungsfilm«, beginnt *Le Gai Savoir* Relationalität neu zu denken, ein Schritt, der sich ganz logisch aus dem Neudenken der Subjektivität ergibt. Die Liebe, so meinen Emile und Patricia am Beginn der Szene, ist in der Regel ein Diskurs, »in dem man sich gegenseitig mitteilt, was man ist« – ein Austausch also, der dem Benennen und der Verfestigung von Identitäten verpflichtet ist. Patricia und Emile spekulieren aber darauf, daß sie »auf der Suche nach dem Punkt Null von Ton und Bild« vielleicht den »Punkt Null der Liebe« entdecken, einer Liebe, von der man annehmen darf, daß sie von derartigen Benennungen und Verfestigungen frei ist.

HF: Als Weg zu einer wirklichen Relationalität scheint der »Erziehungsfilm« auf das Ende der sexuellen Unterdrückung zu setzen. Die Kamera fährt von Emile zu Patricia und dann wieder zu Emile, als beide sagen: »Seit den Entdeckungen der Psychoanalyse wissen wir, daß die Perversionen aufgrund der Negation der Sexualität entstehen und sich ausbreiten.« Eine Umrißzeichnung zeigt Polizisten, die mit einem Lothringerkreuz eine Frau vergewaltigen. Stellvertretend für Perversionen steht hier ein Akt des Sadismus.[33]

KS: Doch diese vereinfachte Sicht der Erotik macht rasch einer viel düstereren Vision Platz, die auch zeigt, daß man nach anderen Wegen suchen muß, will man Relationalität neu denken. Patricia und Emile werfen die Frage auf, was Sexualität denn sei, und er antwortet: »Eine großartige, göttliche Angelegenheit.« Patricia meint dagegen, Sexualität sei eine »mörderische Angelegenheit«, bei der sich die Leute im Bett gegenseitig »hinrichten« würden. Mit beschämter Miene stimmt Emile ihr zu.

HF: Obwohl jetzt noch einige kleinere Experimente mit Bild und Ton anschließen, läßt sich erst der Historienfilm als das nächste klar definierte Kinomodell angeben. In dieser Sequenz steht Patricia in historischem Kostüm vor einer Wand mit drei riesigen Comic-Figuren. Sie liest laut aus einem Buch vor, doch ihre Worte bleiben zumeist unverständlich. Vielleicht spricht sie eine private, eine Frauensprache. Vielleicht will Godard aber einfach nur darauf hinweisen, daß der Historienfilm nicht mehr möglich ist: daß er unverständlich geworden ist oder in seiner Unverständlichkeit vorgeführt werden sollte.

KS: Dein zweiter Vorschlag kommt dem, was ich über diese Sequenz denke, näher als Dein erster. Während Patricia vorliest, beginnt auch Emile aus dem Off zu sprechen. Er zaubert einige Klischees von Alfred de Musset über die Treulosigkeit der Weiber hervor: »immer spiegeln sie etwas vor, lügen, sind schwach und niederträchtig« usw. Das könnte man als den historischen Text betrachten, vor dessen Hintergrund Patricias Text gelesen werden muß: Als gesprochener Text wird er reiner Klang. Das verhindert, daß sich der Signifikant mit dem frauenfeindlichen Signifikat verbindet. Eines der wenigen Worte, das sich verstehen läßt, lautet: »Sprache«. Man könnte sagen, daß die Sprache auftaucht und daß die Frau – der Typus jedenfalls, den wir schon so lange kennen – verschwindet. Die Comic-Figuren sind allesamt männliche Heroen. Sie geben der idealisierenden Darstellung des Männlichen Ausdruck, die das Gegenstück zu de Mussets herabsetzender Beschreibung des Weiblichen bildet.

HF: Das nun folgende Filmmodell wird »Imperialistischer Film« genannt, ist in Wirklichkeit aber eher eine kritische Allegorie des Imperialismus. Mit dem Rücken zu uns, den Blick aber auf Emile gerichtet, singt Patricia ein Liedchen über den Buchstaben »O«. Emile erwidert mit »A«. Er schikaniert sie so lange, bis sie das »O« durch das »A« ersetzt. Hier tritt die geheime Verbindung zwischen »O« und »Stalin« schließlich doch noch offen zutage.[34]

KS: Der »Erzählfilm« rückt auch die Stimme in den Vordergrund. Eine Standkamera zeigt Emile, der aus einem Text von Isidore Sollers vorliest. Zuerst hören wir nicht, was er sagt. Unsere Aufmerksamkeit gilt einem Gespräch, das Emile und Patricia über diesen Text im Off führen. Während dieser Sequenz wird die Erinnerung an die Sequenz über Selbstbilder wach; wieder hat die Stimme ihren Ort woanders und diskreditiert das Bild.

HF: Wir sehen hier deutlich, wie eng das Darstellersystem des Kinos an die Rede gebunden ist, selbst in einem derart experimentellen Film. Man muß aber auch sagen, daß der Off-Sound in dieser Situation einiges von seinen Vorrechten einbüßt. Emile beginnt sich erneut dem Sollers-Buch zuzuwenden, wobei wir diesmal hören können, was er liest: eine Reihe von Sätzen, die aus anderen Büchern stammen. Dieses Prinzip der Zerlegung steht auch im Zentrum von *Le Gai savoir*. Der Film selbst ist aus Teilen einer ganzen Reihe anderer Texte zusammengestückelt. Und Godard verhält sich ein bißchen wie Isidore Sollers, der, weil er in einem Buchladen arbeitete, immer nur die ersten paar Zeilen lesen konnte, bevor das Buch verkauft wurde. Auch Godard muß nicht alle Texte, die er zitiert, lesen, um aus ihnen etwas zu machen.

KS: In einer langen Sequenz gegen Filmende, die man »Bildlosigkeit« nennen könnte, sitzen Emile und Patricia im abgedunkelten Studio. Sie lauschen zwei Stimmen, die den Anspruch erheben, im Besitz des absoluten Wissens zu sein. Die erste Stimme gehört einem Studentenführer und kündet von den Zielen der Studentenbewegung. Die zweite Stimme ist die Godards und schildert die mißliche Lage der französischen Arbeiter. Dann beginnt der Studentenführer über die Arbeiter zu sprechen, und Godard über die Studenten. Diese Tonmontage scheint das Ziel zu verfolgen, die Interessen und Bedürfnisse der beiden Gruppen zusammenzubringen. Die beiden Stimmen werden tatsächlich eins – als es um Bildung für die Arbeiterschaft geht.

HF: Auf dem Papier hätte dieser zweistimmige Text zumindest dokumentarischen Wert; er wäre ein Zeugnis für einige der Hauptanliegen des Mai '68. Im Film selbst ist es aber kaum möglich, der Argumentation zu folgen. Was die beiden Stimmen sagen, läßt sich nicht verstehen.

KS: In erster Linie löst diese Sequenz Unbehagen aus. Dieses Unbehagen entsteht nicht nur aus dem Grund, daß uns jeglicher visuelle Zugang verwehrt bleibt, sondern auch, weil die Stimmen weniger zu uns sprechen als vielmehr auf uns einreden.

HF: Allerdings scheint sich Godard mit dieser Sequenz von seinem Cartesianismus, wie Du es nennst, zu läutern. Wie nach einer stürmischen Nacht, auf die am nächsten Morgen herrliches Wetter folgt, hält ein neuer Lyrismus Einzug. Die Experimentalfilm-Sequenz schließt unmittelbar an und macht virtuos das New American Cinema nach. Godard

spielt hier mit einer dem Wunderblock ähnlichen Technik, die die Hand-
bewegungen des Schreibenden in rechteckige Muster übersetzt. Er
»kritzelt« auch ein Stück von Mozart, das er auf einem Kassetten-
rekoder mit lockerem Stromkabel abspielt: Der Ton kommt und geht.

KS: Auf den ersten Blick hat diese Sequenz so rein gar nichts mit Politik
zu tun. Es scheint sich um eine rein formale Spielerei zu handeln. Schaut
man aber genauer hin, könnte man auch auf die Idee kommen, hier
würde die Behauptung von Marx ins Bild gesetzt, »Menschen machen
ihre eigene Geschichte, aber sie machen sie nicht aus freien Stücken.«[35]
Bei diesem Experimentalfilm erhebt der Filmemacher nicht Anspruch
auf absolute Autonomie, auf eine Produktion *ex nihilo*. Statt dessen
schlägt er sich in einer ganz manifesten Weise mit Beschränkungen
herum. Der Filmemacher hat nur die relative Freiheit, im Rahmen der
bestehenden Struktur des Mozart-Stückes verzerrend einzugreifen
und jene visuellen Muster zu erzeugen, die an den Wunderblock erinnern. Er oder sie beginnt nicht bei Null.

HF: Das schönste der Kinomodelle ist der »psychologische Film«, der
fast am Ende von *Le Gai Savoir* vorgestellt wird. Patricia steht in dieser Szene, ihren Kopf hat sie auf Emiles Schulter gelehnt. Ihr Haar fällt
wie ein dicker Teppich über seinen Körper, und auch die beiden Gesichter verschwimmen ineinander; das Menschliche erscheint wie ein
Denkbild. Während der Film zwischen den Einstellungen auf Patricias
und Emiles Gesicht hin- und herspringt, sprechen die beiden Figuren
nicht über die bürgerliche Gegenwart und auch nicht über die revolutionäre Zukunft, sondern über jene Zeitform, die am ehesten der
Psychoanalyse korrespondiert – die Vergangenheit.

KS: Sie kommen auf die Dunkelheit oder Leere am Grund der Subjektivität zu sprechen. Patricia redet davon, sich vor einem Spiegel
wiederzufinden, der kein Bild zurückwirft, und von ihrem Gefühl,
bloßer Schatten eines Wesens zu sein, das selbst abwesend ist. Ihre
Erfahrung der Selbstauflösung geht mit der Erkenntnis der sprachlichen Grundlagen der Subjektivität einher – dem, was *Le Gai Savoir*
als »die lange Rede, die Ich bin« bezeichnet.

HF: Es spricht für sich, daß an dieser Stelle nicht an das objektive
Wissen appelliert wird. Nur durch Angst und Erinnerung hindurch
können sich Emile und Patricia den Weg zur Nacht ihres Inneren er-
tasten.

KS: Am Ende des psychologischen Films wird einmal mehr die Möglichkeit der Relationalität und damit des Politischen angeschnitten, nun aber in anderer Form. Emile und Patricia lamentieren über diesen »falschen Plural«, von dem es immer heißt, er bedeute »uns«. Wir sahen uns mit diesem »uns« vor allem in den Momenten konfrontiert, als Godards Stimme unsere Zustimmung einzufordern schien. Emile und Patricia geben zu verstehen, daß es nur aufgrund einer »Icherweiterung« zu diesem »falschen Plural« kommen könne. Dem »falschen Plural« setzen sie ein »uns« entgegen, daß sich nur auf der anderen Seite des leeren Spiegels befinden kann. Dieses »uns« ist mehr als nur »die lange Rede, die Ich bin«. Es umfaßt auch die lange Rede, die »Du« bist – kurz, es meint ein Gespräch im eigentlichen Sinn des Wortes.

HF: Das letzte Kinomodell ist der Guerillafilm. Während die Kamera auf Patricia gerichtet bleibt, gibt Emiles Stimme Anweisungen zum Bau eines Molotovcocktails. Überraschend anthropomorphisiert er den Molotovcocktail: Die Flasche stellt ein Gesicht dar, der Stöpsel die Augen und der Docht die Haare. Dabei blicken wir die ganze Zeit Patricia ins Gesicht. Wir können gar nicht anders, als im Molotovcocktail ihr Bild zu erkennen. Am Ende fordert Emile die Zuhörer

dazu auf, den fertiggestellten Molotovcocktail dem Feind entgegen-
zuschleudern. Erneut greift er die Metapher des Gesichts auf: Der
Feind ist »das Gesicht, das uns die Repression zukehrt.« Die Kamera
zeigt weiterhin Patricia in Großaufnahme, so als wäre sie das »Gesicht-
hafte« in Reinform.

KS: Somit bedeutet den Feind zu schlachten zugleich immer auch, das
Selbst zu schlachten. Das überrascht nicht weiter, denn die Waffe, die
Le Gai Savoir uns auffordert gegen den Feind zu richten, ist die Sprache.[36]

HF: Am Ende von *Le Gai Savoir* trennen sich Emile und Patricia ein letztes Mal. Emile zieht los, um einen anderen Film zu drehen. Er fragt
Patricia nach ihren Plänen. Sie antwortet: »Je ne sais pas«. Hier hören
wir endlich eine Stimme, die sagt, daß sie es nicht weiß. Patricia
beklagt sich über all die Einstellungen, die sie versäumt haben zu realisieren. Emile meint, daß andere Filmemacher das schon noch filmen
werden. Bertolucci wird einen Film machen, der zeigt, daß es keine
Situation gibt, die sich nicht in Marxschen oder Freudschen Termini
aufschlüsseln ließe, und Straub einen Film, der von einer ehrenwerten
Familie handelt, bei der alles verboten ist. Kein Film für sich genommen kann vollständig sein, also »alles sagen«.

KS: Kurz darauf meint Patricia: »Trotzdem hat das, was wir entdeckt
haben, den Charakter des Nichtigen.« Emiles spontane Antwort ist,
Le Gai Savoir als mißlungen zu deklarieren, aber er korrigiert sich
sogleich: »Nein, stimmt nicht, stimmt überhaupt nicht. Hör mal, kann
man den Leuten denn heutzutage ein trefflicheres Ideal vorsetzen als
die Rückeroberung des Nichts? Eine Rückeroberung, die mit Hilfe
ihres Wissens vom Nichts erfolgt, eines Wissens, das sie sich selbst
erarbeitet haben?« Um den Wissenstypus zu bezeichnen, der ihm
vorschwebt, spricht Emile hier von *connaissance* statt von *savoir*.
Zugleich wird damit deutlich, welch familiärer Art unser Verhältnis
zum Punkt Null im allgemeinen doch ist. Das französische Wort für
»rückerobern« − »réconquerir« − bedeutet zugleich »wiedergewin-
nen« − etwas Verlorenes, Gestohlenes oder (in diesem Kontext) Ver-
gessenes wiederzuerlangen. *Le Gai Savoir*, so Emile, lasse kein objektives Wissen über »die Arbeiterschaft«, »die Bourgeoisie«, ja nicht
einmal über Töne und Bilder zu. Statt dessen schaffe der Film ein sub-
jektives Verständnis für den Abgrund, auf den sich unsere Existenz
gründet. Anstelle des »Ich denke, also bin ich« vertritt der Film ein
»Ich spreche, also bin ich nicht«.[37]

HF: Nachdem Emile und Patricia einander Lebewohl gesagt haben, flüstert Godards Stimme eine Art Nachsatz. Mit diesem Satz wendet er *Le Gai Savoir*, in einer Geste der Selbstauflösung, gegen sich selbst: »Dieser Film ist kein Film, den man machen muß, sondern weist in die Richtung, in die man sich aufmachen sollte, wenn man einen Film machen will.«

KS: Mit diesen Worten stellt Godard klar, daß *Le Gai Savoir* kein bißchen selbstidentischer ist als Patricia und Emile. Er unterzieht den Film einer Prozedur, die Marc Cerisuelo als *désœuvrement* bezeichnet; er hebt ihn als »Werk« auf. Doch wenn schon kein Werk, was ist *Le Gai Savoir* dann? Die Antwort heißt: »Sprache«, was sich schon den ersten Sätzen des Films entnehmen läßt, die Godard noch einmal aufnimmt: »444.000 Bilder [die über sich reden] ... desgleichen 127.000 Töne ...«

1 *Le Gai Savoir* wurde von ORTF mitproduziert; der Film sollte im französischen Fernsehen ausgestrahlt werden, aber wurde nie gezeigt. Vgl. Marc Cerisuelo, *Jean-Luc Godard*, Paris 1989, S. 142.

2 Dieses Argument hat Christian Metz ausgearbeitet. Vgl. ders., *The Imaginary Signifier: Psychoanalysis and the Cinema,* aus dem Französischen von Celia Britton, Annwyl Williams, Ben Brewster und Alfred Guzzetti, Bloomington 1977, S. 7-16.

3 1969 gründete Godard ein Kollektiv von Filmemachern, das nach dem sowjetischen Regisseur Dziga Vertov benannt war. Die wichtigsten Filme dieser Guppe sind *British Sounds* (1969), *Pravda* (1969), *Vent d'Est* (1969).

4 James Monaco, *The New Wave: Truffaut, Godard, Chabrol, Rohmer, Rivette,* New York 1976, S. 206.

5 Das sind nur einige der Bücher, die Godard *Le Gai Savoir* als Ausgangsmaterial gebraucht. Wie Susan Sontag in *Styles of a Radical Will* (New York 1969, S. 154) behauptet, macht Godard keinen Unterschied zwischen Büchern und anderen Materialien. Für ihn sind »Bücher und andere Träger des kulturellen Bewußtseins Elemente der Welt; und deshalb gehören sie in den Film hinein.«

6 Friedrich Nietzsche, »Die fröhliche Wissenschaft«, in: ders., *Sämtliche Werke* Bd. 3, hg. von Giorgio Colli und Mazino Montinari, Frankfurt a. M. 1980.

7 Godards ursprünglicher Plan war, *Le Gai Savoir* auf Rousseaus Erziehungstraktat *Emile* basieren zu lassen. Vgl. Colin McCabe, *Godard: Images, Sounds, Politics,* Bloomington 1980, S. 20.

8 Wie Ian Cameron in »Gay Knowledge« andeutet, ist Hören an dieser Stelle vielleicht noch entscheidender als Sehen, weil die Tonspur des Films »alle erdenklichen Echos vom Mai '68 aufgezeichnet hat«, in: Ian Cameron (Hg.), *The Films of Jean-Luc Godard,* New York 1969, S. 174.

9 Jean-Luc Godard, »Premiers ›Sons Anglais‹«, in: Alain Bergala (Hg.), *Jean-Luc Godard par Jean-Luc Godard,* Paris 1985, S. 338.

10 »La Chance de repartir pour un tour«, in: *Jean-Luc Godard par Jean-Luc Godard,* zit. Anm. 9.

11 James Roy McBean vertritt die These, *Le Gai Savoir* spiegele nicht nur eine gewisse Verachtung für ästhetische Belange wieder, sondern sei auch ein bewußter Angriff auf den »Kult um das ›Meisterwerk‹«. Für McBean ist der Film »absichtlich voller Mängel«, in: ders., *Film and Revolution*, Bloomington 1975, S. 73.

12 Wie Ruth Perlmutter in ihrem Aufsatz »›Le Gai Savoir‹: Godard and Eisenstein: Notions of Intellectual Cinema« (in: *Jump Cut* Nr. 7 [May-July 1975], S. 17) feststellt, sei der Neologismus Godards Motto, egal ob es um Worte, Töne, Bilder oder Filmformen geht.

13 Indem er die Null unterstreicht, zeigt Godard, daß sie in *Le Gai Savoir* relevant ist. Wie J. Monaco meint, sei die Null »der Schlüssel, der den Zugang zu all jenen Konzepten eröffnet, die [diesen Film ergeben]«, in: ders., *The New Wave: Truffaut, Godard, Chabrol, Rohmer, Rivette*, zit. An m. 4, S. 205.

14 Gerade diese Stelle bezieht sich stark auf J. Derridas *Die Grammatologie* [1967], aus dem Französischen von Hans-Jörg Rheinberger und Hanns Zischler, Frankfurt a.M. 1983.

15 René Descartes, *Von der Methode des richtigen Vernunftgebrauchs und der wissenschaftlichen Forschung*, Hamburg 1960, S. 12.

16 Karl Marx und Friedrich Engels, »Die deutsche Ideologie«, in: dies., *Werke*, Berlin 1975-86, Bd. 3, S. 26.

17 Ebd., S. 32.

18 Michel Foucault, *Die Ordnung der Dinge. Eine Archäologie der Humanwissenschaften*, aus dem Französischen von Ulrich Köppen, Frankfurt a.M. 1966, S. 462.

19 Passenderweise beginnt dieses neue Kapitel mit einer indirekten Anspielung auf Jacques Lacans Behauptung, wonach das Unbewußte wie ein Sprache strukturiert sei (vgl. ders., *Schriften* II [1966], aus dem Französischen von Norbert Haas, Olten und Freiburg i. B. 1975, S. 26). Patricia kündigt an, daß sie und Emile sich bei der Auswahl von Tönen und Bildern vom Zufall haben leiten lassen, weil »der Zufall strukturiert ist wie das Unbewußte«. Im restlichen Teil des Films zeigt sich immer deutlicher, daß *Le Gai Savoir* einer sprachlichen Definition des Unbewußten folgt.

20 Pascal Bonitzer behauptet, daß der Off-Kommentar im Dienst dieses epistemologischen Anschwellens steht, »weil er aus dem Bild-Off, in anderen Worten: aus dem Feld des Anderen, widerhallt.« Pascal Bonitzer, »Silences of the Voice«, aus dem Französischen von Marcia Butzel, in: Philip Rosen (Hg.), *Narrative, Apparatus, Ideology*, New York 1986, S. 322.

21 Siehe *Worte des Vorsitzenden Mao Tsetung* (Peking 1972, S. 62.): »Gewiß, auch die Frage der Beziehungen zwischen uns und dem Feind ist eine Frage der Unterscheidung zwischen richtig und falsch.«

22 Louis Althusser ist ein weiterer Repräsentant des linken »Szientismus«, der in *Le Gai Savoir* eine große Rolle spielt. In *Pour Marx* verbindet Althusser an einigen Stellen den dialektischen Materialismus mit »wissenschaftlicher Wahrheit«. Vgl. Louis Althusser, *For Marx*, aus dem Französischen von Ben Brewster, London 1969, s. insbes. S. 163-216.

23 Wilhelm Reich, *The Mass Psychology of Fascism*, New York 1970. Eine deutsche Übersetzung liegt vor unter dem Titel *Die Massenpsychologie des Faschismus*, Frankfurt a. M. 1974.

24 Herbert Marcuse, *Eros and Civilization: A Philosophical Inquiry into Freud*, New York 1963, S. 11/16. (Die Übersetzung der zitierten Stelle stammt von mir, A.d.Ü; deutsche Übersetzung des Werkes »Triebstruktur und Gesellschaft: Eine philosophischer

Beitrag zu Sigmund Freud«, aus dem Amerikanischen von Marianne Eckhardt-Jaffe, in: ders., *Gesammelte Schriften*, Frankfurt a. M. Bd. 5)

25 Diese Formulierung klingt nach Althusser, vgl. ders., »Idéologie et appareils idéologiques d'État« [1970], in: *Positions*, Paris 1976, S. 79-138.

26 Jacques Lacan, »Das Spiegelstadium als Bildner der Ichfunktion« [1949], aus dem Französischen von Peter Stehlin, in: ders., *Schriften I*, ausgewählt und hrsg. von Norbert Haas, Weinheim und Berlin 1986, S. 61-71.

27 Diese Formulierung hat Laura Mulvey geprägt. Vgl. dies., »Visuelle Lust und narratives Kino« [1973-75], aus dem Englischen von Karola Gramann, in: G. Nabakowski, H. Sander und P. Gorsen (Hg.), *Frauen in der Kunst*, 1. Band, Frankfurt a. M. 1980, S. 35.

28 Tatsächlich sagt der Film »wahr sind«, doch der Kontext legt nahe, daß »wahr scheinen« gemeint ist.

29 Nach Jean Collet spielt *Le Gai Savoir* die Sprache gegen das Imaginäre aus – oder gegen das, was er als Regime des Spiegels bezeichnet. Vgl. Jean Collet und Jean-Paul Fargier, *Jean-Luc Godard*, Paris 1975, S. 55.

30 Zu den Theoretikern, die an dieser Umwertung des linguistischen Signifikanten gearbeitet haben, gehören nicht nur Derrida, Foucault und Lacan, sondern auch Julia Kristeva und Roland Barthes. Ihr zentrales Organ war die französische Zeitschrift *Tel Quel.*

31 Seit *Le Gai Savoir* hat Godard verschiedene Strategien entwickelt, meist im Zusammenhang mit Video, um zwei Bilder zugleich zeigen zu können. Einige dieser Strategien werden im Kapitel 6 besprochen.

32 Hannah Arendt, *The Human Condition*, Chicago 1958, S. 9.

33 Das Lothringerkreuz ist ein gaullistisches Symbol. Die Zeichnung ist eine Kritik an der Polizeigewalt unter de Gaulle.

34 Diesen Standpunkt vertritt auch Thomas M. Kavanagh. Vgl. ders., »Le Gai Savoir«, in: *Film Quarterly*, vol. 25, Nr. 1 (1971), S. 52.

35 Karl Marx, »Der achtzehnte Brumaire des Louis Bonaparte« [1852], in: Karl Marx und Friedrich Engels, *Werke*, zit. Anm. 16, Bd. 8, S. 115. Die betreffende Stelle lautet: »Die Menschen machen ihre eigene Geschichte, aber sie machen sie nicht aus freien Stücken, nicht unter selbstgewählten, sondern unter unmittelbar vorgefundenen, gegebenen und überlieferten Umständen.«

36 Die Sequenz mit dem Molotovcocktail wurde vielleicht von einer Stelle in Lacans zweitem Seminar inspiriert. Das seiner imaginären Ausstattung entledigte Subjekt wird hier als »azephalisch« oder »kopflos« bezeichnet. Vgl. dazu *Das Seminar von Jacques Lacan, Buch II, Das Ich in der Theorie Freuds und in der Technik der Psychoanalyse* [1954-55], aus dem Französischen von Hans-Joachim Metzger, Weinheim und Berlin 1991, S. 218.

37 In *Die vier Grundbegriffe der Psychoanalyse. Das Seminar* [1964], Bd. XI, aus dem Französischen von Norbert Haas, Olten und Freiburg i. B. 1980, behauptet Jacques Lacan, das Sprechen induziere ein *fading* oder Schwinden des Subjekts (S. 229).

An ihrer Stelle

Numéro deux (1975)

HF: *Numéro deux* widmet sich dem häuslichen Alltag von drei Generationen der *nouvelle classe ouvrière*, die zusammen in einer Sozialwohnung leben. Normalerweise bekommt man solche Menschen nur dann im Film zu sehen, wenn sie im Lotto gewinnen, für die Revolution kämpfen oder einen Reichen heiraten. Godard aber besteht unerbittlich auf die gewöhnlichen Lebensabläufe. Er zeigt, wie die Ehefrau masturbiert, wie ihr Mann einen Stuhl streicht und die Familie vor dem Fernseher sitzt. Trotzdem wirkt der Film nicht konzeptuell oder minimalistisch. Godard zeigt, wie sehr noch die alltäglichsten Haushaltsarbeiten und Köperfunktionen mit Bedeutung aufgeladen sind.

KS: Die Filmbilder erinnern an nichts, das wir kennen. Das meiste wurde mit Video gedreht und anschließend von Videomonitoren in 35 mm abgefilmt. Häufig erscheinen zwei Videomonitore gleichzeitig. Weil das 35 mm-Format größer ist als die Videobilder, schwimmen diese auf einer großen schwarzen Fläche. Anfang und Ende von *Numéro deux* zeigen ein volles Bild. Hier filmt Godard eine andere »Szene« – den Ort der Produktion, der im Film üblicherweise nicht zu sehen ist. Man erkennt ihn bei der Arbeit im Studio, umgeben von seinem Handwerkszeug und dem Material, das er in den Film einarbeiten wird. Das 35 mm-Material bildet den Prozeß ab, in dessen Verlauf Godard seinen Film reflektiert und ein anderes Verhältnis zu ihm einzunehmen sucht.

HF: Die Idee, das Bild zu verdoppeln, muß Godard beim Arbeiten mit Video gekommen sein. Beim Videoschnitt sitzt man gewöhnlich vor zwei Monitoren. Der eine zeigt das bereits ausgewählte Bild, der andere das Rohmaterial, aus dem man das nächste Bild aussucht. Am Schnittplatz wird es zur Gewohnheit, an zwei Bilder zugleich zu denken.

KS: In einem Interview hat Godard gesagt, daß der Film im Hinblick auf Bildqualität und Verbreitung dem Video überlegen ist, daß Video aber etwas kann, was Film nicht kann. Gleichzeitigkeit zeigen.[1] Im Film kommt ein Bild *nach* einem anderen, wodurch das aktuelle Bild implizit all das negiert, was es nicht ist. Wie Stephen Heath einmal schrieb, lautet sein Prinzip: »Dies, aber nicht das.«[2] Video dagegen läßt »dies«

und »das« gleichzeitig zu. Das Prinzip der Gleichzeitigkeit, auf das
auch der Titel Bezug nimmt, steht im Zentrum von *Numéro deux*.
Wir sehen Film und Video zugleich; das Bild wird verdoppelt und das
verdoppelte Bild an einigen Stellen noch einmal gespalten.

HF: Wenn Godard zwei Videobilder zugleich zeigt, dann läßt er in
einer sanften Montage eines das andere kommentieren. Ich sage
»sanfte Montage«, weil es hier um eine komplexe Beziehungen geht
und nicht einfach um Gegensätze oder Gleichheit. *Numéro deux* legt
nicht im voraus fest, in welcher Beziehung zwei Bilder zueinander
stehen. Die Verknüpfungen haben wir zu leisten, während der Film
abläuft. Video hat noch einen anderen Vorteil. Es ist kaum vorstellbar,
einen so intimen Film auf engem Raum von Anfang an in 35 mm aufzunehmen, weil 35 mm ein umfangreiches Team braucht. Um mit
Video zu drehen, reichte Godard ein dreiköpfiges Team. So konnte er
an die Darsteller Anforderungen richten, die in einer weniger infor-
mellen Situation einen Übergriff bedeutet hätten. Das Ergebnis kommt
einem selbstgedrehten Film ziemlich nahe.

KS: Jede Einstellung im Film ist feststehend. Godard behauptet, er habe
damals aufgehört, die Kamera zu bewegen, weil ihm kein schlüssiger
Grund für Schwenks oder Fahrten eingefallen sei.[3]

HF: Die Entscheidung, die Kamera nicht zu bewegen, ebenso wie die
Schwärze, die die Videomonitore umgibt, schafft viel Raum außerhalb
der Bilder. Die alltäglichen Abläufe, die auf ihnen dargestellt sind,
bekommen etwas Geheimnisvolles. Auch der Wohnung wird ihre
Würde gelassen. Billige Wohnungen sehen im Film meist grauenhaft
aus; der Filmemacher kann nicht anders als die Figuren herabsetzen,
wenn er sie in einer solchen Umgebung filmt. Indem aber Godard die
Kamera nicht bewegt und deshalb auch nicht allen Raum erfaßt, ver-
meidet er diese Form der Diskriminierung. Die Details, die gezeigt
werden, wirken abstrakt und rücken in die Nähe von Ideen. Erst beim
Ton kommt die ganze Misere des sozialen Wohnungsbaus wieder
hervor. Ein Kuß klingt wie ein Schuß aus einer Spielzeugpistole.

KS: Der Film beginnt mit zwei Videomonitoren, auf denen man eine
Serie von Einstellungen erkennt, die die Familienmitglieder entweder
allein oder zu mehreren zeigen. Weil uns bislang noch kein einziges
dieser Familienmitglieder vorgestellt worden ist, bleiben diese Bilder
für sich. Eine lange Vorrede schließt daran an, die aus einer einzigen

langen Einstellung besteht. Man sieht hier Godard, rauchend und redend, in einem abgedunkelten Studio stehen. Gleich neben ihm befindet sich ein blauer Videobildschirm, der, während er redet, sein Gesicht zeigt, das von einer unsichtbaren Kamera aufgenommen wird. Auf der linken Seite des Bildes steht ein großer Videorecorder, dessen Spulen sich drehen. Der Monolog spinnt sich in einer Weise fort, die schwer zu beschreiben ist. Godard redet meist über sein Studio und über sich als Filmemacher. Den Ort und seine Funktion beschreibt er in zahlreichen Metaphern, die, kaum ausgesprochen, sofort in einen anderen Sinnzusammenhang gestellt werden.

HF: Das Ergebnis ist schwindelerregend. Der Monolog geht so: »Hier, siehst du, ist es immerhin einfach. Es gibt kein Dingsda [machin] mehr, es gibt nur noch Maschinen [machine]. Dingsda, Maschine … du siehst mich, Dingsda, in Beziehung zu einer Maschine. Mann, Frau, Dingsda, Maschine. Was das hier sei, fragst du. Es ist eine Bibliothek. Wo aber sind die Bücher? Es gibt keine, weil das hier eine Druckerei ist. Wir bedrucken kein Papier. Papier, weißt du, so nennt man das Geld, die Wechsel, die in den Banken im Umlauf sind. Man nennt das ›Papier machen‹. Hier wird kein Papier gemacht, aber es wird gedruckt. Also eine Druckerei? Nein, denn wir lesen Bücher. Ich weiß nicht … biologisch gesehen ist es eine Fabrik. Man kann sagen, daß es eine Fabrik ist. Dein Körper ist eine Fabrik … Ich höre das Geräusch der Maschine. Siehst du, jetzt läuft die Maschine schneller. Jetzt läuft sie langsamer. Und ich bin der Chef. Aber ich bin ein besonderer Chef, weil ich hier der Arbeiter bin.« Während Godard monologisiert, haben wir Zeit, die wundervoll gedämpfte Ausleuchtung, wie das 35 mm-Format sie gestattet, zu bewundern und sie mit dem Videomonitor in der Bildmitte zu kontrastieren. Weil die Videokamera ein besseres Nachtauge hat als die 35 mm-Kamera, ist das Bild auf dem Videomonitor ohne jede Romantik.

KS: Mit dem Videobild, das ihn selbst zeigt, will Godard das 35 mm-Bild entmystifizieren. Seit der Gründung des Dziga Vertov-Kollektivs hat er sich darum bemüht, die Funktion der Autorschaft abzustreifen.[4] »Um in einer politisch richtigen Weise zu filmen,« schrieb er in einem Text von 1969, »… [muß man] den Begriff des Autors [abschaffen] … [Dieser Begriff] ist durch und durch reaktionär.«[5] Numéro deux ist ein Grenzfall. Godard behauptet, in dem Film nichts »erfunden« zu haben.[6] Der Film – so drückt er das aus – wurde gemacht »unter dem Einfluß von [Anne-Marie] Miéville.«[7] Der lange Off-Monolog der

Großmutter stammt von Germaine Greer.[8] Die Schauspieler haben
sich die Texte selbst ausgedacht; Godard gab lediglich den Anstoß.[9]
Auch was Du »sanfte Montage« genannt hast, deutet auf seinen
Wunsch, nicht die Rolle des Bedeutungsstifters spielen zu wollen.
In der Vorrede geht er noch einen Schritt weiter, indem er zuerst
die 35 mm-Kamera auf die eigene physische Erscheinung richtet. Mit
seiner Anwesenheit gibt er den transzendentalen Standpunkt auf, den
man traditionellerweise mit Autorschaft verbindet. Damit allein wäre
aber noch nicht viel gewonnen, zumal Godard inmitten seiner Video-
ausrüstung – in seiner »Fabrik« – sichtbar wird und nicht in der
Sozialwohnung, deren Bild den eigentlichen textuellen Rahmen markiert. Erst sein Erscheinen auf dem Videomonitor stellt ihn auf eine
Ebene mit seinen Figuren.[10]

HF: Nach dieser Einstellung kommt ein kurzes Zwischenspiel mit zwei
Monitoren, das hauptsächlich aus Bildern besteht, die später im Film
auftauchen werden. Noch immer redet Godard: »Und etwa 300.000
Kilometer von hier, was sag' ich denn, 20.000 Kilometer von hier
hatte der Vietcong sich schon Gedanken gemacht über Saigon.«
Der Fehler ist aufschlußreich: 300.000 Kilometer pro Sekunde ist die
Lichtgeschwindigkeit. Godard zufolge liegt dieser Film Lichtjahre von
Vietnam entfernt. *Numéro deux* bedeutet eine Kehrtwendung gegenüber der Dziga Vertov-Phase und dem Film der späten sechziger Jahre
mit seinem Begriff des Politischen. Indem Vietnam überhaupt erwähnt
wird, setzt Godard aber zumindest die Praxis fort, den Krieg in jedem
seiner Filme beim Namen zu nennen.

KS: In *Numéro deux* geht es Godard um Geschlechterdifferenz und
Familie, und nicht um die maoistischen und marxistischen Anliegen
der Jahre zuvor. An dem Ort, an dem er als Autor verschwindet,
tauchen zwei Frauen auf: Miéville und Battistella.

HF: Auf dieses Videozwischenspiel folgt ein zweiter Prolog, der ebenfalls aus einer langen festen Einstellung in Godards Arbeitsstudio besteht. Von Zeit zu Zeit wird dieser Prolog durch schwarz unterlegte
Titel unterbrochen sowie, zum Ende hin, von einer Analsex-Szene auf
einem Videomonitor. Das Hauptbild zeigt in dieser Szene zwei Videomonitore übereinander am linken Rand. Während man auf dem oberen Monitor Ausschnitte aus Spiel- und Pornofilmen erkennt, was
soviel bedeutet wie »Fiktion«, zeigt der untere Monitor Material aus
Fernsehnachrichten – das meiste zu einer Maidemonstration –,

steht also für »Dokumentation«. *Numéro deux* bezeugt hier seinen Unwillen, das eine höher zu bewerten als das andere. Wie so viele Godard-Filme will auch dieser beides zugleich sein.

KS: Im Hintergrund steht die Bandmaschine, die wir schon aus dem Prolog kennen. Vorne links im Bild steht ein Magnetaufzeichnungsgerät. Die Spulen laufen, stoppen, laufen zurück und spielen wieder ab. Godard sitzt davor, abgeschattet, so daß man ihn fast nicht sehen kann, und ist anscheinend für nichts weiter verantwortlich als für die Bedienung dieses Gerätes. Er tritt hier weniger als Autor denn als Arbeiter auf. Während der Einstellung erscheinen die Worte »Buch und Regie von …« auf der Leinwand, doch kein Name folgt. Einige Zeit später spricht die Stimme von Sandrine Battistella, die eine der Hauptfiguren im Film spielt, eine deutlich andere Version der Credits, die diesmal vollständig sind. Jetzt gibt es nicht mehr die Worte »Regie« und »Buch«. Sie wurden ersetzt durch »Produktion« – darin soll die Arbeit anklingen: »*Numéro deux*: ein Film, der von A.-M. Miéville und J.-L. Godard produziert wurde, mit Sandrine Battistella, Pierre Audry und anderen«. Pierre Audry ist der andere Hauptdarsteller im Film.

HF: Erstaunlicherweise ist für Godard die Metapher der Fabrik noch immer positiv besetzt. Immer wieder rückt er sie in das Zentrum des Films, so, wenn er seinen Arbeitsraum als Fabrik umschreibt und *Numéro deux* als einen Film vorstellt, der nicht »geschrieben«, sondern »produziert« wurde. Später im Film fragt sich Sandrine: »Ist Papa eine Fabrik oder eine Landschaft? Und was ist mit Mama?« Ihre Antwort widerspricht nicht nur dem klassischen Frauenbild, sondern bejaht auch die Metapher der Produktion: »Ich denke, sie ist eine Fabrik. Vielleicht ein Elektrizitätswerk: laden und entladen.«

KS: In diesem zweiten Prolog redet Godard kein Wort. Die kritische Reflexion, die ihren Ort außerhalb der Erzählung zu haben scheint, leistet Sandrine.

HF: Allerdings stehen beide Vorreden in *Numéro deux* der Selbstaufhebung Godards als Autor entgegen. Es scheint, als fürchte Godard, daß ohne seine Vorreden alles Nachfolgende mißverstanden werden könnte. Diese Angst macht ihn präsenter, als wenn er einfach bloß als der Regisseur von *Numéro deux* ausgewiesen wäre.

KS: Autorschaft komplett aufzuheben ist wahrscheinlich unmöglich. Es kann aber sinnvoll sein, das Unmögliche zu versuchen.

HF: Sandrine betont, daß dieser Film nicht den üblichen politischen Kategorien gehorcht, sondern Dinge zusammenbringt, die normalerweise auseinandergehalten werden (»... der Film ist nicht links und auch nicht rechts, sondern davor und dahinter ... Vorne sind die Kinder. Hinten ist die Regierung.«) »Davor« und »dahinter« sind für den gesamten Film zentrale Signifikanten. Mit ihrer Hilfe entwirft Godard eine neue Bezeichnungsweise des Körpers.

KS: Sandrine beschreibt den Film außerdem als zugleich politisch und pornographisch: »Ein politischer Film? Er ist nicht politisch, sondern pornographisch. Nein, er ist nicht pornographisch, er ist politisch. Also handelt er nun von Pornographie oder Politik? Warum entweder-oder? Manchmal kann beides zugleich sein ...« Zwei Begriffe, die sich ausschließen, als gleichermaßen legitim zu erachten, läuft darauf hinaus, ihre Gegensätzlichkeit einzuebnen. Vielleicht läßt sich das Prinzip des »beides zugleich« auch auf die Geschlechterdifferenz sinnvoll anwenden.

HF: Am Ende des zweiten Prologs fragt Sandrine: »Hast du je auf dein Geschlechtsteil geschaut? Und hat dich irgendwer gesehen, als du darauf geschaut hast?« Der Anblick und das Vorführen der Geschlechtlichkeit ist eines der zentralen Themen des Films. Außer dem Sohn entblößt jede Figur zumindest einmal ihr Geschlecht.[11]

KS: Obwohl immer wieder Geschlechtsteile gezeigt werden, haben Anblicken und Vorführen eine vor allem metaphorische Bedeutung. Der Körper verhält sich in *Numéro deux* »hysterisch« – als verschobener Signifikant für psychische, gesellschaftliche und ökonomische Beziehungen.[12] Gegen Ende des zweiten Prologs fragt sich Sandrine: »Warum hörst du Musik?« In ihrer Antwort kommt eine veränderte Auffassung der physiologischen Aktivitäten zum Ausdruck. Diese werden aus dem sensorischen Zusammenhang in den intellektuellen und affektiven Bereich gehoben: »Etwas mit Staunen sehen. Und was erregt das Staunen? Das, was du nicht siehst.« In genau diesem Sinne fordert uns *Numéro deux* dazu auf, auf das Geschlecht zu schauen. Wir werden ermutigt, das zu sehen, was an sich unsichtbar ist.

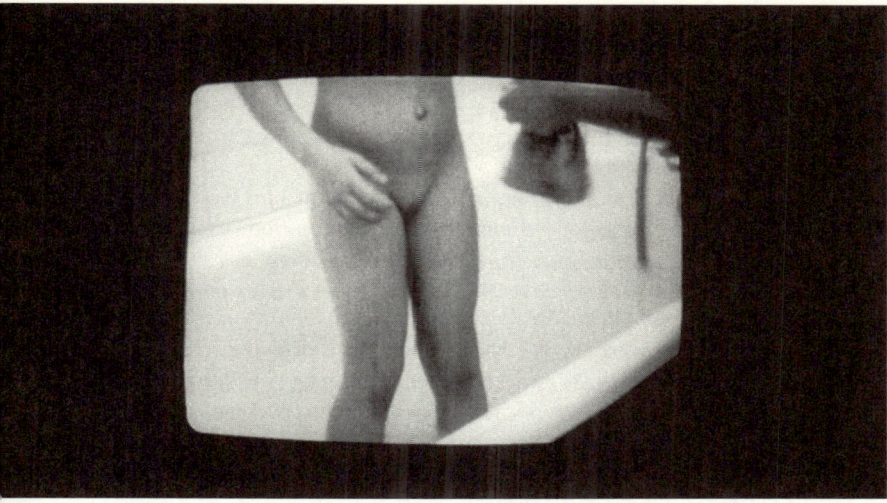

HF: In der ersten Episode des »eigentlichen« Films, trägt Sandrine einen weißen Bademantel. Weil er vorn nicht zugebunden ist, bekommen wie ihre Brüste und ihr Schamhaar zu sehen. Hier wird Sexualität buchstäblich vorgeführt. Vanessa geht um ihre Mutter herum, die gerade bügelt, hockt sich dann nieder und kriecht zwischen ihren Beinen durch. Als sie vor Sandrine auftaucht, fragt Vanessa: »Werde ich zwischen den Beinen bluten, wenn ich groß bin?« Sandrine bejaht, assoziiert Menstruationsblut aber sofort mit Heterosexualität: »Ja,« antwortet sie ihrer Tochter, »doch paß' auf die Burschen auf. Sie machen nichts als Ärger.«

KS: In der nächsten Episode sehen wir zwei Bilder, die sich gegenseitig überblenden: eines zeigt Pierre, der Sandrine von hinten fickt, das andere Vanessa mit einem Gesprächspartner im Off. Sie sagt: »Manchmal denke ich, es ist ganz schön, Mama und Papa, manchmal denke ich es ist Kacke.« Auch hier erscheint Sexualität zunächst gegenständlich und unmetaphorisch. Vanessa hat die Eltern beobachtet und denkt jetzt: Papis Penis in Mamis Arsch – das ist doch, wo die Scheiße rauskommt. Sandrine hat genau denselben Gedanken wie ihre Tochter, nur daß er in ihrer Psyche eine komplizierte Metaphorik in Gang setzt, die sich auf ihre Körperfunktionen auswirkt.

HF: In der dritten Episode, als Vanessa badet, bleibt die Kamera dicht bei ihr. Sandrine reicht ins Bild hinein, um ihr zu helfen. Während sie

Vanessas Genital wäscht, fragt Vanessa: »Haben alle kleinen Mädchen
ein Loch?« »Ja, sicher«, antwortet ihr Sandrine. Schließlich fragt
Vanessa: »Wohin verschwinden [die Erinnerungen]?« und erhält die
Antwort: »In die Landschaft.« Die Vagina wird zu einem metaphorischen Gefäß der Erinnerungen.

KS: In diesen drei ersten Episoden der eigentlichen Geschichte zeigt
die Kamera nur jeweils einen Videomonitor. In den drei Episoden, in
denen Nicolas, der Sohn, vorgestellt wird, kommt ein zweiter Monitor hinzu. Am Anfang sitzt Nicolas allein am Tisch und macht seine
Schulaufgaben. Dieses Bild sieht man auf beiden Monitoren – so als
sollte gezeigt werden, daß Nicolas nicht in Beziehung zu anderen gesetzt werden möchte. Zwischen dieser Episode und der nächsten sehen wir, wie sich das Wort »Fabrik« vor der schwarzen Leinwand in
das Wort »Einsamkeit« verwandelt. In der zweiten Episode sitzt
Nicolas in der Bildmitte am Küchentisch und ißt. Sandrine legt ein
politisches Lied auf. Vanessa und sie tanzen aus dem Nebenraum
hinüber in die Küche zu Nicolas. Ihren Versuch, ihn in den Tanz ein-
zubeziehen, wehrt er gereizt ab.

HF: Es erklingt ein zweites Lied, gesungen von Leo Ferré, in dem es
um Einsamkeit geht – eindeutig Nicolas' »Kennmelodie«. Als weiteres
Beispiel des »beides zugleich«-Prinzips ist noch für eine Weile das
vorige Lied zu hören.

KS: Nach dieser Episode sieht man das Wort »Einsamkeit« sich vor
schwarzem Hintergrund in die Worte »numéro un« verwandeln. Zum
ersten Mal macht der Film explizit, daß die Kategorien »numéro un«
und »numéro deux« mit der Geschlechtsidentität [gender] zu tun
haben. Männlichkeit erscheint im Zeichen der Einsamkeit – eine
Zuschreibung, die der Film beibehalten wird.

HF: Offenbar empfindet Nicolas seine Einsamkeit eher heroisch als
bedrückend.

KS: Das mag an Ferrés Musik liegen, die direkt seiner Imagination zu
entsteigen scheint. Ähnlich der Musik Legrands in *Vivre sa vie* (1962),
fungiert sie in *Numéro deux* als emotionaler Verstärker, mit dessen
Hilfe sich die Figuren ein tieferes Lebensgefühl verschaffen. Besonders
deutlich erkennt man das an der Szene, wo der Großvater, Sandrine
und Vanessa mit Pierres Kopfhörern einem anderen Chanson von

Ferré lauschen. Der emotionale Schauer, den er erregt, erfaßt auch uns. Zugleich macht der Liedtext die utopische Funktion der Musik in *Numéro deux* deutlich: »Ich lebe woanders, in der vierten Dimension mit dem Comic-Heft GMC2.« singt Ferré. In seiner Einsamkeit versucht Nicolas, dieses heroische »woanders« zu besetzen.

HF: Obwohl Nicolas in dieser Episode auf nur einem Monitor gezeigt wird, hat das Bild zwei Rahmen: die Tür hinter Nicolas eröffnet den Blick in einen anderen Raum. In der letzten der Episoden, in denen Nicolas eingeführt wird, sitzt er am Tisch Vanessa gegenüber. Sie erzählen sich Geschichten, bei denen es sich auch um zwei Fassungen derselben Geschichte handeln kann. Während Vanessa von uns wegschaut, werden wir von Nicolas angeblickt. Daß wir dennoch ihr Gesicht sehen, verdankt sich einer ungewöhnlichen Schuß/Gegenschuß-Konstruktion. Über das Bild der einander gegenübersitzenden Kinder schiebt Godard elektronisch das Bild des zuhörenden Mädchens – und zieht es wieder weg. Diese zweifache Erfassung durch die Kamera ist ein weiteres Beispiel für Simultaneität, erzählt uns aber auch, daß die Mikrowelt der Familie genauso wichtig ist wie die Makrowelt der üblichen Politik – so wichtig, daß sie, wie ein öffentliches Ereignis, aus jeder Perspektive gefilmt werden muß.

KS: Die Geschichten der Kinder handeln von Liebe, Verrat, Mord und Gefängnis, lauter schwergewichtigen Themen, die in melodramatischer Weise wiederholt werden. Die Kinder treten in dieser gesteigerten Wirklichkeit aber nicht selbst auf, sondern berichten von einem anonymen Er oder Sie. Anscheinend sind Vanessa und Nicolas noch zu jung, um Geschichten von sich erzählen zu können, sieht man von einer Stelle ab, in der sich wieder die Geschlechterdifferenz zeigt. Als wüßte er schon, daß er später selbst eine Geschichte haben wird, berichtet Nicolas an dieser Stelle von sich. Vanessas Zugang zur eigentlichen Welt bleibt dagegen ungewiß.

HF: *Numéro deux* liegt mehr an Sandrine als an Pierre: der Film gibt dem kleinen Mädchen gegenüber dem kleinen Jungen den Vorzug. Godard erzählt von Personen, die normalerweise aus der Geschichte, egal ob im historischen oder filmischen Sinne, herausfallen: Frauen, aber auch von Kindern und alten Menschen. In den Episoden mit der Großmutter und dem Großvater wird deutlich, daß beide auch innerhalb der Familie nur eine Nebenrolle spielen. Als Nicolas im Fernsehen Fußball schaut, der Großvater aber in ein anderes Programm

umschalten will, um einen sowjetischen Film zu sehen, zeigt sich, daß
der Großvater über keinerlei Autorität verfügt. Während sich das
Enkelkind weigert, sagt ihm der Sohn, er solle sich doch einen eigenen
Fernseher kaufen. Noch abgeschnittener ist die Großmutter. Nie
sehen wir, wie sie mit jemandem spricht.

KS: Ja, die Großmutter ist die absolute Randfigur. *Numéro deux*
macht klar, daß selbst unter den Besitzlosen – Kindern oder alten
Menschen – das Geschlecht eine Rolle spielt. Das Geschichtenerzählen erfüllt eine wichtige Funktion im Film, insofern es dazu
beiträgt, eine Person zu charakterisieren. Anders als die übrigen
Familienmitglieder hat die Großmutter aber keine Geschichte zu
erzählen. Der Großvater wiederum hat mehr Geschichten auf Lager
als irgend jemand sonst.

HF: Während er in der Küche etwas zum Essen vorbereitet, schildert
er die Arbeit in einer Munitionsfabrik. Die Geschichte seiner früheren
Ehe und der Zeit im Konzentrationslager hat er auf Tonband gesprochen, dem die Familie eines nachts zuhört. Auf dem Balkon berichtet er von einer Reise nach Singapur. Sein Erfahrungsschatz ist reich
an Verwicklungen und Abenteuern: Weltreisen, Streiks, die Mobili-
sierung der Arbeiter, eine politisch motivierte Heirat – und er war in
einem deutschen Konzentrationslager. Der Großvater repräsentiert
eine Form des politischen Handelns, die in der filmischen Gegenwart
kaum mehr möglich scheint. Er erzählt Geschichten aus einer Zeit, da
es noch ein weltweites proletarisches Netzwerk gab – eine Zeit, in der
ein Arbeiter im Auftrag der Kommunistischen Partei quer durch die
Welt reiste, so als sei er der Gesandte eines Imperiums.

KS: Zwischen der Erzählsucht des Großvaters und dem Schweigen
der Großmutter scheint ein Zusammenhang zu bestehen. Wie es die
Großmutter ausdrückt, »wichst« der Großvater mit seiner Prahlerei.
Großmutter hat etwas gegen seine Geschichten, doch nicht nur, weil
er ein einsames und beinahe erotisches Vergnügen aus ihnen zieht,
sondern auch, weil die Geschichten selbst so phallisch sind. Ihr viriles
Linkssein läßt keinen Raum für eine weibliche Protagonistin. Wie der
Großvater an einer Stelle eingesteht, »kommt alles aus [seinem]
Schwanz«.

HF: Allerdings distanziert sich der Film von Großvaters Geschichten.
Numéro deux steht nicht auf seiten der Meistererzählungen, der

grands récits. Die Szene, in der die Familie seiner Stimme auf Tonband lauscht, hat eine deutlich ironische Färbung, so als folgten alle einem *Oral History*-Programm im Radio. Großvaters Geschichten gehen nicht leicht runter.

KS: Sie gehören auch ganz eindeutig der Vergangenheit an. Das macht der Film in der wunderbaren Szene mit den Kopfhörern deutlich. Vanessa, die neben dem Großvater auf der Couch sitzt, teilt ihm mit, er solle nicht ihres Vaters Sachen benutzen. »Pas d'histoires«, entgegnet er ihr, was an dieser Stelle soviel heißt wie: »Mach' doch keinen Ärger«, wörtlich aber »Keine Geschichten« bedeutet. Das gibt dem Großvater ein, zu sagen: »Es gibt keine Geschichte. Keine Musik.« Man hat den Eindruck, daß er sowohl zur Geschichte als auch zum Gefühl keinen richtigen Zugang mehr findet. »Kannst du so leben?« erkundigt sich Vanessa daraufhin.

HF: Ihrer marginalen Rolle entsprechend, erscheint die Großmutter in ganz anderen Bildern als der Großvater. Die Sequenz, in der sie eingeführt wird, besteht als einzige im Film aus einer Reihe kurzer Einstellungen. Man sieht sie Gemüse schälen, ihr Bett machen, den Boden schrubben, bügeln und sich waschen. Die Wasch-Szene kommt von einem, ihre anderen Aktivitäten von zwei Monitoren. Arbeitet Godard mit zwei Monitoren, erscheint die Haupthandlung auf dem linken, größeren Schirm, während die vorangegangene Handlung auf dem rechten, kleinen Schirm wiederholt wird. Auf diese Weise kann Godard eine Abfolge konstruieren, die uns zwingt, jedes neue Bild in Beziehung zum vergangenen zu lesen.

KS: Die Großmutter spricht nie über sich. Als wäre sie unfähig, sich sowohl in die Sprache als auch die Geschichte einzuschreiben, macht sie kein einziges Mal von der ersten Person Singular Gebrauch. Während sie ihre Hausarbeit schweigend verrichtet, begleitet ihre Off-Stimme diese Szene mit einer Paraphrase von zwei Textstellen aus Germaine Greers *The Female Eunuch*.[13] Meist geht es in diesem Kommentar um die sexuelle Unterordnung der Frauen, für die nicht nur männliche Gewalt, sondern auch weibliche Passivität als Ursache identifiziert wird (»Die perverse Gewalt der Männer ist die Ursache für die Abwertung der Frauen ... Die Männer sind müde, die Verantwortung für die Sexualität allein zu tragen; es ist an der Zeit, sie von ihrer Bürde zu befreien. Das weibliche Geschlecht muß sich Recht verschaffen ...«). Bei den letzten Worten setzt sich die Großmutter auf

die Bettkante und spreizt die Beine. Ihr lose umgeschlungener Bademantel öffnet sich und gibt den Blick auf ihr Geschlecht frei. Diese Geste ist zweideutig; zwar nicht so militant wie der Kommentar, artikuliert sie doch ein Bedürfnis. Mehr noch als Frauen dazu aufzufordern, für die Erotik Verantwortung zu übernehmen, macht sie deutlich, daß die Menopause nicht auch das Ende der Sexualität bedeutet.

HF: Während des letzten Teils dieser Sequenz, als die Großmutter sich wäscht, redet die Off-Stimme über die Idealisierung von Weiblichkeit und deren verheerenden Folgen: »Sie ist das Meisterwerk der Schöpfung. Ganze Ozeane werden geplündert, um sie mit Perlen und Korallen zu versorgen. Robben werden erschlagen und Lämmer den Muttertieren entrissen ... Männer riskieren Kopf und Kragen, um Leoparden und Krokodile zu jagen, die zu Handtaschen und Schuhen verarbeitet werden. Mit jedem Stück macht Venus ihre Ansprüche geltend.« Bei den letzten Worten blickt die Großmutter in die Kamera, womit sie eine ironische Distanz zu dem Text herstellt.

KS: Die Worte, die Godard der Großmutter in den Mund legt, stehen in einem äußert komplizierten Wechselverhältnis zu den Bildern, die er von ihr macht. In ihrem Monolog ging es nicht um sie, und genau das will sie mit ihrem Blick in die Kamera auch festgestellt wissen. Wie die Protagonistin des Off-Kommentars meldet auch die Großmutter Ansprüche an. Sie will uns daran erinnern, daß sie nicht Venus ist. Ihr

Klassenstatus und, wichtiger noch, ihr Alter widersprechen ihrer Charakterisierung als »Meisterwerk der Schöpfung«. Während die attraktive Frau im richtigen Alter, mit der richtigen Klassenzugehörigkeit und der richtigen Hautfarbe nicht nur unterdrückt, sondern auch idealisiert wird, hat die Großmutter (neben ungezählten anderen Frauen, die diesen Kategorien nicht entsprechen) weniger Glück. Kein Mann riskiert sein Leben, um sie in Pelz zu hüllen. *Numéro deux* erinnert uns daran, wie ungenau der Feminismus mit der Ungleichheit zwischen Frauen umgegangen ist.

HF: Ja, es ist ziemlich verblüffend, diese Paraphrasen aus *The Female Eunuch* ausgerechnet aus dem Mund der Großmutter zu vernehmen. Ich glaube aber nicht, daß es darum geht, den Text zu verwerfen, sondern nur darum, ihn zu problematisieren. Die Situation hier entspricht der von Godard im ersten Prolog. Durch den Blick der Großmutter wird der Text implizit bewertet.

KS: Das stimmt, denn trotz seiner Unzulänglichkeiten gibt es zum Feminismus keine Alternative. Die Großmutter verfügt über keine Form, um von sich in der ersten Person sprechen zu können. Nicht nur die bürgerliche Kultur, sondern auch die traditionelle Linke hat bei der Aufgabe versagt, sie mit narrativen Ressourcen auszustatten, die ihr das Erzählen ihrer eigenen Geschichte erlauben würden. Deshalb hat der Feminismus sie zu repräsentieren, insbesondere der Feminismus einer Germaine Greer. Zur filmischen Dekonstruktion starrer binärer Gegensätze rechnet auch die Erkenntnis, daß Frauen bei ihrer eigenen Unterdrückung Komplizinnen sein können, zumal dann, wenn die Unterdrücker diesen Zustand mit Privilegien kompensieren. In dieser Szene sucht *Numéro deux* die simple Gleichstellung von Frauen mit Opfern und Männern mit Tätern zu unterlaufen.

HF: Das gilt auch für die erste Szene mit Pierre und Sandrine. In dieser Szene erkennt man Pierre auf dem linken Monitor, halbnah, als er gerade raucht. Sandrine tritt durch die Tür hinter ihm ins Zimmer. Sie fragt, was er bei seiner Arbeit eigentlich macht. Er erklärt ihr, daß er Mikrophone prüft und Texte für die Firmenzeitschrift redigiert. Sandrine blättert erst ungeduldig eine diese Zeitschriften durch und sagt dann herablassend: »Verstehe ich nicht.« »Weiß ich«, antwortet Pierre resigniert, als sie das Zimmer verläßt. Auf dem rechten Monitor erscheint ein Doppelbild, das immer wieder auftaucht und verschwindet. Es zeigt auf der oberen Hälfte Pierre, der sich auf

dem Weg zu einer Anti-AKW-Demonstration befindet, und unten
die schlafende Sandrine. Weil sie der Kamera zugewandt liegt, er sich
aber von der Kamera wegbewegt, entsteht der Eindruck, sie würden
einander die Rücken zukehren. Mit jedem Detail dieser Episode wird
uns Sandrines bewußte Ignoranz für Pierres Existenz außerhalb der
Wohnung klar. Bewußt ist ihre Ignoranz, weil sie sich weigert, an einer
Welt Interesse zu zeigen, in der sie bloß eine untergeordnete Rolle
spielen kann. Das führt dazu, daß sie keinerlei gesellschaftliche Beziehungen eingehen und auch keine bezahlte Arbeit annehmen kann.

KS: Daß Sandrine nicht mit Pierre über seine Arbeit spricht, läßt ihn
genauso einsam erscheinen wie Nicolas oder den Großvater, den man
sieht, wie er sich allein das Abendessen zubereitet oder beim Trinken
ohne Gesellschaft bleibt. *Numéro deux* demonstriert außerdem, daß
Pierre, trotz seiner privilegierten Position als Mann, in der Arbeitswelt
auch nur eine untergeordnete Stellung einnimmt. Was sich im so-
zioökonomischen Feld abspielt, findet seinen verschobenen Ausdruck
wiederum im Haus. »Ich ficke meine Frau,« sagt Pierre, nachdem
Sandrine das Zimmer verlassen hat, »aber alles läuft verkehrt. Danke,
Boß.« In der nächsten Szene wird deutlich, warum zwischen Sandrine
und Pierre alles »verkehrt läuft«. Wir blicken ins Badezimmer, wo
Pierre sich über das kaputte Klo beschwert und ins Waschbecken
pinkelt. Sandrine, die im Off ihre Zähne putzt, fragt, ob sie am Abend
miteinander schlafen. »Schauen wir mal.« meint er ausweichend. Darauf reagiert sie mit den gleichen Worten, die Pierre eben gebraucht
hatte: »Danke, Boß.« Am Ende eines Arbeitstags, so Pierre, sei er oft
impotent. *Numéro deux* macht klar, daß sich der männliche Körper
genauso hysterisch verhalten kann wie der weibliche.

HF: In der nächsten Episode streicht Pierre auf dem Balkon einen
Stuhl. Sandrine tritt hinzu und bietet an, ihm zu helfen. Diesmal ist es
Pierre, der Sandrine abblitzen läßt. Ärgerlich gibt sie ihm zur Antwort:
»Weißt Du, es gibt auch noch andere Männer.« Während dieser
Episode, die man am linken Monitor verfolgt, flimmert der rechte
Monitor. Die Kommunikation ist gestört.

KS: Das Bild, das sich durch den gesamten Film hindurchzieht, sieht
man jetzt auf einem einzigen großen Monitor: Paul fickt Sandrine von
hinten. Vanessas besorgtes Gesicht scheint durch dieses Bild hindurch. Pierre sagt aus dem Off: »Etwas Schreckliches ist passiert.
Sie hat mit einem anderen geschlafen, sagt aber nicht, wer es ist. Ich

wollte sie mit Gewalt nehmen. Aber sie ließ mich gewähren, deshalb
habe ich sie in den Arsch gefickt. Sie fing an zu schreien. Dann sahen
wir Vanessa, die uns beobachtete. Familienangelegenheiten, würde ich
sagen.« Versucht man, das negative Netzwerk von Metaphern zu verstehen, das *Numéro deux* um anale Sexualität herumspinnt, dann darf
man nicht vergessen, daß dieser Akt eine Vergewaltigung ist. Obwohl
Sandrine es »duldet«, daß Pierre sie mit Gewalt nimmt, schreit sie,
als er anal in sie eindringt. Das zeigt, daß hier kein Konsens bestand.
Vanessas Schmerz unterstreicht die Gewalt dieser Szene. Pierre ist
darauf bedacht, Sandrine für ihre Untreue zu strafen. Er ist darauf aus,
zu zeigen, daß sie »Scheiße« ist – und dementsprechend wählt er
auch die Körperöffnung.

HF: Durch den Anal-Akt setzt sich Pierre zu dem Mann in Beziehung,
mit dem Sandrine geschlafen hat.[14] Er geht mit ihr um, als wäre sie
seine Rivalin. Es gibt Gefängnisgeschichten, die davon berichten, daß
manche Insassen mit dem Anus von anderen Männern als Ersatz für
die fehlende Vagina Vorlieb nehmen. Im Gegensatz zu Männern, die
auf den Arsch scharf sind, sind sie nicht schwul, sondern ficken andere
Männer als seien es Frauen. Pierre geht dagegen mit Sandrine um,
als sei sie ein Mann.

KS: Einige Episoden später sieht man Pierre, der Kamera abgewandt,
auf dem Bett liegen. Sandrine setzt sich, seinem Wunsch entsprechend,
mit dem Rücken zu ihm auf seine Brust. Sie fragt: »Warum willst du
es immer so?« – wodurch klar wird, daß er ein starkes Interesse an
der Rückseite ihres Körpers hat. Er antwortet: »Ich sehe Stellen, die
du nie siehst.« Da beschwert sie sich. Seine Obsessionen können ihr
nicht gefallen, weil Pierres Lust ihren Blick ausschließt. Ironischerweise
sagt Pierre am Ende dieser Szene, er könne *ihre* Gewalt sehen, wenn
Sandrine in dieser Position auf ihm sitzt.

HF: Pierre vergleicht ihren Leib mit einem Fluß und ihre Körper-
grenzen mit dem Ufer, das den Fluß begrenzt. »Man redet immer von
der Gewalt des Flusses, der über die Ufer tritt,« sagt er, »doch nie von
der Gewalt, die das Ufer dem Fluß antut.« Wenn Sandrine auf ihm
sitzt, dann kann Pierre die Gewalt der Ufer unmittelbar wahrnehmen.
Gemeint ist damit die Gewalt, die in jeder Gliederung steckt, in jedem
formalen »Ausschnitt«, der einer unbestimmten Masse Gestalt gibt.
Sexualität wird in dieser Szene vor allem metaphorisch gebraucht. Ein
bestimmter Körperteil Sandrines, ihr Hintern, kann für sie selbst und

für Pierre etwas ganz verschiedenes bedeuten. Bedeutung ist in
Numéro deux nie endgültig – nie wird ein Signifikant mit einem einzigen Signifikat für immer verbunden.

KS: In der nächsten Episode liegen Sandrine und Pierre zusammen im
Bett, sie in der Mitte des Bildes, er in Halbdiagonale am unteren
Bildrand. Sie wirft die Bettdecke beiseite, um seinen Körper zu ent-
hüllen, und fragt:»Kann ich auch mal sehen?« Wie in Reaktion auf
Pierres Fluß- und Ufermetaphorik meint sie dann:»Siehst du, Pierre,
ich sehe Dich an. Morgens verläßt du das Haus. Du gehst. Ich kritisiere
das nicht, keineswegs. Ich habe keinen Beruf. Ich sehe deinen Arsch
zur Tür raus gehen. Dein Arsch ist auf Arbeit. Das ist etwas an dir, was
du nie siehst. An den Abenden muß ich auf dich schauen. Dich anschauen, wenn du reinkommst. Was mich anschaut, ist dein Schwanz,
nicht dein Arsch.« Im Verlauf dieser außergewöhnlichen Umdeutung
des Körpers wird der Hintern zum Stellvertreter von Arbeit und
Trennung; er repräsentiert die Teilung und Asymmetrie der männlichen und weiblichen Lebensbereiche – deren fehlende Entsprechung. Die Vorderseite des Körpers verheißt dagegen Zuhause,
Vereinigung und Gegenseitigkeit.

HF: In den späten Sechzigern und frühen Siebzigern war die Vorstellung verbreitet, Sexualität habe eine befreiende Macht. Godards Sicht-
weise ist komplexer. Bei ihm kommen alle menschlichen Beziehungen,
positive wie negative, in Formen der Sexualität zum Ausdruck.

KS: *Numéro deux* zufolge ist Sexualität der Bereich, in dem sich
Unterdrückung am unmittelbarsten zeigt. Die neue Politik, für die
sich der Film engagiert, ist von der Sexualität bestimmt. Aufgrund der
Form ihrer körperlichen Beziehungen zu ihrem Mann wird Sandrine,
zumindest in Ansätzen, Feministin.

HF: Die Arbeiterschaft in Zeiten von *Numéro deux* hat in einer historisch einzigartigen Weise Zugang zu den Medien, was aber an ihrer
Isolation nichts ändert. Außer einer Nachbarin kommt im ganzen
Film nicht ein Mensch vor, der nicht zur Familie gehört. Das war in
der Generation des Großvaters anders. *Numéro deux* hegt allerdings
die Hoffnung, daß aus dieser Isolation heraus etwas Neues und vielleicht Stärkeres entstehen kann. Weil der Film die Familie nötigt, sich
auf sich selbst zu konzentrieren – weil er die sechs Familienmitglieder
zwingt, sich gemeinsam mit ihren sexuellen und sonstigen Beziehun-

gen, und auch deren Bedeutung, auseinanderzusetzen –, tritt eine
neue Politik auf den Plan.

KS: Die politische Handlungsfähigkeit, die aus solcher Selbstreflexion
erwachsen kann, zeigt sich in einer Einstellung, die vom Balkon des
Appartements gefilmt ist. In dieser Szene führen Sandrine und eine
Nachbarin vor dem Haus ein Gespräch. Die Nachbarin lädt Sandrine
zu einer Versammlung ein, bei der es um die Mißhandlung von weiblichen politischen Gefangenen in Chile geht. Sandrine lehnt ab zu
kommen. Sie meint, sie habe zu viel zu tun und sei auch nicht interessiert. Die Nachbarin läßt zwar nicht locker, hat aber keinen Erfolg.
Schließlich händigt sie Sandrine ein Flugblatt aus. Nachdem sie gegangen ist, liest Sandrine das Flugblatt vor: »Jeden Tag werden [die weiblichen politischen Gefangenen] einzeln und mit verbundenen Augen
von den Zellen zu den Toiletten durch den Korridor geschickt. Sie
dürfen nichts sehen, versuchen aber trotzdem, geradeaus zu laufen.
Sie müssen die obszönen Beschimpfungen der Wärter ertragen, die
außerdem versuchen, sie zu Fall zu bringen. Ihre Notdurft haben sie
im Eiltempo zu verrichten, während die Wärter Witze reißen. Schweigend kehren sie zurück, von Soldaten geführt, die sie schlagen und
foltern.« Bis zu dieser Szene hat Sandrine hartnäckig darauf bestanden, ihre Probleme zu individualisieren. Sie tat so, als sei sie die einzige Frau auf der Welt. Jetzt, zum ersten Mal, wird ihr klar, daß sie nicht
allein dasteht. »Es gibt auch andere Frauen ...« sagt sie vor sich hin.

HF: Diese Szene erscheint auf dem linken Monitor. Auf dem rechten
ist das Bild gestört. Später folgt hier eine Einstellung, die Sandrine zeigt,
wie sie Pierres Schwanz lutscht. Dieses zweite Bild unterhält zu dem
ersten Wechselbeziehungen vielfältiger Art. Es läßt sich lesen als kri-
tischer Kommentar zu Sandrines anfänglicher Indifferenz gegenüber
der Situation politisch unterdrückter Frauen: Sie kämpft nicht für
andere Frauen, sondern lutscht statt dessen Schwänze. Das Bild soll
aber auch dem Gedanken Ausdruck geben, der Sandrine zu der Feststellung gelangen läßt: »Es gibt auch andere Frauen.« Die Fellatio läßt
anklingen, daß ihr bei der Lektüre des Flugblattes all die sexuellen
Dienste einfallen, die sie für Pierre erbringt, und auch die Enge ihrer
Welt. Sie sagt sich: Auch ich lebe in einem Gefängnis, bin eingeschlos-
sen und werde sexuell mißbraucht! Später wird klar, warum diese
Bedeutung im Bild der Fellatio und nicht der analen Vergewaltigung
liegt. Der Gegenseitigkeit ihrer Beziehung steht im Wege, daß Pierre
sich weigert, seine Frau zu lecken.

KS: Das Netz von Bedeutungen, in dessen Zentrum die anale Vergewaltigung steht, wird einige Szenen später in einem Gespräch weitergesponnen. Sandrine sitzt in ihrem weißen Bademantel frustriert am Küchentisch und trinkt etwas. Pierre, den man am rechten Bildrand nur teilweise erkennen kann, reicht ihr ein Abführmittel in Zäpfchenform und bietet an, es ihr einzuführen. Sie antwortet: »Meine Küche, meine Kinder, mein Arsch. Zuviel davon.« Er protestiert: »Aber Du mußt doch scheißen.« Worauf sie entgegnet: »Die Dinge sind komplizierter … Ich muß an Abfall denken.« Früher hatte Sandrine das Zimmer verlassen, ohne den Versuch zu machen, Pierres Arbeit zu verstehen. Jetzt geht er, ohne begreifen zu wollen, was ihre Verstopfung bedeutet.

HF: Nachdem Pierre gegangen ist, erklärt Sandrine ihrem Sohn, daß sie seit zwei Wochen Verstopfung hat. Diese Szene deutet darauf hin, daß die Allerweltsbedeutungen von Nummer Zwei – Scheiße und Frau – für Sandrine mittlerweile untrennbar verknüpft sind, vermutlich infolge der analen Vergewaltigung und Pierres Fixierung auf ihren Arsch. Ihre Verstopfung kann man als den Versuch deuten, diese zwei Bedeutungen voneinander zu trennen. Sie ist außerdem symptomatisch für ihre Schwierigkeiten mit der Produktionssphäre. Industrie und Metabolismus gleichen sich darin, daß beidemal Dinge ein- und ausfließen.

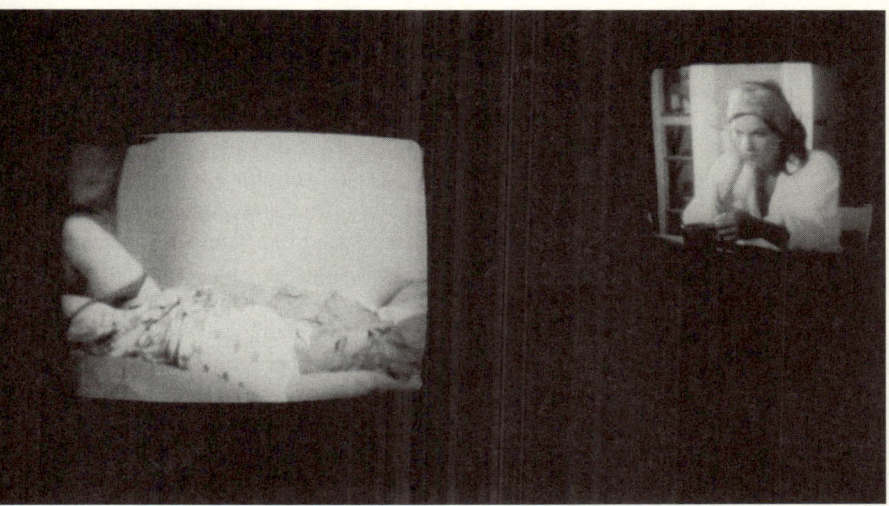

KS: Sandrines Produktion, im konventionellen Sinne verstanden, ist offenbar blockiert.[15] Oder Sandrine weigert sich zu produzieren, weil sie unbewußt denkt, daß sie lediglich Scheiße produziert. Wie Freud uns lehrt – und wie Godard nicht müde wird uns zu zeigen –, kann die Psyche eine Vielzahl auch widersprüchlicher Signifikate an ein und denselben Signifikanten knüpfen.[16] In der nächsten Szene wandert das Bild der am Küchentisch sitzenden Sandrine auf den rechten Monitor. Auf dem linken sieht man Sandrine masturbieren. Diese beiden Bilder kommentieren sich gegenseitig. Die Masturbation wird als verschobener Ausdruck des Bedürfnisses abzuführen dargestellt. Zuvor, beim Betreten des Schlafzimmers, hatte sie aus dem Off berichtet: »Ich kam nach Hause. Ich stand neben mir, wirklich neben mir, völlig ausgepumpt ...« Einen Moment später, als sie ihre Unterhose abstreift, sagt sie: »Ich zeige mein bestes Stück und laß' es raus.« Wenn aber Sandrine nichts als Scheiße produziert und scheißen und masturbieren analoge Tätigkeiten sind, dann produziert Sandrine, wenn sie masturbiert.

HF: Sandrines Produktion ist onanistisch, weil sie eine einsame Maschine ist. Godard selbst hatte sich in der Exposition des Films dagegen als Maschine präsentiert, die an andere Maschinen angeschlossen ist.

KS: Mit Sandrines gestörtem Verhältnis zur Produktion gibt *Numéro deux* zu verstehen, daß Sandrine keinen Platz hat innerhalb der symbolischen Tauschbeziehungen. Ihre Produkte zirkulieren nicht. Später wird der Film die Bedingungen skizzieren, unter denen es möglich ist, daß Frauen wie Sandrine in symbolische Tauschbeziehungen eintreten oder, in Deiner Metapher, an andere Maschinen angeschlossen werden. Man muß sich allerdings klarmachen, daß Masturbation genauso wenig eindeutig ist wie analer Sex. Sie steht für ein Produkt, das nicht zirkuliert, und signalisiert gleichzeitig Sandrines Abkehr von den sexuellen Problemen, die sie mit ihrem Mann hat. Wenn sie masturbiert, geht es ausschließlich um ihre Lust.

HF: Noch eine weitere Deutung ist möglich. Wie schon in der Küche, trägt ihr auch hier Pierre seine »Hilfe« an; er betritt das Schlafzimmer, als Sandrine masturbiert, und fragt, ob er sie streicheln soll. Doch Pierres Angebot ist für sie wertlos, weil er zuvor schon angeboten hatte, ihr das Zäpfchen in den Arsch zu stecken.

KS: Würde sie Pierre jetzt gewähren lassen, dann hieße das für Sandrine erneut, ihre Sexualität anal zu konnotieren. Deshalb schickt sie ihn aus dem Zimmer.

HF: Um das Facettenhafte der Sexualität zu betonen, schneidet *Numéro deux* von der Masturbation auf eine Szene, die den Ausblick auf eine nahezu utopische Erotik eröffnet. Morgens, noch bevor Nicolas und Vanessa zur Schule aufbrechen, klären Pierre und Sandrine ihre Kinder auf. In der Schule des Lebens gibt es für die Kinder offenbar mehr zu erfahren als in der formalen Ausbildung. Die Eltern präsentieren sich ihren Kindern nackt; man sieht ein einziges Bild: Sandrine, den Kopf in der oberen linken Bildecke, quer im Bett ausgestreckt. Pierre, mit einer deutlich erkennbaren Erektion, kniet zu ihrer Rechten. Sein Kopf ist abgeschnitten. Als Vanessa hereinkommt, setzt sie sich links von Sandrine nieder. Nicolas nimmt eine Position in der unteren Bildmitte ein. Sein Kopf – wie der eines Kinozuschauers vor der Leinwand – verdeckt zum Teil Sandrines Körper und macht ihn dadurch noch geheimnisvoller und interessanter.

KS: In dieser Szene bekommen wir einen völlig neuartigen Zugang zu den Körperstellen, die am stärksten erotisch kodiert sind. »Siehst Du?« fragt Sandrine und zeigt dabei auf ihre Vulva, »das sind Lippen, die Lippen meines Geschlechts.« »Und das«, erklärt Pierre, während er seinen Penis berührt, »ist eine Art Mund. Dieser Mund und dieser … Du küßt die Lippen deines oder deiner Geliebten, verstehst Du?«

Sandrine fügt hinzu:»Wenn wir uns lieben, dann führt er den Mund seines Geschlechts an die Lippen meines Geschlechts, so als würden wir uns küssen, oder reden … Das nennt man Liebe. Die Liebe bringt uns zum Reden.« Und Pierre meint noch:»Wenn es vorbei ist, dann streift der Tod über die Lippen und spricht:›Still jetzt.‹« Die Metapher des Mundes steht im Mittelpunkt der körperlichen Liebe. Sex zu haben ist dasselbe wie sich zu küssen oder, eher noch, miteinander zu reden.

HF: Diese Szene nimmt den Prolog vom Anfang wieder auf, der die Verbindung zwischen Sprache und Liebe herausgestellt hatte. Als habe der Film ein Gedächtnis, taucht in Numéro deux alles auf wundersame Weise zumindest einmal wieder auf.

KS: Die Verknüpfung von Sex und Reden ermöglicht eine Verständigung zwischen Sandrine und Pierre. Zumindest von den Zärtlichkeiten am Ende dieser Szene gilt, daß die beiden einander »zuhören« und miteinander »reden«. Hier wird anschaulich, was ihrem Verhältnis ansonsten eher abgeht: ein wirklicher Bezug.

HF: Die nächste Szene, in der es ausschließlich um die beiden geht, zeigt wieder das Gegenbild. Die Leinwand ist geteilt; Pierre macht sich auf den Weg zur Anti-AKW Demonstration, während Sandrine, ihm den Rücken zukehrend, schläft. Das Gespräch ist vorbei.

KS: Die Relationalität ist nicht der einzige Aspekt, worin sich die Sexszene mit der Familie vom Rest des Films unterscheidet. Dem Programm der Aufklärung – daß es desto weniger Repression gibt, je mehr Sex gezeigt und besprochen wird – steht Vanessas Gesicht entgegen, das immer wieder im Bild der analen Vergewaltigung aufscheint. Die Konfrontation mit Sexualität kann traumatische Wirkungen haben. Wie in Jean Laplanches Darstellung der Urszene trifft die Sexualität der Erwachsenen hier auf eine unvorbereitete kindliche Psyche, die nicht anders kann als verdrängen.[17]

HF: In der nächsten Szene geht es um die Unvereinbarkeit von männlichem und weiblichem Begehren. Außerdem werden die unterschiedlichen Bedeutungen herausgearbeitet, die das Wort »Zuhause« für Pierre und Sandrine hat. Was für die Frau normal ist, so erfahren wir, ist für den Gatten gänzlich unvorstellbar. Pierre rasiert sich im Bad, die Tür steht offen. Aus dem Off fragt ihn Vanessa:»Als Du mit

Mami gestritten hast, hast Du von ›unmöglich‹ geredet. Was ist ›unmöglich‹?« Pierre antwortet: »Als wir über die Wäsche gestritten
haben, meinte sie, ich würde nie helfen. Es stimmt schon, daß ich den
Anblick ihrer dreckigen Slips nur schwer ertragen kann. Schließlich
heißt das, daß ihr Arsch dreckig ist. Für sie funktioniert das alles ganz
normal – für sie ist das die Fabrik. Für mich dagegen ist es das Zuhause. Aus dem Grund sind manche Dinge möglich und andere
wieder unmöglich.« Pierres Begriff von »unmöglich« deutet auf einen
Bereich, der ihm psychisch entzogen ist.

KS: Diese Aussage ist einigermaßen überraschend, wenn man be-
denkt, daß Pierre Sandrine anal vergewaltigt. Auf der einen Seite besteht er auf ihrem »scheißeartigen« Status; auf der anderen Seite
möchte er, daß sie seinem Begehren entgegenkommt, indem sie sich
nur in idealer Weise präsentiert. Das ist einer der typischen Fall-
stricke der Weiblichkeit: alle Verantwortung daran aufgehalst zu
bekommen, begehrenswert zu erscheinen, zugleich aber auch »der
letzte Dreck« zu sein, damit das männliche Subjekt »sauber« bleiben
kann.[18] Uns wird außerdem vorgeführt, wie schnell die Identifikation
mit dem Sauberen zum maskulinen Alibi gerät, um all das abzu-
weisen, was mit Körperfunktionen und Alltag zusammenhängt und
um die Trennung der Tätigkeitsbereiche von Mann und Frau zu legitimieren.

HF: Am Ende dieser Szene greift Pierre zum elektrischen Rasierer.
Bekanntlich stört ein angeschalteter Rasierapparat die Fernseh-Über-
tragung. Die nächste Einstellung scheint uns genau das zu zeigen: zwei
Videomonitore, auf denen das Bild flackert. Aus diesem Geflacker
macht der Film eine Metapher für sexuelle Erregung. Pierre muß an
Sandrine denken, als er in Pornoheften blättert, die sein Sohn ange-
schleppt hat. Das Flackern zeigt die Stärke seines Begehrens an.

KS: Pierres Assoziationsfluß aus dem Off führt zuerst zu Sandrines
Untreue und seiner noch immer schwelenden Eifersucht und dann zu
einem Nachdenken über ihre sexuellen Praktiken: »Ficken und gefickt
werden. Manchmal ist sie der Mann und ich bin die Frau. Weil ich aber
ein Mann bin, ist es manchmal wie einen anderen Mann zu ficken.
Darum mag ich es, wenn sie mir ihren Finger in den Arsch steckt. Ich
bitte sie darum.« Pierre macht hier die homosexuellen Anteile in seiner
Beziehung zu Sandrine explizit. Seitdem Sandrines Produktion als
onanistisch charakterisiert wurde, können wir besser verstehen, was

es für Pierre bedeutet, sich beim Sex mit Sandrine vorzustellen, er sei ein Mann, der mit einem anderen Mann schläft. Aus Pierres Wunsch, daß Sandrine ein Mann sein möge, läßt sich zumindest ansatzweise der Wunsch herauslesen, ihre gemeinsame Sexualität in das Feld der symbolischen Tauschbeziehungen zu überführen. Er sehnt sich danach, mit einem gesellschaftlich anerkannten Subjekt ins Bett zu gehen.

HF: Pierre ist dicht daran zu erkennen, was seiner Beziehung fehlt und wie sich die utopische Dimension der Sexualität erschließen läßt, die in der Aufklärungsszene mit den Kindern im Bett phantasiert wurde. Den letzten Schritt aber geht er nicht. Zwar kann er sich vorstellen, gegenüber Sandrines Frau den Part des Mannes zu übernehmen und auch der Mann von Sandrines Mann zu sein. Die Rolle der Frau für Sandrines Mann zu spielen, das kann er sich nur für den Bruchteil einer Sekunde imaginieren, während ihm die letzte Variante, Frau von Sandrines Frau zu sein, nicht einmal einfällt.

KS: Es ist nur folgerichtig, daß Pierre sich in der nächsten Szene als unfähig erweist, Cunnilingus zu praktizieren und Sandrines Geschlecht direkt anzusprechen. Ebenso aufschlußreich ist, daß er sein mangelndes Einfühlungsvermögen in dieser Situation mit der Abscheu erklärt, dauernd »Ich liebe Dich« sagen zu müssen, womit auch wieder Sexualität und Sprache als zusammengehörig ausgewiesen werden. Wie bei anderen Gelegenheiten wird die Sprache hier blockiert oder abgewürgt.

HF: Gegen Ende von *Numéro deux* kommt wieder eine Szene, nun aber nicht mehr im Schlafzimmer, sondern in der Küche, die voller utopischer Potentiale steckt. Zum ersten Mal sieht man Sandrine vollständig bekleidet und Pierre, der ihr bei der Hausarbeit zur Hand geht. Noch auffallender ist, daß Sandrine über sich spricht und Pierre ihr zuhört. Während sie das Geschirr wäscht und er abtrocknet, erklärt Sandrine, warum sie ihren Job in der Apotheke schnell wieder aufgegeben hat. (»Es geht alles so schnell, ich bekomme nichts mit, meine Augen können den Händen nicht folgen.«) Dann beschreibt sie ihr Leben zu Hause. Nach der Aufzählung all jener Tätigkeiten, in denen sie gut ist – kochen, Nicolas bei den Schulaufgaben helfen, Schwanzlutschen –, kommt das Resümee: »Es ist zuviel … zuviel, und doch nicht genug.« Zuviel Familie und zuwenig Gesellschaft. Auch bei dieser Unterhaltung treten zwischen ihnen Spannungen auf. Sie weisen aber auf die Möglichkeit eines Neuanfangs.

KS: Das Bild schneidet um auf zwei Monitore. Der linke zeigt die Großmutter, wie sie den Boden wischt, der rechte Sandrine, die Pierres Schwanz lutscht – Frauenarbeit. Sandrine redet immer noch, jetzt aus dem Off: »Ich hatte das Gefühl, ich produziere eine Ware, die schon zuvor auf den Markt geworfen war. Kurzum, ich produzierte mit Verlust.« Hausarbeit als spezifische Form der Produktion wird damit in ein wieder anderes Bild gekleidet. Die Produkte werden nicht getauscht, sondern aufgebraucht. Sie sind entweder so immateriell oder so schnell konsumiert, daß sie kaum sichtbar werden. Sandrine fragt: »Wer hat den Profit eingestrichen? Wer?« und antwortet gleich: »Er jedenfalls nicht.« Damit hält sie uns erneut davon ab, in Pierre den »Ausbeuter« zu sehen. Diese Rolle wird statt dessen »jemand hinter ihm« zugewiesen oder, abstrakter noch, einem »Etwas zwischen ihnen«, das sie als »Arbeit« bezeichnet.

HF: Diese Kategorien sind ein bißchen unklar. Sandrine spricht nicht vom »Kapital« oder »dem System«, so wie wir das '68 taten. 1975 war es nicht mehr so einfach, die Macht auf den Begriff zu bringen. Einmal schwebt Sandrine sogar vor, sexuelle Probleme durch Geld lösen zu können. Wenn sie reich wäre, erzählt Sandrine, würde sie Pierre dafür bezahlen, mit ihr zu schlafen.

KS: In der letzten Einstellung des eigentlichen Films kehren wir noch einmal zu der Szene zurück, in der Sandrine im weißen Bademantel am Küchentisch sitzt und über ihre Verstopfung redet. Jetzt zeigt sich noch deutlicher, daß ihre Verstopfung ein Zeichen ist sowohl für ihr kompliziertes Verhältnis zur Produktion – »Mit meinem Arsch ist nichts los. Ich mache das Essen, es geht rein und runter, aber nicht raus …« – als auch für ihre erzwungene Identifikation mit Exkrementen oder Abfall – »Ich fühle mich wie eine Nutte oder ein Stück Scheiße.« Die folgenden Worte deuten allerdings an, daß sie beginnt, diese Probleme in ihrer Geschlechtsspezifität zu erfassen: »Ich frage mich, ob nicht viele Frauen so sind wie ich?« Indem sie ihre Identifikation nicht mehr auf ein privates Ich beschränkt, sondern auf Frauen überhaupt erweitert, nimmt sie eine erklärtermaßen gesellschaftliche Identität an. Sie erkennt sich als Teil einer Gruppe, was ihr eine Fülle von sozialen, ökonomischen und psychischen Übertragungen ermöglicht, die der Welt außerhalb der Familie gelten. Die Tür zum sozialen Austausch ist plötzlich weit aufgestoßen. Im Epilog von *Numéro deux* wird man sehen, wie Sandrine durch diese Tür geht und ihren Diskurs zirkulieren läßt. Sie macht diesen Schritt

aber nicht als Protagonistin des Films, sondern eher als Schauspielerin ihrer Rolle.

HF: Am Ende der Familiengeschichte schneidet die Kamera auf Godard, der in seinem Arbeitsstudio sitzt. Den Kopf auf den Tisch gelegt, lauscht er der Stimme Sandrines aus dem Tonbandgerät vor ihm. Hinter Godard sieht man zwei Videomonitore. Irgendwann erhellt sich der linke mit einem Bild von Sandrine in der Küche, der rechte mit Vanessa, die gerade ein Bad nimmt. Sandrine spricht nicht länger ihre Rolle, sondern tritt zuerst als Schauspielerin auf: »meine Rolle ist vorbei ...«; dann anscheinend als eine wirkliche Ehefrau: »immer wie er, der sagt: ›Wasch' ab, streike, komm nach Haus, laß uns zusammen schlafen, wir verreisen.‹ Was wirklich beschlossen ist, das nehme ich in die Hand«; und schließlich noch als Filmzuschauerin: »du gehst ins Kino, kaufst dir eine Karte: schon bist du dem Produzenten ausgeliefert. Dreh' die Glotze an, schon hast du dich zur Komplizin gemacht.«

KS: Man sieht Sandrine während dieses Monologs für längere Zeit im Bademantel – hier ergreift die Darstellerin auch eindeutig für die Frau Partei, deren Rolle sie verkörpert. Die Figur der Sandrine entfaltet sich in ihrer ganzen Vielfalt.

HF: Thema ihres langen Monologs ist das Verbrechen, daß die Filme, die man sich anschaut, von anderen gemacht werden. *Numéro deux* scheint für einen allgemeinen Zugang zu den Produktionsmitteln zu plädieren.

KS: In den späten sechziger und frühen siebziger Jahren haben viele so gedacht. *Numéro deux* gibt diesem Argument eine geschlechtsspezifische Wendung. Sandrine beschwert sich, daß an der Stelle, wo sie sein sollte, ein Mann ist: »Er ist da, wo er nichts zu suchen hat ... Da müßte ich sein und bin es nicht.« Dieser Jemand entpuppt sich am Ende als Godard oder, allgemeiner, als der männliche Filmemacher. Wieder spricht Sandrine nicht nur für sich, sondern auch für die Figur, die sie spielt, und darüber hinaus für jede Frau, die in einer ähnlichen Situation steckt.

HF: Den eigenen Platz jemand anderem zu überlassen, so erklärt sie in ihrem Monolog, heißt, dieser Person das Recht zu geben, für dich zu sprechen.

KS: Das Wort selbst zu ergreifen und diesen Platz einzunehmen bedeutet dagegen, den eigenen Diskurs sozial in Umlauf zu bringen oder einen Beitrag zum Prozeß der gesellschaftlichen Bedeutungsbildung zu leisten. Wir verstehen jetzt besser, warum Godard in *Numéro deux* solche Mühen auf sich nimmt, sich der Autorität der Autorschaft und ihrer Zwänge zu entledigen, und warum er es — sowohl im zweiten Prolog als auch im Epilog — der Stimme Sandrines überläßt, die reflexive Position zu vertreten. Godard versucht, einen Film zu machen, ohne dafür die Autorschaft zu übernehmen, die er einer Frau einräumen will. *Numéro deux* inszeniert nicht bloß den Abzug von Autorität, sondern auch den Zugang des weiblichen Subjekts zu dem Ort, an den es gehört. Während Sandrine noch über die Notwendigkeit spricht, daß Frauen für sich und über sich sprechen und damit in den symbolischen Austausch eingreifen, erkennt sie, daß sie ihrer Forderung in diesem Moment nachkommt. Das macht sie aber nicht zum Mann oder zur »Nummer Eins«. Weil Sandrine in den öffentlichen Diskurs erst eintritt, nachdem sie sich mit der Kategorie »Frau« identifiziert hat, entwickelt sie eine ganz neue Position, die jenseits der Geschlechterdifferenz liegt, wie wir sie kennen. »Endlich an meinem Platz,« sagt sie, »Nummer Drei.«

HF: Einen Augenblick lang lauschen wir zusammen mit Godard noch einmal den Klängen eines Liedes von Ferré. Dann schneidet die Kamera auf eine Großaufnahme von Vanessa in der Badewanne. Pierre, den man nur angeschnitten erkennt, liest das Kleingedruckte in seinem Mietvertrag vor: »Der Mieter verpflichtet sich, die Wohnung in ihrem jetzigen Zustand zu übernehmen. Sie dient ihm und seiner Familie ausschließlich zu persönlichen Zwecken. Er ist verpflichtet, der Polizei und den Behörden Auskunft zu erteilen ... [und] sich ordnungsgemäß zu verhalten ...« Es klingt sehr nach siebziger Jahre, daß Pierre von der Wohnungsbehörde angehalten wird, ein guter Vater zu sein. Analog dazu hatte Godard zur selben Zeit gemeint, daß Filmemacher nur solche Filme machen sollten, die sie auch ihrer Familie zeigen könnten.[19]

KS: Um Pierre zu verstehen, ist diese Szene für mich die wichtigste im ganzen Film. Als er den Mietvertrag vorliest, kommt etwas zum Vorschein, was bis dahin im Verborgenen lag und sich lediglich in seiner Impotenz manifestierte. Wie auch Sandrine untersteht er einer übergeordneten Autorität, die wir als das Gesetz bezeichnen könnten. Dieses Gesetz kann in allen möglichen Erscheinungen auftreten, als Chef oder Hausbesitzer. Es legt im voraus Pierres gesellschaftliche, wirtschaftliche und familiäre Pflichten und Verantwortlichkeiten fest. Selbst seine Funktion als Vater ist ihm nicht eigen, sondern hatte schon auf ihn gewartet, als er noch gar kein Vater war, und wird ihn auch überleben.[20] »Nummer Eins« und »Nummer Zwei« sind kein einfaches Gegensatzpaar.

HF: Obwohl diese Szene sehr deutlich die symbolische Position angibt, in die Pierre gesellschaftlich hineingedrängt wird, reduziert sie ihn nicht auf eine bloß behavioristische Exemplifizierung dieser Funktion. Pierres Vaterschaft wird auch auf anderer Ebene angesprochen. Nach Beendigung der Lektüre ihres Buches fragt ihn Vanessa: »Wenn du tot bist, bist du dann immer noch mein Papa?« Pierre erwidert: »Na klar, mach dir keine Sorgen«, und streichelt sie begütigend. Man sieht, daß er für Vanessa nicht nur das »Familienoberhaupt« oder der »sexuelle Aggressor« ist, sondern auch der Beschützer, von dem sie hofft, daß er immer da ist.

KS: Am Ende von *Numéro deux* sehen wir Godard den Tonregler bedienen. Während das Ferré-Lied spielt, führt Sandrine Gespräche erst mit Vanessa, dann mit Nicolas, jetzt wieder in ihrer Rolle der Mutter. Nun, da die Filmfigur Sandrine begriffen hat, daß sie zu einem Kollektiv gehört und die Darstellerin Sandrine mit Worten, die sie in eine gesellschaftliche Beziehung setzen lassen, für sich sprechen kann, kann der Hausarbeit eine neue Bedeutung und ein neuer Wert zukommen. Sie läßt sich zu anderen Formen der Arbeit in ein Verhältnis setzen. Vielleicht kann sie sogar zu etwas anderem werden als zu einer Produktion mit Verlusten.

HF: An Vanessa richtet Pierre die Frage: »Was meinst Du, ist Papa nun eine Landschaft oder eine Fabrik?« – eine Frage, die seit Beginn des Films unbeantwortet geblieben war. Mit dem letzten Satz des Films beantwortet Vanessa diese Frage in verdeckter Form, indem sie auch diese letzte Antithese dekonstruiert und wieder auf »dies und das« besteht: »Da war ... eine Fabrik, und um die herum legte man eine Landschaft an.« Während Vanessa spricht, hören wir das gewohnte Vogelgezwitscher, mit Hilfe dessen Godard so oft die Landschaft um die wichtigste aller Fabriken anlegt: die Familie.[21]

KS: Nachdem Sandrine, Vanessa und Nicolas aufgehört haben zu reden, bleibt Ferré das musikalische Schlußwort, das er halb singt, halb deklamiert: »Diese Augen, die auf dich blicken Tag und Nacht, die nichts anderes im Sinn haben als Zahlen und Haß, die verbotenen Dinge, zu denen es dich zieht ... werden dein sein, sobald du die Augen der Unterdrückung schließt.« Noch immer am Mischpult sitzend, schließt Godard die Lider und bringt seinen Film – wie Nicolas und Vanessa – zu Bett.

HF: Im Epilog scheint er einfach nur der Dirigent einer vorbereiteten Musik zu sein. Nicht länger heroischer Schöpfer, gibt er sich damit zufrieden, die Lautstärke zu kontrollieren und die Ton- und Videoanlage an- und abzuschalten. Doch selbst hier gelingt es ihm nicht völlig, den Mantel der Autorschaft abzulegen. Die Musik wird in diesem Film sowohl mit dem Wunder assoziiert als auch mit der vierten Dimension – mit einem erfüllteren Leben und der Fähigkeit, auch das Unsichtbare zu erkennen. Immer noch ist er derjenige, der dazu den Schlüssel in den Händen hält.

KS: Die entscheidende Frage am Schluß ist vielleicht gar nicht, ob es Godard in *Numéro deux* gelingt, sich als Urheber von Bedeutung oder Affekten zu negieren, sondern ob er dem Ort fernbleiben kann, wo er nicht hingehört – ob er Sandrine als Figur und Schauspielerin Raum gibt, so daß sie sagen kann: »Endlich an meinem Platz.« Und mir scheint, das gelingt ihm.

1 Wilfried Reichart, »Interview mit Jean-Luc Godard«, aus dem Französischen von Michael Klier, in: *Filmkritik* Nr. 242 (Februar 1977), S. 61. Der lange Godard-Monolog wurde von Gerhard Theuring übersetzt und ist seiner Zusammenfassung von *Numéro deux* in diesem Heft (S. 98 ff.) entnommen.

2 Stephen Heath, *Questions of Cinema*, Bloomington 1981, S. 62.

3 W. Reichart, »Interview mit Jean-Luc Godard«, zit. Anm. 1, S. 67.

4 Nach James Monaco bestand dieses Kollektiv eigentlich nur aus Godard und Jean-Pierre Gorin. Vgl. J. Monaco, *The New Wave: Truffaut, Godard, Chabrol, Rohmer, Rivette*, New York 1976, S. 215. Die vom Kollektiv produzierten Filme wirken allesamt übertrieben Godard-haft. Im Gegensatz zu hnen stellt *Numéro deux* einen wesentlich ernstzunehmenderen Versuch dar, die Autorfunktion abzuschütteln.

5 »Deux heures avec Jean-Luc Godard«, in: Alain Bergala (Hg.), *Jean-Luc Godard par Jean-Luc Godard*, Paris 1985, S. 335.

6 W. Reichart, »Interview mit Jean-Luc Godard«, zit. Anm. 1, S. 56.

7 Colin McCabe, »Interview with Godard«, in: ders., *Godard: Images, Sounds, Politics*, Bloomington 1980, S. 103. Anne-Marie Miéville ist Godards Lebens- und gelegentliche Arbeitspartnerin.

8 Gerhard Theuring, »*Numéro Deux*«, zit. Anm. 1, S. 102.

9 W. Reichart: »Interview mit Jean-Luc Godard«, zit. Anm. 1, S. 56.

10 Für eine ausführlichere Darstellung der traditionellen Autorfunktion und der Konsequenzen für Autorschaft, wenn diese Funktion innerhalb des Textes aufgegriffen und umgearbeitet wird, vgl. Kaja Silvermar, *The Acoustic Mirror: The Female Voice in Psychoanalysis and Cinema*, Bloomington 1988, S. 187-234.

11 Auch Laura Mulvey und Colin McCabe erwähnen das »ständige *Zurschaustellen* ..., den Ort der Sexualität innerhalb des Hauses«, in: *Godard: Images, Sounds, Politics*, zit. Anm. 7, S. 98.

12 In den *Studien über Hysterie* von Josef Breuer und Sigmund Freud ([1895] Frankfurt a. M. 1995, S. 3) wird argumentiert, daß bei den Hysterikerinnen der Körper an Stelle der Seele spricht. Er artikuliert, was sich nicht anders sagen läßt.

13 Germaine Greer, *The Female Eunuch*, London 1971, S. 318 und S. 355.

14 C. McCabe und L. Mulvey bemerken ebenfalls die homosexuelle Dimension der analen Vergewaltigung. Vgl. C. McCabe, *Godard: Imcges, Sounds, Politics*, zit. Anm. 7, S. 98.

15 C. McCabe und L. Mulvey lesen Sandrines Verstopfung ebenfalls als sozioökonomische Metapher. Vgl. C. McCabe, *Godard: Images, Sounds, Politics*, zit. Anm. 7, S. 99.

16 Vgl. beispielsweise Sigmund Freud, »Die Traumdeutung«, in: ders., *Studienausgabe*, Frankfurt a. M. 1980, Bd. 2, S. 138-139.

17 Jean Laplanche, *Life and Death in Psychoanalysis*, aus dem Französischen von Jeffrey Mehlman, Baltimore 1976, S. 25-41, sowie S. 102.

18 Für eine Darstellung des Prozesses der Verwerfung und der Verknüpfung von Verwerfung und Weiblichkeit, vgl. Julia Kristeva, *Powers of Horror: An Essay on Abjection*, aus dem Französischen von Leon S. Roudiez, New York 1982.

19 Jean Collet und Jean-Paul Fargier, *Jean-Luc Godard: Cinéma d'aujourd'hui*, Paris 1974, S. 169.

20 Das ist eine ziemlich lacanianische Auffassung von Vaterschaft. Vgl. Jaques Lacan, »Funktion und Feld des Sprechens und der Sprache in der Psychoanalyse« [1953], in: ders., *Schriften* I, aus dem Französischen von Norbert Haas, Olten und Freiburg i. B. 1973, S. 117.

21 Jonathan Rosenbaum meint, *Numéro Deux* sei selbst wie eine »Fabriklandschaft, in der alles möglich ist«. Jonathan Rosenbaum »*Numéro Deux*«, in: *Sight and Sound*, vol. 45, Nr. 2 (1976), S. 125.

Bewegte Bilder

Passion (1981)

HF: *Passion* (1981) spielt in einem ganz gewöhnlichen Winter in einem ganz gewöhnlichen Schweizer Städtchen. Ungewöhnlich ist dagegen der Film im Film, der dort in einem Studio gedreht wird: Meisterwerke aus dem Fundus der Kunstgeschichte werden »reproduziert«, indem man die Darsteller die Posen der Figuren auf Gemälden von Delacroix oder Rembrandt nachstellen läßt. Die Bilder, die so entstehen, sind großartig. Der Produzent ist mit dem Produkt dennoch unzufrieden, weil ihm die Story fehlt. Jerzy (Jerzy Radziwilowicz) ist aus einem anderen Grund unzufrieden. Seiner Ansicht nach haut es mit dem Licht nicht hin.

KS: Die Bilder, die Jerzy in seinem Studio rekonstruiert, sind in jeder Hinsicht »große Kunst«. Es sind Tableaux, auf denen Menschen ihre gewöhnliche Existenz überschreiten und den Alltag hinter sich lassen. Dementsprechend wirken sie auf den Betrachter. Vertieft man sich in die Bilder, dann überträgt sich die Ergriffenheit, und man entwickelt euphorische Gefühle. Die Welt außerhalb des Studios mutet dagegen fast übertrieben alltäglich an. *Passion* wird allerdings nicht zulassen, daß wir diese Bereiche voneinander abgrenzen und als bloße Gegensätze behandeln. Der Set, auf dem Jerzy seinen außergewöhnlichen Film dreht, und die gewöhnliche Stadt werden in einem Geflecht komplizierter Beziehungen verknüpft. Die Darsteller aus Jerzys Film rekrutieren sich zumeist aus einer örtlichen Fabrik. Auch Isabelle (Isabelle Huppert), eine von Jerzys Freundinnen, ist dort angestellt, bis sie ihren Job verliert. Das Filmteam wohnt in einem Hotel, das Hana (Hanna Schygulla), der anderen Freundin von Jerzy, gehört. Hana wiederum ist mit Michel (Michel Piccoli) verheiratet, dem die Fabrik gehört, in der Isabelle und die anderen Darsteller arbeiten. Diesem ganzen Flechtwerk von Beziehungen geht der Film bis in die Details hinein nach, indem er zwischen dem Studio, dem Hotel und der Fabrik hin- und herschneidet.

HF: *Passion* erzählt nicht bloß von Jerzy, Hana, Isabelle und Michel und deren jeweiliger Arbeit, sondern auch von Godard selbst. In vielerlei Hinsicht ist der Regisseur der Diegese ein Surrogat des außerdiegetischen Regisseurs. Für Godard, nicht anders als für Jerzy, ist das

Geschichtenerzählen der uninteressanteste Aspekt am Filmemachen. Für Godard, nicht anders als für Jerzy, hat Film in erster Linie mit Licht zu tun. Und schließlich gleichen sich Godard und Jerzy auch in der Auffassung, daß Kunst die Schöpfung von Texten ist, die im Dialog mit früheren Texten stehen. Godard betont diese metaphorischen Entsprechungen zwischen Jerzy und seiner eigenen Person, indem er Jerzys Film denselben Titel gibt wie seinem eigenen. Doch die Entsprechung ist nicht vollkommen; im Unterschied zu Jerzy stellt Godard seinen Film fertig.

KS: *Passion* geht es aber um mehr als nur um menschliche Bindungen und Fragen von Autorschaft. Der Film nötigt uns dazu, die Beziehung zwischen Begriffen neu zu denken, die üblicherweise als Gegensätze gelten. Häufig scheint es so, als seien die menschlichen Beziehungen im Film dieser Neudefinition der Begriffe untergeordnet – eine Wirkung, die zum Teil von den Transformationen herrührt, die der Film den rekonstruierten Gemälden angedeihen läßt, die sich zum Teil aber auch der komplexen Montage verdankt, mit der der Film vom Studio zum Hotel und in die Ortschaft springt.[1]

HF: *Passion* beginnt mit einer von Godard selbst gefilmten Einstellung, zu der er eine Kamera verwendet, die Jean-Pierre Beauviala nach seinen Anforderungen gebaut hat. In dieser Einstellung, die uns in vier Teilen gezeigt wird, zieht ein nicht erkennbares Flugzeug über den helldunklen Himmel eine weiße Linie. Das Ganze wurde der Eingebung des Augenblicks folgend gefilmt, ohne Vorsatz und Vorbereitung. Godard sah den Kondensstreifen des Flugzeugs, schnappte sich die Kamera und ließ sie laufen. Die Kamera ist hier dem vorfilmischen Ereignis nachgeordnet; sie kann nichts tun, als ihm blind zu folgen. Die Spontaneität dieser Einstellung wird noch durch die wackeligen Schwenks betont. Sie folgen Godards Augenbewegungen.

KS: Doch wie so oft in Godards Filmen, drängt die dokumentarische Einstellung unaufhaltsam auf die Fiktion hin. Der zweite Teil, auf dem man den Kondensstreifen nicht sieht, wirkt derart künstlich, daß man meinen kann, es handele sich um eine Studioaufnahme aus Jerzys Film. Und weil Godard die Hauptfiguren der Rahmenhandlung zwischen den verschiedenen Teilen der Himmelseinstellung einführt, wird aus dem helldunklen Firmament sogleich der Himmel über deren Köpfen.

HF: Und dennoch ist zumindest für die Dauer dieser Sequenz der Himmel wichtiger als die Erde und das Licht von größerer Bedeutung

als die Erzählung. Betrachtet man das Ganze aus dem Blickwinkel von
Sonne und Wolken, dann sind die fünf Figuren, die uns hier vorgestellt
werden, so unbedeutend wie Ameisen. Und genau diesen Blickwinkel
einzunehmen laden uns die astralen Klänge von Ravels *Klavierkonzert
für die linke Hand* ein. Deutlich zeigt sich das bei der letzten Einstellung der Exposition, in der Jerzy und Laszlo (Laszlo Szabo), der Produktionsleiter, mit dem italienischen Produzenten streiten. Die Figuren sind im Hintergrund kaum auszumachen; das Bild wird von einem
riesigen Blumenbeet eingenommen.

KS: In dieser Exposition lernen wir auch zwei der Gegensatzpaare
kennen, denen *Passion* im weiteren hartnäckig zusetzt: Himmel und
Erde sowie Wahrheit und Fiktion. Außerdem begegnen uns zwei Tro-
pen, die der Film immer wieder anführen wird, um gegensätzliche Begriffe miteinander kommunizieren zu lassen. Für die erste Trope verfügen wir über einen althergebrachten Ausdruck: Oxymoron – jene
rhetorische Figur, die zwei einander ausschließende Dinge zugleich be-
nennt. Beispielhaft läßt sich das am Schwenk über den Himmel ablesen, der zugleich »tatsächlicher Himmel« und »imaginäre Welt von
Jerzy und Hana« bedeutet. Zur Benennung des zweiten Tropus, mit
dem *Passion* Oppositionen aufzuheben sucht, fehlt uns ein passender
Begriff. Umschreiben läßt sich dieser Tropus mit jedem der vielen
Worte, die mit der Vorsilbe »*trans-*« beginnen: »*transferral*« [Über-
tragung], »*transition*« [Übergang], »*transposition*« [Umstellung], »*trans-
formation*« [Umwandlung] und sogar »*translation*« [Übersetzung] im
biblischen Sinne. Mit Hilfe dieser Trope kann Godard einen Begriff aus
seiner gegenteiligen Bedeutung ableiten. Das in *Passion* bevorzugte
Verfahren, solche Ableitungen vorzunehmen, ist das Unterschneiden.
In der Anfangssequenz kann Godard auf diesem Weg demonstrieren,
daß Himmel von Erde und Erde von Himmel kommt.

HF: Die nächste Szene spielt im Filmstudio. Jerzy ist gerade dabei, das
erste der wieder zum Leben erweckten Meisterwerke zu filmen:
Rembrandts *Nachtwache* (1642). Daß Godard mit diesem Gemälde
beginnt, überrascht nicht weiter, schließlich handelt es sich dabei um
eines der berühmtesten Beispiele ausgeklügelter Lichtdramaturgie, das
die Geschichte der Malerei zu bieten hat. Das Bild dürfte Godard auch
aus dem Grunde reizen, weil es so »unterbelichtet« ist. Die *Nachtwache* lehrt, wieviel Licht noch in der tiefsten Finsternis steckt. Sie
lehrt sogar, daß man vor allem in der Finsternis auf Licht stößt.

KS: Godards Interesse scheint nicht darin zu liegen, das Bild lediglich zu verdoppeln. Was ihn antreibt, ist dessen Neuschöpfung, allerdings in filmischen Kategorien. An die Stelle des fixen Blickpunktes, den der Maler einnimmt, tritt die bewegliche Kamera, die unterschiedliche Positionen einnehmen, über die Bildoberfläche streifen und sogar ins Spektakel hineinfahren kann.[2] Rembrandts Figuren werden aus ihren starren Posen erlöst; sie beginnen zu atmen und sich zu bewegen. Das im Hintergrund emporgehaltene Banner weht im künstlichen Wind des Studios. Von der Malerei unterscheidet den Film außerdem die Montagetechnik, die *Passion* einsetzt, wenn die Rembrandt-Szenerie mit Einstellungen wechselt, die Isabelle bei der Fabrikarbeit zeigen.

HF: Das zentrale Thema scheint hier Umwandlung [transformation] zu sein, im eigentlichen Sinn des Wortes: Veränderungen, zu denen es kommt, wenn wir aus einer Form oder einem Textsystem in ein anderes überwechseln. Bei der Umwandlung von Malerei in Kino ist Bewegung über alle Maßen wichtig. Soviel legt auch der Film nahe, wenn er eine Figur aus der Komposition heraustreten läßt, die sich später wieder ins Bild begibt.

KS: Bezeichnenderweise ist es eine Frauenfigur, welche die ihr im Rembrandt-Gemälde zugewiesene Position verläßt: das junge Mädchen in dem kunstvollen goldenen Kleid, das sich der Schützenkompanie angeschlossen hat.[3] Dieses Motiv bleibt kein Einzelfall; wie Jean-Louis Leutrat bemerkt, zeigen die Studioaufnahmen durchgängig »Frauen in Bewegung«.[4]

HF: Während wir auf die neuerstandene *Nachtwache* blicken, hören wir ein im Off geführtes Gespräch mit an. Es sind vor allem Leute aus Jerzys Team, die sich unterhalten; einer allerdings gehört zur Crew von Godard. Diese Szene verwischt die übliche Unterscheidung zwischen diegetisch und außerdiegetisch. Es ist Jerzys Produktionsleiter, Laszlo, der dieses etwas unorthodoxe Gespräch mit der Frage auslöst: »Qu'est-ce que c'est cette histoire?« Er wollte eigentlich fragen: »Wovon handelt diese Geschichte?« Wie auch Jerzy interessieren sich Laszlos Gesprächspartner aber herzlich wenig für die Story. Sie verstehen Laszlos Frage im Sinne von: »Worum geht es bei diesem Bild?«[5]

KS: Patrick (Patrick Bonnel), Jerzys Assistent, gibt ihm zur Antwort: »Achten Sie nicht allzusehr auf Anlage und Aufbau, sondern machen Sie es so wie Rembrandt: Schauen Sie auf die Menschen ... « Für

Patrick geht es bei der *Nachtwache* in erster Linie um eine »lebens-
getreue Wiedergabe« oder um »Wahrhaftigkeit«. Für Sophie, Jerzys
Produktionsassistentin, hat die *Nachtwache* mit »etwas Imaginärem«
zu tun. Was sie unter imaginär versteht, versucht Sophie dann zu
definieren: nicht die wahrheitsgetreue Wiedergabe, aber auch nicht
das Gegenteil davon. Mit ihrer Umschreibung dekonstruiert sie den
Gegensatz zwischen wahr und fiktiv, von dem sie zunächst auszugehen schien. Sie schlägt vor, in Rembrandts Gemälden so etwas wie
»wahre Fiktionen« zu sehen.[6]

HF: Raoul Coutard, der, von der Himmelsaufnahme abgesehen, in
Passion Kamera geführt hat, beantwortet Laszlos Frage wiederum
anders. Was ihn an der nachgestellten *Nachtwache* interessiert, entspricht auch Jerzys Interesse: das Licht. Während sich Jerzy jedoch
zutiefst unglücklich zeigt angesichts der Ausleuchtung des Tableau
Vivant, ist Coutard vollkommen zufrieden. Die nachgestellte *Nachtwache* ist stimmig, denn sie erlaubt uns die Schlüsselfrage zu beantworten, die die Malerei, von Rembrandt bis zu den Impressionisten,
bewegt hat: »Von woher kommt das Licht?« »Alles ist richtig aus-
geleuchtet,« bekräftigt er, »von links nach rechts, ein bißchen von
oben nach unten, ein bißchen von vorn nach hinten.«

KS: Coutards Worte besitzen besonderes Gewicht, weil er, nimmt
man es genau, keine Figur aus der Diegese ist, sondern einer derjeni-
gen, die für den Film überhaupt verantwortlich zeichnen. Später erfolgt noch eine zweite Einmischung von seiten der Autoren, bei der
Jerzy erneut und wieder in Fragen des Lichts übergangen wird. In der
Mitte der Goya-Szene ruft Jerzy »Stop« und beschwert sich wie schon
einmal über die Beleuchtung. *Passion* zeigt sich davon unbeeindruckt.
Trotz der Intervention läßt sich der Film von seiner verzückten Er-
kundung der drei rekonstruierten Goya-Gemälde nicht abbringen. Er
dokumentiert sogar, daß die diegetische Kamera es ihm nachtut.
Passion affirmiert, was Jerzy zurückweist.

HF: Ich habe den Eindruck, daß Jerzy und Coutard nicht dasselbe
meinen, wenn sie in der Rembrandt-Szene von Licht sprechen. Wenn
sich Jerzy über das Licht beklagt, dann bezieht er sich ganz eindeutig
auf die Studiobeleuchtung. Doch wenn Coutard das Licht preist, dann
meint er das Sonnenlicht. Er sagt, der rekonstruierte Rembrandt sei
keine *Nachtwache*, sondern eher eine *Tagwache*.

KS: Jerzy und Coutard scheinen sich mißzuverstehen, weil Jerzy über das Licht in *seinem* Film redet, Coutard aber über das Licht in *Godards* Film. Obwohl sich beide Filme streckenweise überschneiden, weisen sie aber auch erhebliche Unterschiede auf. Jerzys Film hat ausschließlich nachgestellte Meisterwerke zum Inhalt, während Godard die Tableaux Vivants mit der Rahmenhandlung versetzt. Außerdem unterschneidet er die Studioszenen mit Szenen aus der Ortschaft. Was dabei entsteht, ist eine konstante Ableitung des künstlichen Lichts vom natürlichen und des natürlichen Lichts vom künstlichen. Man kann sagen, daß sich das Licht in der einen Szene aus der Szene davor speist. In diesem Sinne ist die rekonstruierte *Nachtwache* tatsächlich eine *Tagwache*, weil sie von der Sonne aus der Himmelssequenz angestrahlt wird.

HF: Es scheint, als sei für *Passion* das Licht »stimmig«, sobald es von woanders kommt – sobald es übertragen wird. Man kann sogar noch einen Schritt weiter gehen. Die Licht ist »stimmig«, wenn es seinen Ursprung dort hat, wo man es nach herkömmlichem Verständnis am wenigsten erwartet – in diesem Fall etwa speist sich das Studiolicht aus der Sonne, die künstliche Beleuchtung aus der natürlichen. Das Licht in Jerzys Film dagegen ist »unstimmig«, weil es hermetisch, in sich abgeschlossen ist.

KS: Der Untertitel zu Jerzys Film könnte lauten: *À la recherche de la lumière perdue*; nicht die Mutter, sondern das Licht ist das versagte, verlorene Objekt. Im Studio versucht er jene Beleuchtung wiederzufinden, mit der Rembrandt und El Greco gearbeitet haben. Ein Ersatz kommt für ihn nicht in Frage. Godard dagegen erkennt die Notwendigkeit der Verschiebung an und heißt sie willkommen. Er akzeptiert, daß sich das Licht, das nicht mehr ist, weder am gleichen Ort noch in der gleichen Weise wiederfinden läßt. Er trägt der Tatsache Rechnung, daß sich Licht nicht an einem Punkt festnageln läßt, sondern daß es nur im Moment der Übertragung und Umwandlung erscheint.

HF: Allerdings gibt es zwischen den beiden Filmen auch Gemeinsamkeiten. Die kinematographische Wiedererweckung von Meisterwerken liegt Godards *Passion* nicht weniger am Herzen als Jerzy. Die rekonstruierten Gemälde passen auch besser in Godards Film. Als pochte er diesen Bildern gegenüber auf seine symbolischen Ansprüche, zeigt uns Godard die Gemälde stets durch seine, und nicht durch Jerzys Kamera. Was Godard und Jerzy außerdem eint, ist die

Suche nach derselben Sache: Sie sind, so könnte man sagen, dem »Erhabenen« auf der Spur.

KS: Ja, aber wieder bestehen ebenso viele Unterschiede wie Gemeinsamkeiten. Jerzy sucht das Erhabene im Licht von Rembrandt, Goya und El Greco, die er neuschöpfen will. Godard ist sich im klaren darüber, daß das Erhabene nicht »in« den Dingen selbst steckt – nicht einmal dann, wenn sie so immateriell sind wie das Licht. Auf das Erhabene stößt man viel eher »in« Beziehungen. Es erschließt sich uns in jenen Momenten, in denen das Ordnungsprinzip der Binarität außer Kraft gesetzt wird und Gegensätze, egal ob in Zeit oder Raum, aufeinandertreffen.

HF: Am Ende der Rembrandt-Szene sagt Jerzy, daß er aufgibt. Eine schnelle Fahraufnahme nach links auf eine Baumgruppe veranschaulicht sein »Davonlaufen«. Am Anfang wird diese Einstellung nur von Lichtstrahlen, die durch die Äste der Bäume fallen, beleuchtet. Dann bahnt sich die Kamera ihren Weg ins Freie, zeigt den See und die Sonne. Isabelle beginnt, aus dem Off mit Jerzy zu sprechen. Auch sie hat Probleme mit der Arbeit; gerade ist sie den Job in der Fabrik losgeworden. Sie berichtet Jerzy, daß für den Abend eine Versammlung angesetzt ist, um über die Probleme in der Fabrik zu reden, und bittet ihn zu kommen. Auch Jerzy redet von seinen Schwierigkeiten, allerdings mehr zu sich als zu Isabelle. Obwohl er Pole ist und die Solidarnosc gerade ihre große Zeit hat, scheint er vom kollektiven Vorgehen nicht viel zu halten.

KS: In zwei Einstellungen, die am Beginn eines filmischen Experiments mit asynchroner Rede stehen, setzen die beiden ihr Gespräch fort. Zuerst sieht man Isabelle, die neben dem Wagen von Jerzy einhergeht; in der zweiten Einstellung erkennt man ihn am Steuer. Auch bei diesen Einstellungen kommt es zu keiner Liaison von Stimme und Bild. Dafür widerlegen die Stimmen von Jerzy und Isabelle jede klare Trennung zwischen Off-Stimme und abgedrehtem Ton. Godard kreiert mit diesen Stimmen eine neue Stimmkategorie, die man als »Zwischenstimme« bezeichnen kann. Sein Eingriff zeigt, daß Stimmen nicht aus dem Körper heraus oder über ihn hinweg sprechen: den Schauplatz der Rede bildet vielmehr das Intervall zwischen den Körpern. Obwohl wir gewohnt sind, die Rede als etwas äußerst Individuelles und Ortsbezogenes zu denken, ist sie in Wirklichkeit intersubjektiv und wandert zwischen dem Sprecher und dem Zuhörer hin und her.

HF: Beim Stummfilm kommt es automatisch zu einer Trennung zwischen den Lippenbewegungen eines Darstellers und den Worten, die auf Titeln eingefügt werden. Unsere Vorstellung, daß der Sinn der Worte ihrer Artikulation entweder vorausgeht oder mit ihr identisch ist, wird so von vornherein durchkreuzt. Godard macht an dieser Stelle etwas ganz ähnliches: Er spaltet die Aussage vom Ausgesagten ab und kann auf diese Weise klarmachen, daß Sinn erst einmal geschaffen werden muß – daß Sinn *Arbeit* voraussetzt. Wie uns das Gespräch zwischen Jerzy und Isabelle verdeutlichen sollte, gilt in *Passion* Arbeit einerseits als privilegierter Begriff, andererseits aber auch als Kategorie, die einer Neubestimmung bedarf.

KS: Die Tonexperimente werden fortgesetzt in der Szene, die Isabelle und ihre Kollegen bei der Diskussion über die Probleme in der Fabrik und der Planung einer kollektiven Vorgehensweise zeigt. Manchmal verbinden sich Isabelles Stimme und ihre Lippenbewegungen. Doch kaum wird ein Versuch unternommen, die Worte einem der Redner zuzuweisen, so daß erneut die Rede »zwischen« den Anwesenden schwebt. In dieser Szene erhält das »Zwischen« einen neuen Wert. Es zeigt an, daß die Schwierigkeiten, die eine Figur in der Fabrik hat, kein individuelles Problem darstellen. Sie lassen sich auf alle Anwesenden, sogar auf den »Arbeiter« als universellen Typus, übertragen. Godard filmt dieses Diskussion daher in einer Weise, die uns davon abbringt, Probleme als Privateigentum zu betrachten. Hier gibt es keinen Besitz, sondern eher einen Sozialismus der Rede.

HF: Auch in Form von Zitaten kommt in dieser Szene der Sozialismus auf den Tisch. Zu Beginn der Versammlung zitieren alle Zeilen oder Titel, die sich zu revolutionären Parolen verdoppeln. Es ist der Großvater, der dieses Gruppenprojekt versehentlich mit seinem Spruch auslöst: »In der Regel haben die Armen recht.« Andere kommen mit »Die Kommune und die Frage der militärischen Bewaffnung«, »Worte, die die Welt erschüttern werden« oder »Die Armut, der Reichtum des Volkes«. In einer unheroischen Zeit wie dieser, in der die Arbeiter nichts zu gewinnen und nichts zu verlieren haben außer ihren Jobs, wird plötzlich die ganze Geschichte der sozialistischen Bewegung heraufbeschworen.

KS: Zu früheren Zeiten hätte die *Internationale* diese Debatte abgerundet. Heutzutage aber würde das, außer in einem Bertolucci-Film, als Ironie verstanden. Godard spielt statt dessen eine Musik, die nicht militant, sondern fromm klingt: Mozarts *Requiem*. Aber noch auf andere Weise lehrt diese Szene, daß die wahrhaft revolutionäre Ästhetik nicht im sozialistischen Realismus steckt, sondern in der Erhabenheit, mit der das Sakrale aus dem Alltäglichen herausgeschält wird. Wie schon die Rembrandt-Szene, ist auch dies eine Nachtszene – keine *Nachtwache*, sondern die »Nacht des Proletariats«.

HF: Als Isabelle mit ihrem Großvater spricht, schiebt sie die Hängelampe ein Stück hinauf. Als Wechselspiel von Licht und Schatten zeichnen sich die leichten Schwingungen der Lampe auf ihrem Gesicht ab. Später sieht man sie vor einer Stehlampe sitzen, deren Schein ihre Körperform als Silhouette umreißt. Gegen Ende der Szene rückt sie die Lampe näher zu sich heran, wobei ihr Gesicht erleuchtet wird. Dann schiebt sie das Licht ein Stück weiter hinab, worauf ihr Gesicht im Dunkeln verschwindet. Stets sieht man Isabelles Profil oder ihre Körperformen deutlich hervortreten. Seit einiger Zeit schon arbeitet Godard an der Kunst der Porträtkinematographie, die in ihrem Stil der Porträtmalerei eines Vermeer nicht unähnlich ist. Außerdem geht es auch wieder um die Kunstunterrichtsfrage: »Von woher kommt das Licht?«[7]

KS: Es ist natürlich aufschlußreich, daß sich *Passion* ausgerechnet in einer Szene, die ein politisches Treffen zum Inhalt hat, der Porträtkunst widmet. Vermeers Porträts eröffnen in der Regel Einblicke ins Privatleben. Diese Szene erkennt die Trennung von »öffentlich« und »privat« aber gar nicht an. Das Treffen findet in der Intimität von Isabelles Haus statt und muß solange aufgeschoben werden, bis ihr Großvater sein Nachtmahl beendet hat.

HF: Und dieser private Raum öffnet sich zur Welt hin. Das Thema Arbeiteraufstand findet man nicht nur in dieser und ähnlichen Szenen, bei denen es um den Konflikt zwischen Michel und seinen Arbeitern geht. Die Thematik ist dem Film auch durch verschiedene Hinweise auf Polen und die Solidarnosc-Bewegung eingeschrieben. Alle gehen immer davon aus, daß Jerzy auf seiten der Arbeiter steht, schon weil er Pole ist. Und obwohl er diese Erwartungen meist enttäuscht, führt er doch unbeabsichtigt den Begriff eines internationalen Proletariats in den Film ein und sorgt so für eine verschobene Präsenz jenes revolutionären Liedes, das man, wie Du schon sagtest, nicht mehr spielen kann. Manuelle fragt Jerzy, ob denn Polen schön sei, und er hält ihr entgegen: »Es ist überall schön.«

KS: Die Arbeiterszene läuft auf so etwas hinaus wie »private Öffentlichkeit« oder »gesellschaftliche Intimität«.

HF: Im Anschluß an die Einstellung, bei der Isabelle in ihrem Wohnzimmer die Stehlampe adjustiert, schneidet *Passion* auf einen Studioscheinwerfer auf Jerzys Set. Weiterhin hört man Mozarts *Requiem*. Begriffe, von denen man allgemein annimmt, daß sie sich ausschließen, werden auch hier wieder in ein fruchtbares Verhältnis zueinander gesetzt: industrielle und künstlerische Produktion. Gleichzeitig werden drei nachgestellte Goya-Gemälde gefilmt: die *Nackte Maya* (um 1800), *Der Schirm* (1777), und *Madrid, 3. Mai 1808: Erschießung am Berg des Prinzen Pius* (1814).

KS: Wie schon die Rembrandt-Szene wirft auch die Goya-Szene die Frage auf: »Was ist Kino?« Und wieder ist die Antwort: »bewegte Bilder«. Auf dem Gemälde *Der Schirm* sitzt eine Frau ruhig am Boden, mit einem Hund auf dem Schoß. Ein Diener hält einen Schirm, um sie damit vor der Sonne zu schützen. Jerzys Film läßt aus dieser Passivität eine Aktivität werden; er zeigt die Frau, die allein mit dem Schirm und ihrem Hund umherschlendert. Noch weitere Formen kinematographischer Bewegung werden in dieser Szene vorgeführt. Im Anschluß an die Großaufnahme der Studiolampe neigt sich die Kamera zu den Figuren von Goyas *Madrid, 3. Mai 1808* hinunter; dahinter sieht man Jerzys Kamera nach rechts fahren.

HF: Und wie bei der *Nachtwache* bringt uns die Kamera die nachgestellten Goya-Gemälde in Ansichten nahe, die dem Betrachter der Originale nicht zur Verfügung stehen und die außerdem die zweidimensionalen Figuren in die dritte Dimension versetzen. Wir *betreten* eher die Welt von Goya als in einer fixen Distanz zu ihr zu verharren. Für Godard, wie für Béla Balász, unterscheidet sich das Kino von anderen Künsten durch »die wechselnde Entfernung, das Detailbild, die Nahaufnahme, die wechselnde Einstellung [und den] Schnitt«.[8]

KS: Obwohl wir uns manchmal virtuell »innerhalb« der Bilder befinden, bleiben sie doch mysteriös und flüchtig. Jede neue Einstellung fördert an den Neuschöpfungen neue Aspekte zutage, schließt dafür aber andere Aspekte aus. Wir haben nie das Gefühl, die Bilder zur Gänze zu erfassen. Dementsprechend bewahren sie ihre Distanz oder Aura, auch wenn wir ihnen näher kommen, als das je bei den Originalen der Fall sein kann.[9] Nur ein einziges Bild gibt sich als zu-

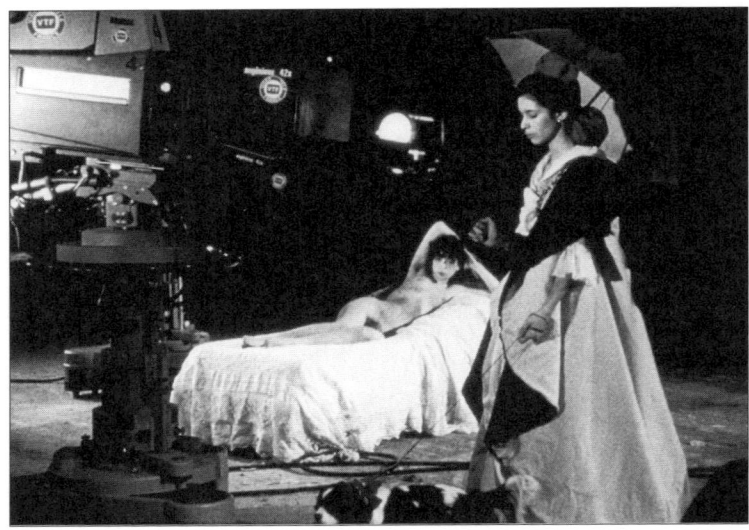

sammenhängendes Tableau preis: Goyas *Die Familie Karls IV.* (1800) am
Ende der Szene. Im Gegensatz zu den anderen Bildern ist es aber
überhaupt nicht erhaben, gerade weil die Kamera es uns erst in der
Totalen und dann in der extremen Totalen präsentiert.

HF: Ihrer visuellen Meisterung entziehen sich die nachgestellten
Goya-Gemälde auch noch auf anderem Wege: Sie lassen sich nie
begrenzen. Sieht man von *Die Familie Karls IV.* einmal ab, dann haben
die Bilder, die Jerzy filmt, keinen Rahmen. Sie durchdringen einander
gegenseitig. Die Frau mit dem Schirm läuft an der nackten Maja vorbei, und auch die Soldaten halten ihre Waffen so, als sei die Dame
eine *Flâneuse* aus dem neunzehnten Jahrhundert, die Soldaten aber
nichts weiter als ein interessanter Anblick, der ihre Augen während
eines nachmittäglichen Spaziergangs fesseln konnte.

KS: Als sei es wichtig, genau das zu betonen, reizt *Passion* eine
weitere Darstellungsmöglichkeit des Kinos aus. Der Film zeigt uns die
Szene fast ausschließlich aus der beweglichen Perspektive der Frau mit
dem Schirm. Damit kodiert *Passion* den Blick als weiblich – auch bei
einem Bild wie der *Nackten Maja*, das einen männlichen Betrachter
impliziert. Zum ersten Mal taucht hier die Geschlechterdifferenz als
eines jener Gegensatzpaare auf, deren Aufhebung *Passion* sich verschrieben hat. Mit der Inszenierung des Oxymoron »Eine Frau blickt«

zerstört diese Szene den konventionellen Gegensatz von männlichem Blick und Weiblichkeit als spektakulärem Anblick.[10]

HF: Jerzy bittet Sophie am Ende der Goya-Sequenz, sie solle der Crew mitteilen, daß Drehschluß ist. Sie wendet ein, daß er doch der Boß sei. Aber Jerzy meint: »Ich bin gar nichts, Sophie, überhaupt nichts ... Ich beobachte, wandle um, übertrage, ich glätte die scharfen Kanten – und das ist es auch schon.« In aller Deutlichkeit distanziert sich Jerzy von der künstlerischen Produktionsweise, der immer zugeschrieben wird, sie würde *ex nihilo* erfolgen. Ihm geht es weniger darum, neue Bilder hervorzuzaubern, als bestehenden Bildern eine neue Form abzuringen.[11]

KS: Sophie kann sich mit dieser Vorstellung nicht anfreunden, doch nicht etwa, weil sie einer mehr romantischen Kunstauffassung anhängt. Sie denkt, der Filmemacher müsse sich an gewisse Regeln halten, die er oder sie nicht einfach nach Gutdünken brechen kann. Jerzy entgegnet, daß es im Kino keine Regeln gebe.

HF: Denkt Jerzy das wirklich, oder will er sich nur nicht von einer übereifrigen Assistentin über Regeln belehren lassen? Godard selbst scheint sich innerhalb des Regelwerks zu bewegen: Die Kadrage seiner Bilder weiß sich mit den klassischen Regeln von Harmonie und Spannung in Einklang. Er ist sich bewußt, daß ohne sie keine »stimmigen« Bilder und Töne möglich sind.

KS: Ich glaube nicht, daß Godard stärker als Jerzy Regeln folgt. Die einzige Kunst, die dem Regisseur von *Passion* am Herzen liegt, ist die Kunst, starre Verhältnisse in Bewegung zu versetzen. Dabei ist es egal, ob diese Verhältnisse konzeptueller Natur (unsere binären Gegensatzpaare), Formen des Menschlichen oder Standpunkte und Blickweisen sind. Das In-Bewegung-Versetzen zeichnet per definitionem die filmische Produktion aus. Im Kino bewegen sich die Darsteller, die Kamera, und auch der Filmstreifen bewegt sich durch das Bildfenster des Projektors. Bis auf das erste kommt jedes Bild »von irgendwoher« und geht, vom letzten abgesehen, »irgendwohin« – zum nächsten Bild nämlich. *Passion* untersucht nicht nur ausführlich die Frage, was es heißt, etwas filmisch und nicht mit Leinwand und Farbe darzustellen, sondern benutzt das Kino auch als Metapher für eine »Passage« oder, einfacher gesagt, zur Übertragung. Dem Film geht es weniger um die Ankunft als den Aufbruch, weniger um das Ziel als den Weg. Im

Gegensatz dazu steht Sophie, so kann man sagen, für Ziel und Still-
stand: für das Ende.

HF: Bis jetzt haben wir über Einstellungen und Szenen gesprochen,
die in irgendeiner Weise erhaben sind. Die Szenen in der Ortschaft
sind dagegen ohne jedes Geheimnis. Sie zeigen uns Gebäude, die nichts
weiter sind als Nebenprodukte des letzten Industrialisierungsschubs
und bloß ein paar Jahre halten sollen: ein Parkplatz, ein Hotel und eine
Tankstelle. Diese Gebäude zielen weder auf den öffentlichen Blick,
noch bilden sie einen architektonischen Zusammenhang; sie haben
zur Mythologie des Urbanen nicht das geringste beizutragen. Natürlich kann man Tankstellen oder Parkplätze so photographieren, daß
sie dennoch symbolisch aufgeladen wirken, aber das versucht Godard
gar nicht. Er filmt diese Szenen ganz banal ab, vermutlich um den
Charakter des Alltäglichen zu treffen, aus dem das Erhabene hervorgeht. Vielleicht will er außerdem verdeutlichen, daß die Kunst im ausgehenden zwanzigsten Jahrhundert von der Fähigkeit lebt, einen
vorliegenden Text in neuer Gestalt reproduzieren zu können, ob
das nun Mozarts *Requiem* oder ein Gemälde von Ingres ist. Diese
Gebäude jedoch zeigen nicht nur kein Interesse an der Zukunft, sie
haben auch vergessen, was in der Vergangenheit war.

KS: Auch wenn ihr Anmutungswert gering ist, erfüllen die im Anschluß an den Rembrandt gezeigten Szenen dennoch eine thematische
Funktion. Sie veranschaulichen die für den Film zentrale libidinöse
Konstellation, die in ihrer Form umkehrbar ist: Sophie überrascht
ihren Freund Patrick im Auto, der gerade Magali küßt, ein Modell auf
dem Set. Hana frühstückt mit ihrem Gatten Michel, der sich über ihre
Neigung zu Jerzy beklagt. Auf der einen Seite steht ein Mann zwischen
zwei Frauen; auf der anderen Seite eine Frau zwischen zwei Männern.

HF: Eine weitere Szene im Hotel dient dazu, die zweite Trope kom-
positorisch und sprachlich auszuführen: Hana steht hinter der Theke
und redet mit Jerzy, der ihr rechts gegenüber sitzt. Michel tritt hinter
der Theke von links dazu. Hana befindet sich nun wörtlich wie bild-
lich in der Mitte.

KS: Doch die entscheidende libidinöse Konstellation ist das Bezie-
hungsgeflecht zwischen Jerzy, Hana und Isabelle. Jerzy steht nicht nur
zwischen diesen beiden Frauen, sondern auch zwischen Studio und
Fabrik oder Studio und Hotel.[12]

HF: In der Unterhaltung am Flipper zwischen Magali, Sophie und
Patrick wird eine weitere Antithese deutlich. Sophie beschwert sich,
daß ihr der Job in der Fabrik keinen Spaß macht. Patrick antwortet:
»Liebe ist eine Sache, Arbeit etwas anderes«, als wolle er damit sagen,
daß nur Liebe Spaß machen kann. Kaum auf dem Tisch, ist dieser
Gegensatz auch schon wieder abgetragen. Kurz nach ihrer Unterhaltung an der Theke laufen sich Jerzy und Hana außerhalb des Hotels
erneut über den Weg. Jerzy möchte, daß sie ihre »Arbeit« fortsetzen.
Hana entgegnet: »Es ist vielleicht eine Arbeit, sich auszuziehen, aber
es ist verdammt nah an der Liebe dran.« Einen Augenblick später
betont Jerzy die Unmöglichkeit, zwischen Liebe und Arbeit unterscheiden zu können. Von seiner Arbeit mit Hana zum Telephon gerufen, sagt er zum Produzenten: »Lieben, arbeiten, arbeiten, lieben …
zeig mir den Unterschied.«

KS: Die Arbeit, mit der sich Jerzy und Hana auf seinem Hotelzimmer
beschäftigen, hat keine Ähnlichkeiten mit der Studioarbeit. Es geht hier
um Video, nicht um Film, um einen kleinen Fernsehmonitor, und nicht
um das »teuerste Studio in Europa«. Ihre Arbeit ist eher privat als
öffentlich und hat mehr mit dem Anschauen als der Herstellung von
Bildern zu tun. Gemeinsam betrachten Jerzy und Hana ein Video. Es

zeigt Hana, die einer Aufnahme von Mozarts *Messe in c-Moll* lauscht und vorgibt, zu singen.

HF: Als ihr Jerzy das erste Mal vorschlägt, an die Arbeit zu gehen, gibt sie ihm eine sonderbare Antwort: Sie will sich nicht ausziehen. Wir vermuten zunächst, daß ihre gemeinsame Arbeit ähnlich zu der im Studio verläuft, wo von den Modellen erwartet wird, nackt vor der Kamera zu posieren. Als wir die beiden bei der Arbeit sehen, ist Hana allerdings bekleidet. »Sich ausziehen« ist eine metaphorische Umschreibung für eine andere Form der Bloßstellung – für Selbstanalyse oder Selbstkritik. Das Video anzuschauen kostet Jerzy und Hana vielleicht größere Anstrengungen, als die Herstellung verlangt hat. Mir kommt es vor, als sei die prüfende Anschauung des Materials immer das Schwierigste am Filmemachen.

KS: Diese Szene ist auch in Beziehung zu den umfassenderen Experimenten zu sehen, die *Passion* mit der asynchronen Rede anstellt. In dieser Szene sorgt Godard für eine »falsche« Synchronisation; er bindet Hanas Körper an die Stimme einer anderen Frau. Allerdings wird hier nicht Kohärenz angestrebt. *Passion* versucht, uns die Möglichkeit zu geben, den Mozart – das nur Hörbare und eigentlich Unsichtbare – zu sehen.[13] Der Transfer zwischen Sehsinn und Hörsinn ist ein entscheidender Teil des Godardschen Erhabenen, zugleich aber auch ein Spezifikum des Kinos an sich. Allerdings kann dieser Transfer erst dann zur Geltung kommen, wenn die Norm der Synchronisierung durchbrochen ist, wenn also die Heterogenität von Sehen und Hören außer Frage steht. Bis dahin sitzen wir der Illusion auf, daß die Beziehung zwischen Sehen und Hören die einer simplen Ergänzung ist.

HF: Hanas Schauspielerei, nicht anders als Jerzys Film, lebt stark von Zitaten oder »Wiedergaben«. Wie sie das immer tut, lehnt sich Schygulla an den Stil des deutschen Kinos der vierziger und fünfziger Jahre an. Leidensmienen, die Magda Schneider oder Paula Wessely vorgemacht haben, korrespondieren mit der Mozart-Messe.

KS: Nur auf der Basis einer Textvorlage läßt sich das Erhabene herausarbeiten. Paradoxerweise muß sich die Textvorlage außerdem dem Verstehen entziehen. Als sich Hana am Ende der Videoszene beschwert, sie habe keinen Schimmer, wie Jerzy sie zur dramatischen Musikbegleitung einsetzen möchte, entgegnet er: »Zieh doch daraus

Nutzen. Wenn der Satz noch keine Form gefunden hat, dann kannst
Du wirklich was sagen, dann kannst Du zu leben beginnen ... Vielleicht
ist Verstehen [comprendre] gar nicht so hilfreich; es genügt, die
Situation anzunehmen [prendre].« Eine Sache über den Weg des
Verstehens zu reproduzieren heißt, sich ihren Konventionen oder
Regeln zu fügen. Es heißt, die Grenzen zu akzeptieren, die der Text mit
Hilfe seiner Darstellungsordnung und der sie strukturierenden Anti-
thesen errichtet. »Annehmen« heißt dagegen, der Integrität des Textes
in bestimmter Hinsicht Gewalt anzutun. Es heißt zuzulassen, daß sich
Begriffe, die eigentlich Gegensätze darstellen, miteinander verbünden
oder daß Sätze und Gegensätze auseinander hervorgehen.

HF: Zwischen dieser Szene und den Studioszenen gibt es noch
weitere Unterschiede. Hana wird in Jerzys Hotelzimmer in ganz
anderer Weise gefilmt als die weiblichen Modelle im Set: nicht von
hinten, sondern in individualisierender Großaufnahme.

KS: Zudem tritt Hana nicht als Spektakel, sondern als Zuschauerin in
Erscheinung, während man Jerzy auf dem Fernsehmonitor beobachten kann. Der wichtigste männliche Zuschauer des Films gerät hier
zum ersten Mal in die Rolle eines diegetischen Blickobjekts. Wie schon
Arbeit und Liebe werden männlich und weiblich als »dasselbe« gezeigt. Um diesen Gegensatz aufzubrechen, bedient sich Godard hier
zum zweiten Mal der Analogie, und nicht der Figur des Oxymoron
oder der Übertragung. An der Ähnlichkeit von männlich und weiblich
ist allerdings nichts erhaben. Die Analogie markiert nämlich nicht den
Ort, an dem sich die Gegensätze treffen, sondern wo sie verschwinden. Von dieser Trope wird sich *Passion* später klar distanzieren.

HF: Die Hotelszene bildet zusammen mit zwei anderen Szenen eine
Einheit: Die eine Szene beginnt damit, daß Isabelle und zwei ihrer
Arbeitskolleginnen Michel daran hindern wollen, auf den Fabrikhof zu
fahren. Die andere Szene zeigt eine sehr sinnliche Nachstellung von
Ingres' *Die kleine Badende* (1826). Godard schneidet zwischen Fabrik,
Hotel und Studio hin und her und betont so die Notwendigkeit, diese
Orte in ihrem Verhältnis zueinander zu betrachten. Daneben setzt er
Figuren, die wir mit einem dieser Orte verbinden, in ein anderes
Bezugsfeld – Jerzy in Hanas Hotel und Sophie in Michels Fabrik. Die
Fabrikszene gibt sich wie eine kleine Allegorie über den Klassenkampf.
Isabelle, Repräsentantin der »Arbeit«, kämpft mit Michel, dem Ver-
treter des »Kapitals«, und der Polizei, dessen Handlangern.

KS: Sophie, die gerade nach neuen Modellen Ausschau hält, wird am Ende der Fabrikszene von Isabelle gefragt, warum man in Film und Fernsehen nie Menschen bei der Arbeit gezeigt bekommt. Auf Sophies Antwort, es sei verboten, in Fabriken zu filmen, erwidert Isabelle: »Dann hatte ich also recht ... Im Grunde ist die Arbeit das gleiche wie die Lust. Es sind dieselben Gesten wie bei der Liebe. Nicht unbedingt dieselbe Geschwindigkeit, aber dieselben Gesten.« Während sie spricht, schneidet *Passion* ins Studio, und man bemerkt, daß auch dort der Gegensatz von Arbeit und Liebe, zivilisatorischem Fortschritt und persönlicher Lustbefriedigung subvertiert wird.[14]

HF: Diesen Gegensatz kann Godard unterlaufen, indem er die erotische Aufladung, die das Ingres-Gemälde ohnehin schon hat, noch steigert. Das schärft im Gegenzug den Begriff »Arbeit«. Auf dem ursprünglichen Bild sitzt eine Frau an einem Becken auf einem Stuhl. Ihren nackten Rücken hat sie dem Betrachter zugewandt. Ihr Körper ist nach links gedreht; den Kopf aber wendet sie nach rechts. Sie trägt einen rot-weißen Turban und hält ein weißes Tuch um ihren linken Arm geschlungen. In der Ferne kann man fünf weitere badende Frauen erkennen, einige von ihnen nackt. Godard beschränkt die Zahl der Nebendarstellerinnen auf vier, die sich alle an einem Wasserbecken räkeln. Zwei dieser Frauen tragen orientalische Kostüme, und zwei sind nackt. Die eine nackte Frau kämmt der anderen das Haar.[15]

KS: Ja, bei *Passion* bilden Libido und Gesten die Grundlage der Analogie zwischen Liebe und Arbeit. Bei Freud hätte diese Ähnlichkeit gleich wieder dem Gegensatz zu weichen, schließlich gilt Arbeit als kalte oder sublimierte Form des Eros, während Liebe als heiß oder unsublimiert angesehen wird.[16] Doch *Passion* weist diese Unterscheidung zurück. Auf dem Set von Jerzys Film wird nicht sublimiert.

HF: Mich enttäuscht, daß Godard die Ähnlichkeit zwischen Arbeit und Liebesgesten am Beispiel des rekonstruierten Ingres erläutert, und nicht in der Fabrik. Es ist doch schade, daß es ihm nicht gelingt, seine Vorstellungen nicht am Beispiel der Maschinenarbeit zu erläutern, sondern daß er dazu nackte Frauen braucht. Zwar attackiert er die ewigen Vorurteile über das Filmen innerhalb von Industrieanlagen, doch er bestätigt diese Vorurteile gleich wieder.

KS: Kann sein, daß Godard mit dieser Szene nicht viel dazu beiträgt, wie man die Fabrikarbeit zur Darstellung bringt. Dennoch zeigt er uns

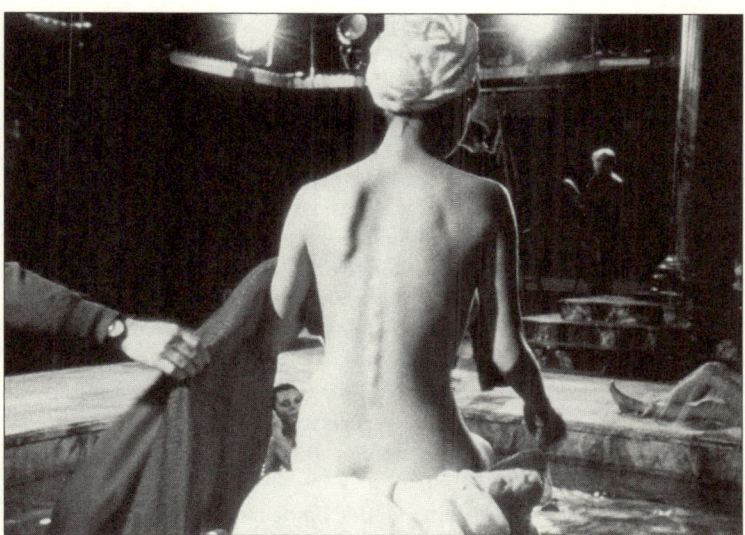

mehr als bloß nackte Frauen. Das wird klar, wenn wir all die Veränderungen berücksichtigen, die er an der *Kleinen Badenden* vornimmt. Außer den Modifikationen, die Du bereits erwähnt hast, ist der Turban der Badenden jetzt weiß und das Tuch rot. Er ändert auch ihre Sitzposition. Außerdem zeigt er uns mehr als nur die imaginäre Szenerie, die die Vorlage zum Gemälde hätte abgeben können. Er begleitet auch den Weg der Badenden von der Szene in die Malerei. Sie geht auf den vorbereiteten Stuhl zu, ihr wird der Bademantel abgenommen, sie setzt sich ganz zeremoniell nieder und streckt ihren Arm nach dem Tuch aus, das sie halten wird. Erneut geht es um eine Frau, die sich *bewegt*.

HF: Als wir Jerzy das nächste Mal im Filmstudio antreffen, scheint er immer noch ganz in Gedanken über das Verhältnis von Bild und Ton. Er trifft Vorbereitungen, damit ein nacktes Modell im Wasser »einen Stern machen« kann, im selben Becken, das zuvor in der Ingres-Szene verwendet wurde. Noch bevor er sich dem Modell zuwendet, bittet er den Tontechniker, eine andere Stelle aus dem *Requiem* von Mozart zu spielen. Sobald er eine Vorstellung entwickelt hat, wie die Szene, in der das Mädchen im Becken treibt, auszusehen hat, bittet er den Tontechniker, die Musik abzudrehen. Damit wird klar, daß er durch das *Requiem* hindurch zu »hören« versuchte, was er sonst lediglich gesehen hätte. Ähnlich wie bei der Videoszene, die uns die Möglich-

keit gab, Musik zu sehen, verhelfen uns die Szenen in Jerzys Studio
dazu, Rembrandt, Goya und Ingres zu hören.

KS: Als Jerzy von Laszlo gefragt wird, worauf er schaut, antwortet
dieser nicht etwa: »Eine nackte Frau«, sondern »Die Weltwunde« [La
Blessure Universelle]. Es ist ziemlich riskant, den Begriff Wunde und
den weiblichen Körper in dieser Weise zusammenzubringen, zumal in
einem Film, der sich einer Neufassung der Geschlechterdifferenz
verschrieben hat. Daran kann auch das Attribut »Welt« nicht viel
ändern. Doch Godard ist hier überaus vorsichtig. Als wüßte er, daß
etwas zu sehen im Kino zumeist gleichbedeutend ist mit etwas zu
glauben, hindert er uns, »Wunde« in der üblichen Weise zu sehen.[17]
Er insistiert statt dessen auf der metaphorischen Bedeutung. Zwar
schaut Jerzy in Richtung der gespreizten Beine des Modells, die
Kamera aber verbleibt diskret auf der anderen Beckenseite.

HF: Laszlo läßt sich neben Jerzy nieder. Beide blicken weg vom Becken;
sie betrachten ein Modell von Konstantinopel, das für ein weiteres Bild
als Kulisse gebraucht wird. Die beiden Hälften des Himmelprospekts
sind geöffnet und lassen zum ersten Mal natürliches Licht in das Studio fallen. Unmerklich mischt sich das Tageslicht mit dem Kunstlicht
des Studios. An diesem Oxymoron scheitert die Sprache.

KS: Jerzy weist einen Techniker an, die komplette Studiobeleuchtung
abzudrehen und die Öffnung zwischen den Dachhälften auf einen
Schlitz zu reduzieren. Jetzt tritt der Kontrast zwischen Studio und
Außenwelt deutlich hervor; das Ganze wird zu einer Angelegenheit
von Schwarz und Weiß. Mit dem anschließenden Gespräch zwischen
Laszlo und Jerzy erschließt *Passion* das »Zwischen«:
   Laszlo: Na ja, ich sehe den Tag, die Nacht …
   Jerzy: Es ist wie … diese beiden Frauen, Hana und Isabelle, die eine
   geöffnet, die andere geschlossen … Ich stehe zwischen ihnen, ich
   suche.
   Laszlo: Aber alle suchen doch, die ganze Welt steht zwischen den
   Zweien!
   Jerzy: Ja, Du hast vollkommen recht, ich bin wie alle anderen.
Hier zeigt sich ganz deutlich, daß in *Passion* das »Zwischen« mehr ist
als eine Schlüsselmetapher. Es dient dazu, die Beziehung zwischen
Begriffen, die allgemein als Gegensätze gelten, neu zu fassen.
Wir haben schon gesehen, daß »Zwischen« sowohl die männlichen
als auch die weiblichen Figuren im Film charakterisiert und damit die

Geschlechterdifferenz umgeht. Auch die Rede wird in *Passion* als Ereignis charakterisiert, das sich zwischen einem Redner und einem Zuhörer abspielt. In dieser Szene aber wird das »Zwischen« in einer Weise verallgemeinert, die über die Dreiecksituation hinausgeht, in der sich Hana und Jerzy wiederfinden. Der Begriff leistet auch mehr, als bloß den Austausch im Gespräch abzubilden. »Zwischen« bezeichnet jetzt »das Intervall« zwischen antagonistischen Begriffen — eine Position, die jeder Mensch besetzt.[18] Damit ist aber nicht gemeint, daß Gegensätze solange vermittelt werden, bis sie nicht mehr kenntlich sind. Es geht vielmehr um die Möglichkeit, aus dem Schwarzen »zu kommen« und in das Weiß »zu gehen«. Anders als das Oxymoron wie auch die Ähnlichkeit bewahrt »daherkommen« und »dahingehen« die Unterschiede. Kurz, einfach aufgrund seines oder ihres »Zwischen« demonstriert jeder Mensch die *Kontinuität* zwischen unterschiedlichen Begriffen und richtet somit die Binarität zugrunde. Wir alle haben die Fähigkeit, täglich zwischen Himmel- und Erdenreich, zwischen der Sphäre des Erhabenen und der des Alltäglichen, zwischen Fiktion und Dokument hin- und herzuwechseln. Jeder Begriff eines Gegensatzpaares läßt sich aus dem anderen herleiten.

HF: Ein anderer Fall von »Zwischen« zeigt sich bei der Rekonstruktion eines Gemäldes von Delacroix, dem *Einzug der Kreuzfahrer in Konstantinopel* (1840). Hier sehen wir einige Kreuzfahrer mit halbnackten weiblichen Gefangenen und andere, die auf ihren Pferden durch das Modell von Konstantinopel reiten. Am Rand des Geschehens, doch noch innerhalb des Bühnenaufbaus, liest Patrick seiner Tochter aus einem Buch vor: »[Delacroix] malte zuerst Krieger, dann Heilige; später wechselte er zu Liebespaaren, schließlich zu Tigern. Am Ende seines Lebens malte er Blumen.« Die Evolution, die Patrick beschreibt, verläuft vom Erhabenen des Krieges zur Alltäglichkeit der Blumen. Denselben Übergang vollzieht auch *Passion*. Als Patrick zu Ende vorgelesen hat, schneidet der Film in ein Gewächshaus. Doch Patrick und seine Tochter gehören weder dem Erhabenen noch dem Alltäglichen an — oder besser gesagt, sie gehören in beide Sphären zugleich.

KS: Bei Delacroix' *Einzug der Kreuzfahrer in Konstantinopel* gestattet sich *Passion* die meisten Freiheiten. Auf dem Original hat eine Gruppe von Kreuzfahrern zu Pferde unmittelbar vor einer Ansammlung von fünf zerlumpten Stadtbewohnern haltgemacht: einem älteren Mann, der inständig um Gnade bittet; einer Frau, die neben ihm kniet und

sich zusammen mit ihrem Kind an seinem Gewand festklammert;
und einer halbbekleideten Frau, die sich schützend über den ohn-
mächtigen Körper einer anderen beugt. Die Pferde kauen an der
Trense; gleich wird die Reiterschar weiterziehen. Im Hintergrund, in
einiger Entfernung von dem Hügel, wo die Szene spielt, erstreckt sich
die Stadt. Wie bei Ingres' *Kleine Badende* zeigt *Passion* so etwas wie
das Entstehen dieses Bildes.

HF: Für das Bildthema gibt es in der westlichen Kunstgeschichte zahllose Beispiele. Eroberer zu Pferde ziehen durch die Straßen der Stadt
und entführen gewaltsam nackte Jungfrauen. Die Szene ist eine Zu-
spitzung des konventionellen Geschlechterverhältnisses. Im Originalbild liegen die Gebäude Konstantinopels weit im Hintergrund und erscheinen dementsprechend verkleinert. So sieht man es dann auch in
der filmischen Nachstellung des Gemäldes. In der Szene aber, bei der
die Nachstellung noch vorbereitet wird und in der die Kreuzfahrer
durch die Straßen reiten und sich die fliehenden Frauen schnappen,
stehen diese winzigen Gebäude im Bildvordergrund. Das wirft ein
komisches Licht auf die Inszenierung männlicher Gewalt.

KS: Von einem der Gebäude und einer hingestreckten weiblichen
Figur fährt die Kamera zu dem älteren Mann mit Frau und Kind. Er
gestikuliert, so wie auf dem Delacroix-Bild, zu den Kreuzfahrern
gewandt, doch seine Geste hat hier eine neue Bedeutung bekommen.
Sie ist nicht länger Heischen um Mitleid, sondern Warnung an die
Reiter, nicht näher zu kommen. Die Kreuzfahrer machen halt, als sich
eine Plattform langsam von oben vor ihnen senkt. Sie trägt *Passions*
Version der Gruppe, die sich in der rechten unteren Bildecke des
Delacroix befindet: eine Frau, gebeugt über eine andere, die in ihrem
Schoß liegt. Was bis dahin Mitleid erwecken mochte, erregt jetzt
allerdings Ehrfurcht. Die beiden weiblichen Figuren wurden von hilf-
losen Opfern männlicher Gewalt und Lust in ein Schauspiel unan-
tastbarer, mehr himmlischer als irdischer Schönheit verwandelt. Von
den Gesichtern der Kreuzfahrer läßt sich jenes Gefühl ablesen, von
dem Luce Irigaray meint, daß es in den Beziehungen zwischen Männern
und Frauen vorherrschen sollte: Staunen.[19]

HF: Es scheint, als hätte uns Godard nicht nur gezeigt, was rechts von
der Familiengruppe vor sich geht — was der Bildrand sozusagen ab-
schneidet —, sondern auch, was über ihr ist: das Himmlische. Er zieht
in das Bild eine Achse ein, für die es in Delacroix' Gemälde keinen

Hinweis gibt: die Vertikale. Er demonstriert auch die Überlappungen zwischen zwei Bereichen, die in *Passion* anfangs Gegensätze bilden: das Himmlische und das Irdische.

KS: In der weiblichen Gestalt kommen diese beiden Begriffe zusammen. Der (unsichtbare) Übergang von der Erde zum Himmel vollzieht sich mittels der kinematographischen Übersetzung der zwei als sterblich ausgewiesenen Frauen in erhabene Gestalten, die nun von oben herabschweben. Obwohl Jerzy behauptet, daß jeder »Zwischen« sei, scheint sich das beim weiblichen Subjekt deutlicher zu zeigen als beim männlichen.

HF: Das »Zwischen« erscheint auch in einer nachfolgenden Szene als weiblich kodiert. Hier reden Jerzy und Laszlo miteinander in Jerzys Hotelzimmer. Auf dem Bildschirm sieht man ein Video mit der sprechenden Hana. Nach Beendigung eines Telephongesprächs berichtet Laszlo: »Sie wollen eine Geschichte.« Als Antwort weist Jerzy auf das Bild von Hana und sagt: »Schau mal, sie wäre gut für den Rubens; da gibt es Geschichten *und* Licht.« Hana bildet somit den Treffpunkt für Begriffe, die bis dahin als unüberwindbare Gegensätze galten.

KS: Laszlo entgeht die Bedeutung von Jerzys Äußerung. Statt dessen rät er Jerzy, Hana zu vergessen, woraufhin sich Jerzy hilfesuchend dem Bildschirm zuwendet. »Ich vergesse Dich, ich vergesse Dich,« murmelt er, »vergiß Du mich aber nicht.« Während er spricht, stellt er mehrmals Hanas Bild still.

HF: Indem er den Fluß der Videobilder unterbricht, verhält sich Jerzy genau im Gegensatz zu seinem Vorgehen auf dem Filmset: Statt das Unbelebte und Zeitlose zu beleben und zu verzeitlichen, fixiert und entzeitlicht er die Bewegungsbilder. Dieser Akt kommt einer Mortifikation Hanas gleich; er zeigt das Gerippe unter ihrem Fleisch.

KS: Jerzy hat keinen Erfolg. Das Ende des Films verrät uns, daß es ihm nicht gelingt, Hana zu vergessen, und daß sich sein Todestrieb gegen ihn selbst richten wird. Bei der Tankstellenszene zu Anfang des Films, wo alle Figuren zusammenkommen, sagt Jerzy, daß er nach einer Schnittwunde sucht. Diese Bemerkung bleibt unverständlich, bis er auf die »Weltwunde« blickt. In der Rückschau wird uns klar: Jerzy sucht nach einem gemeinsamen Nenner, der ihn mit seinem scheinbaren Gegensatz, mit Frauen, in Beziehung setzt. Was er suchte, findet er

völlig unerwartet im Verlauf der Küchenszene, als er mit Manuelle,
dem Hausmädchen, spricht. Nach einer Reihe slapstickhafter Miß-
geschicke verwundet ihn schließlich das Messer, das Manuelle spaßes-
halber erst gegen sich und dann gegen ihn gerichtet hatte. »Ver-
wundetsein« wird damit zu einer ebenso griffigen Definition von
Männlichkeit wie von Weiblichkeit – und damit tatsächlich universell.
Einmal mehr wird die Geschlechterdifferenz in einer Analogie ausgelöscht.

HF: Die nächste Szene beginnt in Isabelles Küche. Jerzy ist offenbar
gekommen, um sich zu verabschieden; er hat beschlossen, sein Film-
projekt abzubrechen und nach Polen zurückzukehren. Auf dem
Höhepunkt der Szene fragt er sie, ob sie die Arbeit liebe. Als sie bejaht, bohrt er weiter: »Wenn Du sagst, Du liebst die Arbeit, kommt
[die Arbeit] ›lieben‹ dann von ›Liebe‹?« »Es kommt nicht davon,«
antwortet ihm Isabelle, »sondern dahin geht es.« »Na dann, Isabelle,«
fordert Jerzy sie auf, »laß uns gehen.« In einem Akt kinematographischer Realisierung jener Trope, die im Mittelpunkt ihres Gesprächs
steht, zeigt der Film abwechselnd Bilder aus dem Filmstudio und die
beiden im Schlafzimmer.

KS: Von Isabelle ließe sich sagen, daß sie zweimal »dahin«, nämlich in
Richtung Liebe geht. Nachdem Jerzy und sie aus der Küche in das oben
gelegene Schlafzimmer gewechselt sind, muß sie wieder hinunter-
gehen, um sich erst um Hana und dann um Michel zu kümmern.
Passion setzt allerdings nicht ins Bild, wie sie nach dieser Unterbrechung wieder hinaufsteigt.

HF: Als sich Isabelle das zweite Mal in Richtung Schlafzimmer auf-
macht, zeigt *Passion* Jerzys Studio, wo einer nackten Frau auf eine
Plattform geholfen wird, von der sie dann hinuntersteigt, um eine
noch höher gelegene Plattform zu erreichen. Zwischen dem Hinab-
und Höherhinaufsteigen hält die Frau einen Moment inne – so als
warte sie auf die Musik, Faurés *Requiem*, damit diese ihre Bewegungen begleiten und ihre Entblößung bedecken könne. Nachdem sie
die zweite Plattform erreicht hat, wechselt die Kamera zurück in die
Küche, wo Jerzy gleich sagen wird: »Na dann, Isabelle, laß uns [nach
oben] gehen.« Die Frau steigt also in Vorwegnahme von Isabelles Gang
ins Schlafzimmer die Treppe hinauf. Im weiteren wird diese Frau ihren
Platz in einer rekonstruierten Version von El Grecos *Mariä Himmelfahrt* (1608-1613) einnehmen. Das Prinzip der Nacktheit, das eigent-

lich zur profanen Liebe zählt, verschafft sich in der nachgestellten *Himmelfahrt* Geltung, und nicht in der körperlichen Vereinigung von Isabelle und Jerzy.

KS: Wiederholt versetzt diese Sequenz Elemente, die zur *Himmelfahrt* gehören, in Isabelles Schlafzimmer und Elemente, die zur Sexszene gehören, in die biblische Szene. So ist *Passion* beispielsweise eifrig darum bemüht, nicht etwa die Jungfräulichkeit der Mutter Gottes, sondern die Isabelles herauszustellen; unbefleckte Empfängnis vermutet man eher in Isabelles Schlafzimmer als auf dem Set von Jerzys Film. Dazu kommt noch, daß Isabelle und Jerzy vor dem Geschlechtsverkehr das Agnus Dei hersagen und damit den heiligen Charakter der nachfolgenden Handlungen untermauern. So wie sich in der Szene am Wasserbecken natürliches Licht und Kunstlicht gepaart haben, so durchdringen sich hier fleischliche und göttliche Liebe. Das Ergebnis ist so etwas wie »heilige Fleischlichkeit«.

HF: Dieses Oxymoron ist wohl das skandalöseste im ganzen Film. Verschärft wird es noch durch Jerzys Anregung, Isabelle nicht vaginal, sondern anal zu beschlafen, so daß »keine Spuren« bleiben – durch seinen Vorschlag mithin, die urbefleckte Empfängnis auf die »dreckigste« aller erdenklichen Weisen zu zelebrieren.

KS: Dieser Vorschlag scheint wie ein weiterer Schritt in Richtung Auslöschung der Begriffe männlich und weiblich. Den Anus haben Männer und Frauen gemein; er ist jene Schnittstelle des Körpers, wo die Gegensätze der Ähnlichkeit weichen. Man könnte ihn glatt als »Weltwunde« bezeichnen.[20] Kurz nachdem Jerzy seinen Vorschlag gemacht hat, geschieht allerdings etwas Außerordentliches. Auf unmißverständliche Weise distanziert sich Godard von der Analogie als möglicher Trope, mit der sich der Gegensatz männlich/weiblich aushebeln ließe, und besteht auf die Spezifität des weiblichen Körpers. Die Kamera zeigt *Mariä Himmelfahrt*, als Jerzy aus dem Off vermeldet: »Nein, so geht es nicht. Das ist nicht der richtige Weg. Ich muß weiter nach der Öffnung suchen.«

HF: Vielleicht muß die Suche weitergehen, weil die Geschlechterdifferenz grundsätzlicher ist als jeder andere herkömmliche Gegensatz. Identifiziert man einen isolierten Aspekt, der Männer und Frauen verbindet, dann birgt das die Gefahr, daß jene Antinomien verschüttet werden, die unser Denken sonst strukturieren.

KS: Oder es entspricht einfach nicht der Absicht von Godard, die Geschlechtsidentität [gender] einzuebnen. Eher scheint es, als liefe sein Projekt auch in diesem Punkt auf Entbinarisierung hinaus, nicht aber auf die vollständige Preisgabe der Differenz. Es könnte sogar sein, daß Godard die Unterscheidung von männlich und weiblich aufrechterhalten muß, um all die anderen Gegensatzpaare aus *Passion* aufbrechen zu können. Wie wir gesehen haben, ist »Frau« der bevorzugte Topos, wenn Antinomien verschmolzen werden, egal ob es um Erzählung und Licht, Himmlisches und Irdisches oder, wie hier, um heilige und profane Liebe geht.

HF: Von der Hinzufügung der nackten Frau einmal abgesehen, nimmt Godard an El Grecos *Mariä Himmelfahrt* nicht so viele Änderungen vor wie an Ingres' *Kleine Badende* oder Delacroix' *Einzug der Kreuzfahrer in Konstantinopel*. Das Original hat schon von sich aus zwei Merkmale aufzuweisen, die dem Projekt Godards entgegenkommen. Zum einen verfügt das Bild über eine extrem vertikale Ausrichtung, etwas, das Godard dem Delacroix erst selbst hatte geben müssen. Die Vertikalität betont den Zug des Irdischen in Richtung Himmel. Der Körper der Jungfrau Maria ist derart gedehnt, daß ihr Kopf beinahe an die Sonne reicht. Auch das Thema der Malerei entspricht unmittelbar Godards Zwecken; es impliziert bereits weibliche Bewegung:

Marias Fahrt in den Himmel. Godard ist darauf erpicht, in seiner kinematographischen Aneignung genau diese beiden Merkmale des Originals herauszuarbeiten.

KS: Ein Kunsthistoriker beschreibt El Grecos *Mariä Himmelfahrt* interessanterweise als »Himmelfahrt ohne Ende«[21]; die Jungfrau steigt immer höher, erreicht aber, ähnlich den Figuren in Godards Film, nie ihr Ziel. Es ist auch aufschlußreich, daß einige Kunsthistoriker das Bild für eine Verkündigung halten.[22] Offenbar ist schon beim Original unentschieden, ob sich die himmlische Sphäre nun eigentlich der irdenen zuwendet, oder ob es sich umgekehrt verhält. Aus dieser Zweideutigkeit zieht *Passion* Nutzen, indem der Film auf den Aufstieg gen Himmel und die unbefleckte Empfängnis zugleich verweist.

HF: Das Gemälde zeigt schließlich zwei Engel mit Musikinstrumenten. Vielleicht kam Godard hier die Idee, *Passion* solle es uns ermöglichen, Malerei zu hören und Töne zu sehen.

KS: Am Ende des Films sucht Hana auf einer verschneiten Wiese nach Jerzy. Unter dem Schnee kann man das Gras erkennen; Winter und Sommer bestehen nebeneinander. Das ist nicht das einzige sichtbare Oxymoron: Ein altes Segelschiff mit Akteuren, die in Kostümen des achtzehnten Jahrhunderts stecken, taucht zusammen mit einem Traktor auf. Hier kreuzen sich historische Epochen mit dem Industriezeitalter; zugleich fungiert die Erde als Meer.

HF: Auf der Wiese wird ein letztes Meisterwerk nachgestellt: Watteaus *Einschiffung nach Kythera* (1719).[23] Jetzt aber sind das Studio und die Welt vollständig ineinander verwoben. Die Kostüme und Requisiten, eigentlich für Kunstlicht gedacht, sind von Sonnenlicht beschienen.

KS: Auf dem Originalbild bereitet sich eine Gruppe von Liebenden auf die Abfahrt nach Kythera, der griechischen Insel der Liebe, vor. Eine Statue der dort regierenden Gottheit, Aphrodite, steht am äußersten rechten Bildrand, während man am linken ein Schiff mit rötlichen Segeln erkennt. Die idyllische Landschaft mit den tändelnden Grüppchen legt wiederum nahe, daß diese ihr Ziel längst erreicht haben.[24]

HF: In seiner Nachstellung der *Einschiffung nach Kythera* behält Godard nur das Schiff bei, dessen Segel rot gefärbt sind, sowie einige der

menschlichen Figuren. Sie finden sich aber weniger zu konventionellen Gruppierungen zusammen. Auch gibt er der herausgehobenen
Einzelfigur Hana, die er dem Bild einfügt, jede Menge Raum.

KS: Hana läuft über die Wiese und sucht nach Jerzy, wodurch sie dem
Gesamtbild stärker den Charakter des Suchens und unbefriedigten
Begehrens aufdrückt. Wie die *Flâneuse* in der Goya-Sequenz, deren
Schirm sie sich ausgeborgt zu haben scheint, läßt Hana auf ihrem
Weg den Blick über die Szenerie streifen. Wieder erscheinen Blick
und Bewegung weiblich kodiert.

HF: Bald wird es zu einer buchstäblichen Einschiffung kommen. Drei
der Liebenden im Film werden sich auf den Weg zu ihrer Liebesinsel
machen: nach Polen. Es gab eine Zeit, da träumten die Bewohner Polens
von der Auswanderung nach Amerika. Jetzt zieht es nur Laszlo ins Land
des Lichts à la Sternberg. Für die anderen Hauptfiguren ist Polen das
neue Amerika geworden. Manuelle und Jerzy werden auf einem fliegenden Teppich dorthin entschweben, oder vielleicht, wie einst die
pilgrim fathers, im Segelschiff. Hana und Isabelle greifen auf ein kon-
ventionelleres Transportmittel zurück – Isabelles Auto. Sie reisen zusammen, im Bewußtsein dessen, was »zwischen« ihnen steht.

KS: Bewegung ist die vordringlichste Metapher in den Schlußszenen
des Films. Zum Schiff und der laufenden Hana kommen noch zwei
Autos und ein Flugzeug, allesamt in Bewegung. Und zur Erinnerung,
warum das Kino dem Erhabenen des ausgehenden zwanzigsten Jahrhunderts am meisten entspricht, ist auch die Kamera übertrieben be-
weglich. In der Himmelfahrtszene fährt sie an der Gruppe von Jungfrau und Engeln wiederholt auf und ab. Sie leistet die formale
Einschreibung der zweifachen Bedeutung, die im Originalbild angelegt
ist. In der Wiesenszene fährt die Kamera in der Horizontalen weit
nach links, dann wieder zurück nach rechts. Einmal mehr hebt Godard
das »trans-« seiner textuellen Transformationen heraus.

HF: In den Schlußmomenten von *Passion* tragen sich einige Wunder
zu, und das mitten im Alltagsgeschehen. Sieht man von der verzau-
berten Wiese einmal ab, dann sehen wir in den letzten Filmszenen
nichts weiter als einen unauffälligen Flughafen, eine gewöhnliche Landstraße und ein Auto mit Schneeketten. Wir verstehen jetzt aber, daß
diese alltägliche Landschaft selbst gen Himmel führt. Vielleicht ist
Polen der Schauplatz der nächsten Verkündigung.

1 Godard meinte einmal, das eigentliche Thema vor Passion sei »liaison«. Vgl. Jean-Louis Leutrat, Des traces qui nous ressemblent, Bodoni 1990, S. 60. Marc Cerisuolo vertritt eine ähnliche Ansicht, in: ders., Jean-Luc Godard, Paris 1989, S. 207.

2 Wie es Peter Wollen formuliert: »... in Passion bewegt sich ... der Blick. Und er bewegt sich nicht einfach nur durch den Raum jenseits der Tableaux, sondern in sie hinein und in ihnen.« Peter Wollen, »Passion I«, in: Framework Nr. 21, 1983, S. 4.

3 Auf dem Originalgemälde befindet sich hinter dem ersten Mädchen noch ein weiteres, das aber nur schwer auszumachen ist. Es ist ähnlich gekleidet.

4 Vgl. J.-L. Leutrat, Des traces qui nous ressemblent, zit. Anm. I, S. 28.

5 Die Textzitate aus Passion sind nach dem in L'Avant Scène-Cinéma, Nr. 380 (1989) erschienenen Skript übersetzt.

6 J.-L. Leutrat vertritt einen ähnlichen Standpunkt (vgl. ders., Des traces qui nous ressemblent, zit. Anm. I, S. 16). Sophies Text stammt von Eugene Fromentin, Maîtres d'autrefois, Paris 1965, S. 317.

7 Auch J.-L. Leutrat bemerkt die vermeerhaften Qualitäten dieser Szene. Siehe Des traces qui nous ressemblent, zit. Anm. I, S 27.

8 Béla Balász, Der Film. Werden und Wesen einer neuen Kunst, aus dem Ungarischen von Alexander Sacher-Masoch, Wien 1972, S. 36.

9 In diesem Sinne definiert Walter Benjamin in seinem Aufsatz »Das Kunstwerk im Zeitalter seiner technischen Reproduzierbarkeit« die Aura als »einmalige Erscheinung einer Ferne, so nah sie sein mag« (in: ders., Gesammelte Schriften, hg. von Rolf Tiedemann und Hermann Schweppenhäuser, Frankfurt a. M. 1991, Bd. I/2, S. 479). Für Benjamin ist das Kino seiner Definition nach antiauratisch. Kaja Silverman vertritt eine gegenteilige Auffassung, vgl. dies., The Threshold of the Visible World, New York 1996, S. 83-104.

10 Laura Mulvey war die erste, die gezeigt hat, daß im Hollywoodkino die Männer schauen, während die Frauen beschaut werden. Vgl. dies., »Visuelle Lust und narratives Kino«[1973-75], aus dem Englischen von Karola Gramann, in: G. Nabakowski, H. Sander und P. Gorsen (Hg.), Frauen in der Kunst, I. Band, Frankfurt a. M. 1980, S. 35.

11 Das ist einer der Momente, wo Jerzy als Stellvertreter von Godard fungiert. Wie Leutrat (vgl. ders, Des traces qui nous ressemblent, zit. Anm. I, S. 22f.) darlegt, läßt sich das, was Godard über Anthony Mann und sein Verhältnis zum Western sagt, auch auf ihn selbst und sein Verhältnis zu Texten übertragen: »Er erfindet sie neu. Präziser sollte man von »neu-erfinden« sprechen: er stellt sie zugleich vor und entstellt sie, gibt ihnen eine neue Wendung und kopiert sie. Er kritisiert, während er kopiert.«

12 Gilles Deleuze meint, Godards Methode sei generell die »des ZWISCHEN ..., ›zwischen zwei Bildern‹, die jedes Kino des Einen beschwört; mit der Methode des UND, ›dies und dann das‹, die das Kino des ›Seins = ist‹ beschwört. Zwischen zwei Aktionen, zwischen zwei Affekten, zwischen zwei Wahrnehmungen, zwischen zwei visuellen Bildern, zwischen zwei akustischen Bildern, zwischen dem Akustischen und dem Visuellen ...«, in: ders., Das Zeit-Bild. Kino 2, aus dem Französischen von Klaus Englert, Frankfurt a. M. 1997, S. 234.

13 Diese Art von sinnlichen Übertragungen sind typisch für Godard. In einem Gespräch mit Hana Schygulla (»Passion Kino oder die Härte, alles zu registrieren«, hg. von Heinz Trenczak, blimp [März 1985], S. 8) stellt sich Godard vor, mit den Ohren zu reden und mit dem Mund zu sehen.

14 Der für das zeitgenössische Denken einflußreichste Text in dieser Hinsicht ist Sigmund Freuds »Das Unbehagen in der Kultur« [1929], in: ders., Studienausgabe Bd. 9, Frankfurt a. M. 1980, S. 191-270.

15 Diese Szene kombiniert Elemente aus einer Reihe von Ingres-Gemälden. Neben der *Kleinen Badenden* bezieht sie sich auf die *Valpincon Badende* (1808) und die *Innenansicht eines Harems* (1828). Die *Valpincon Badende* sitzt allein auf einem von Vorhängen umgebenen Bett, nur mit einem rot-weißen Turban bekleidet. Auch sie trägt ein weißes Tuch um den linken Arm gewickelt. In *Innenansicht eines Harems* ist die Frau bis auf den Turban nackt. Auch hier ist ihr Körper nach links und der Kopf nach rechts gewendet. Sie sitzt in einer Gruppe von anderen Frauen an einem Bassin. Dieses Bild scheint der eigentliche Prototyp für die Ingres-Szene in *Passion* zu sein, weil auf ihm ein Harem dargestellt ist.

16 Vgl. dazu S. Freud, »Das Unbehagen in der Kultur«, zit. Anm. 14.

17 Freud schreibt, daß unsere Kultur das weibliche Genital mit der Wunde verbindet. Vgl. S. Freud, »Einige psychische Folgen des anatomischen Geschlechtsunterschieds«, in: ders., *Studienausgabe*, zit. Anm. 14, Bd. 5, S. 261.

18 Nach Paul Willemen verknüpft das »›Zwischen‹ das Innen und Außen, das Hier und Dort ... das Seelische und das Körperliche, Phantasie und Wirklichkeit.« Es repräsentiert somit den »die vollständige Abkehr vom Binarismus«. Paul Willemen, »*Passion* 3«, in: *Framework* Nr. 21, 1983, S. 7.

19 Luce Irigaray, »Sexual Difference«, in: Margaret Whitford (Hg.), *The Irigaray Reader*, Cambridge (Mass.) 1991, S. 171.

20 Ähnlich verläuft Willemens Argument in »*Passion* 3«, zit. Anm. 18. Zum Zusammenhang von Analität und Geschlechterverwirrung siehe auch das vierte Kapitel dieses Buches.

21 Vgl. Leo Bronstein *El Greco*, New York 1950, S. 216.

22 Ebd., S. 126, sowie Jose Gudiol, *El Greco 1541-1614*, aus dem Spanischen von Kenneth Lyons, London 1973, S. 252.

23 Von diesem Gemälde existieren drei Fassungen. Godard scheint sich auf diejenige zu beziehen, die im Schloß Charlottenburg in Berlin hängt. Die anderen Bilder befinden sich im Pariser Louvre sowie im Frankfurter Städel.

24 In *The Complete Paintings of Watteau* (New York 1971) meint John Sutherland in seiner Einführung, es sei unklar, ob auf dem Bild die Einschiffung zur oder die Abfahrt von der Liebesinsel dargestellt ist. Der gleichen Ansicht ist Giovanni Macchia, in: H. A. Millon, P. Rosenberg und F. Moureau (Hg.), *Antoine Watteau (1684-1721): Le peintre, son temps et sa légende*, Paris 1987, S. 187.

Derselbe, und doch ein Anderer

Nouvelle Vague (1990)

KS: *Nouvelle Vague* spielt hauptsächlich auf einem Landsitz am Genfer
See, der Elena Torlato Favrini (Domiziana Giordana), einer vermö-
genden italienischen Unternehmerin, gehört. Sie lebt dort zusammen
mit ihrem Liebhaber (Alain Delon), der in der ersten Filmhälfte Roger
Lennox, in der zweiten Richard Lennox heißt. Elena und Lennox sind
keine Charaktere im üblichen Wortsinn, sondern Archetypen. Sie
stehen für das heterosexuelle Paar im ausgehenden zwanzigsten Jahrhundert. Dieses Paar definiert sich noch immer über Dominanz und
Unterwerfung. Allerdings scheinen die Rollen von Mann und Frau
nicht mehr so eindeutig verteilt zu sein. Sie, die in der ersten Filmhälfte dominiert, wird sich im Verlauf des Films unterordnen. Dennoch
bleibt am Ende von *Nouvelle Vague* die Machtfrage unbeantwortet.

HF: *Nouvelle Vague* spielt gelegentlich auf Raymond Chandlers *The Long
Goodbye* an. In dieser Geschichte geht es um einen Mann, von dem es
heißt, er sei während des Krieges umgekommen; später taucht er mit
einem anderen Gesicht wieder auf. Außerdem spielt in *Nouvelle Vague*
eine Figur mit, die als Tribut an die Romane von E.S. Gardner »Della
Street« heißt. In Gardners Romanen wimmelt es nur so von Leuten,
die für tot gehalten werden, die aber sehr wohl leben, nur eben in anderer Gestalt. Der Kriminalroman, in dem Menschen ihre Identität
wechseln, ist stets ein ontologisches Projekt. Der Detektiv, der die
Frage stellt: »Ist A wirklich A, oder nicht vielmehr B?« ist der eigentlichen, nämlich philosophischen Frage bloß vorgeschoben, die da
lautet: »Ist ein menschliches Wesen wirklich er oder sie selbst?«

KS: Der Film besteht aus zwei Teilen, die jeweils in einer Bootsszene
auf dem Genfer See kulminieren. Beim ersten Mal läßt Elena Lennox
ins Wasser stürzen und ignoriert sein anschließendes Flehen um Hilfe.
Beim zweiten Mal wirft Lennox Elena ins Wasser, fischt sie allerdings
auch wieder heraus. »Not und Rettung« bilden ein Leitmotiv, das gleich
zu Anfang des Films eingeführt wird – mit einer Episode, in der Elena
nach einem Autounfall Lennox »rettet«. Wiederholung ist in *Nouvelle
Vague* ein Thema mit Variationen. Nahezu jede Textzeile ist ein Zitat,
das sich von so unterschiedlichen Autoren herleitet wie Dante, Proust,

Chandler, Schiller, de Rougemont, Marx, Hemingway, Lacan und
Rimbaud.[1] Viele dieser Zitate werden auch innerhalb des Filmes
wiederholt, manchmal von denselben, manchmal von anderen Figuren.
Wiederaufgenommen werden auch bestimmte Bilder sowie die
beiden Musikstücke – Dino Saluzzis *Andina Winter* und David Darlings
Journal October / Far Away Lights –, die sowohl am Anfang wie auch am
Ende des Films erklingen. Doch auch noch andere Szenen werden
durch musikalische Motive aufeinander bezogen.

HF: Godard meinte einmal, daß wir das Kino dorthin bringen müßten,
wo es nicht ist.[2] Mit *Nouvelle Vague* erreicht er genau das. Der Film ist
eine »neue Welle« oder ein frischer Neubeginn. Obwohl Godard auch
modernistische Verfahren einsetzt wie Zitat, zeitliche Diskontinuität
und Wiederholung, die uns aus vielen seiner früheren Filme geläufig
sind, verfährt er streng nach Regeln. *Nouvelle Vague* verfügt über einen
nahezu mathematischen Bauplan. Zugleich weist der Film eine Anmut
und Harmonie auf, die wir eigentlich mit der Vormoderne verbinden;
seine Naturdarstellungen erinnern an die großen Landschaftsmaler.
Was den Film tatsächlich ausmacht, läßt sich also gar nicht so einfach
sagen. Vielleicht wird es noch fünfzig Jahre dauern, bis wir die passende Sprache dafür gefunden haben.

KS: *Nouvelle Vague* beginnt mit Worten, die alles Nachfolgende der
Erinnerung subsumieren. Eine geisterhafte Männerstimme, von der wir
später erfahren, daß sie Lennox gehört, spricht, musikalisch untermalt
von Dino Saluzzis meditativem *Andina Winter*: »Aber ich wollte, daß
daraus eine Geschichte wird, und will es immer noch. Von außen soll
nichts eindringen, das meine Erinnerung angreifen könnte. Manchmal
höre ich die Erde leise stöhnen; ihre Oberfläche wird zerfurcht. Mir
genügt der Schatten einer Pappel, die ich einsam und in ihrer Trauer
aufrecht hinter mir weiß.«[3] Zunächst sehen wir nichts als die weißen
Vorspanntitel auf der schwarzen Leinwand. Nachdem Lennox das
»Außen« so entschlossen zugunsten der Erinnerung verbannt hat,
zeigt uns Godard paradoxerweise das Bild eines sommerlichen Parks.
Ein üppiger Baum, der mit einer Pappel nicht das geringste gemein hat,
füllt das Bild fast zur Gänze aus; im Hintergrund erkennt man zwei
schwarze Pferde.

HF: Auch die folgenden beiden Bilder muß man eher einer äußeren als
einer inneren Welt zurechnen. Im ersten Bild sieht man, vor dem Hintergrund einer grünen Wiese, eine nach oben ausgestreckte Hand. Eine

andere Hand kommt ins Bild und scheint etwas in die erste zu legen. Dieser Einstellung folgt die Standaufnahme eines schilfumstandenen Teiches inmitten grüner Weiden. Das Schilf wiegt sich im Wind. Hundegebell klingt aus dem Off; in der Ferne rollt bedrohlich der Donner.

KS: Sowohl akustisch als auch visuell geht von diesen Bildern ein ungewöhnlich sinnlicher Reiz aus. Gleichzeitig stiften sie Verwirrung, schließlich hat der Film sie als Erinnerungen markiert. Indem *Nouvelle Vague* die übliche Trennung von innen und außen verwischt, gibt der Film zu verstehen, daß die Außenwelt vor allem in der Erinnerung Gestalt annimmt.

HF: Was immer die Landschaft in *Nouvelle Vague* bedeutet, sie scheint jedenfalls wichtiger als die menschlichen Akteure. Man hat den Eindruck, als habe Godard sich beim Drehen des Films unablässig gefragt: »Wie schaut dieser Ort zu verschiedenen Tages- und Jahreszeiten aus?« und: »Welche Möglichkeiten könnten sich daraus für eine Geschichte ergeben?«

KS: Am Ende ist es kaum möglich, die Landschaft und die menschlichen Akteure auseinanderzuhalten. Erst scheint es, der Film würde zwei Geschichten erzählen – die von Elena und Lennox sowie die von Haus, Park und See. Manchmal schiebt sich die eine Geschichte in den Vordergrund, dann wieder die andere. Durch die Arbeit des Erinnerns werden Elena und Lennox aber fähig, die Landschaft im tiefsten Sinne des Wortes zu besetzen.[4] An diesem Punkt verschmelzen die beiden Geschichten miteinander.

HF: Das ist richtig, obwohl der Film gegenüber seinen Akteuren eine eigenartige Distanz wahrt. Gewöhnlich bilden Filme anthropozentrische Systeme [human centered systems]. Hier aber liegt das Zentrum woanders. Es scheint, als wären Elena, Lennox und die übrigen Figuren eher zufällig im Film – nur weil sie sich auf diesem Anwesen aufhalten, so wie Zwerge, Tiere oder Geister einen Märchenwald bevölkern und deshalb in die Erzählung rücken. Der Film verhält sich zu seinen Figuren oft wie Diener ihrer Herrschaft gegenüber: Meist hören Hausmädchen oder Butler ganz genau zu, wenn ihnen etwas aufgetragen wird, doch sie wahren dabei einen gewissen Abstand, so als würde das Gesagte nicht direkt ihnen gelten. Vielleicht fällt mir dieses Bild jetzt ein, weil die Subjektive in *Nouvelle Vague* häufig durch Jules, den Gärtner (Roland Amstutz), repräsentiert wird.

KS: Dem entspricht, daß Jules der erste Darsteller ist, den der Film ins Bild setzt. Mit seinem grünen Traktor fährt er vor Elenas Haus vor, unmittelbar gefolgt von seiner Tochter Cécile (Laurence Cote), die auf einem Fahrrad ins Bild radelt, seiner Frau Yvonne (Violaine Barret), die in einem alten Citroën mit Zeitungen heranfährt, sowie Laurent, dem Chauffeur, der das Fenster einer schwarzen Mercedes-Limousine wischt. Elena tritt erst aus dem Haus, nachdem sich die Dienerschaft versammelt hat. Sie äußert den Wunsch, allein fahren zu wollen. Mit dem ersten Blick auf *La Contessa* wird klar, daß sie zum Typus der »*working rich*« gehört – der Reichen, die die Arbeit haben.

HF: Jules ist nicht nur der erste Darsteller, der im Film auftaucht, sondern auch der erste, der in der eigentlichen Erzählung das Wort ergreift. Allerdings ist typisch, daß er sich an niemanden wendet und auch den sozialen Ereignissen, die sich um ihn herum zu entfalten beginnen, keinerlei Interesse entgegenbringt. Jules' Augenmerk gilt über den gesamten Film hinweg dem Garten, in dem er arbeitet und für den er eine passende Sprache zu finden sucht.

KS: Diese Sprache klingt manchmal poetisch und manchmal philosophisch. Hier vernimmt man den Poeten: »Wie bei einer Laterne, die eben erst ihren Schein aussendet, bestand noch gar keine Zeit, den blühenden Kastanienbaum zu entdecken oder die achtlos ins junge, jadegrüne Weizenfeld gesetzten Flecken heller Erde …«

HF: An Jules zeigt sich ein Prinzip, das den gesamten Film prägt: Die Darsteller suchen nicht wirklich miteinander zu kommunizieren. Auch da, wo sich einer direkt an den anderen wendet, wird die Antwort höchstwahrscheinlich von einem Dritten erteilt. Manchmal ist diese Verschiebung so extrem, daß nicht Menschen mit Menschen, sondern Worte mit Worten zu kommunizieren scheinen. Eine Figur – Dorothy Parker (Laure Killing), Schriftstellerin und Gattin eines Arztes, der zugleich Geschäftskollege von Elena ist – ist in erster Linie darauf abgestellt, die zitierten Texte zu identifizieren und jenen, die ein Zitat erkennen, Beifall zu zollen. Dadurch wird der autonome Status, den die Sprache in *Nouvelle Vague* genießt, noch verstärkt.

KS: Den zwei Pferden aus Fleisch und Blut, die uns zuvor begegnet waren, werden jetzt fünf eiserne Gefährte hinzugesellt. Neben den bereits erwähnten Karossen eine weiße Mercedes-Limousine und ein schwarzes Maserati-Cabriolet. Nachdem Elena im Cabrio davongebraust ist, setzt die parallel zu ihr an einer Wiese entlangfahrende Kamera ein weiteres Gefährt ins Bild, das besser zu den zwei romantischen Pferden paßt: einen weißen Cadillac.

HF: Autos spielen in dieser Szene eine nahezu ebenso wichtige Rolle wie in *Week-end* – mit dem Unterschied allerdings, daß sie sich nicht zu Schrotthaufen auftürmen, sondern Luxus und Reichtum bedeuten. Neben der Darstellung der Natur und der Aufführung des heutigen Geschlechterkampfes läßt uns *Nouvelle Vague* an der Schönheit teilhaben, die nur für Geld zu kriegen ist.

KS: Gegen Ende der Szene verliert sich das Geräusch von Elenas Wagen; an seiner Stelle erklingt Darlings *Journal October / Far away Lights*, bis die Musik ihrerseits von Verkehrslärm übertönt wird. Wir sehen ein grünes, von einer Landstraße durchzogenes Feld und in der Ferne die Gestalt von Lennox, der auf dem Seitenstreifen entlanggeht. Die Einstellung ist mehr auf das Feld ausgerichtet als auf den Fußgänger oder die in beide Richtungen fahrenden Autos. Jetzt fährt die Kamera nach rechts, und zwar so lange, bis ein Baumstamm uns den Blick auf Lennox verstellt. In der folgenden Sequenz wird er zum Baum hin gedrängt und von der Gewalt der vorbeirasenden Autos zu Boden geworfen. Trotzdem bleibt die Kamera weiter auf den Baum gerichtet, durch dessen Astwerk für einen Augenblick lang Sonne und Himmel durchscheinen. Man hat den Eindruck, daß Lennox nicht richtig auszumachen ist, weil er noch keine Weise gefunden hat, »in« der Landschaft zu sein.

HF: Als Elena vorbeifährt, sieht sie Lennox am Boden liegen. Sie bremst scharf und setzt den Wagen zu jener Stelle zurück, wo er liegt, steigt aber nicht sofort aus, sondern läßt ihren Blick erst durch das Astwerk des Baumes schweifen. Aufmerksam folgt die Kamera ihrem Blick und ändert diese Einstellung auch dann nicht, als Elena ihr Auto verläßt und Lennox fragt, ob er verletzt sei. Erst als er ihr eine undeutliche Antwort gibt, neigt sich die Kamera langsam zu ihnen hinab. Der Baum, dem soviel Aufmerksamkeit zukommt, ist eine Art heidnische Gottheit. Oder, besser gesagt, *Nouvelle Vague* behandelt die Natur so, als sei sie von Geistern beseelt.

KS: Als Lennox auf Elenas Fragen nicht reagiert, wendet sie sich von ihm ab, wohl um Hilfe zu holen. Das nachfolgende Geschehen macht deutlich, warum zu Anfang des Films soviel Nachdruck auf der ausgestreckten Hand lag. Lennox reicht Elena die Hand, während sie sagt:

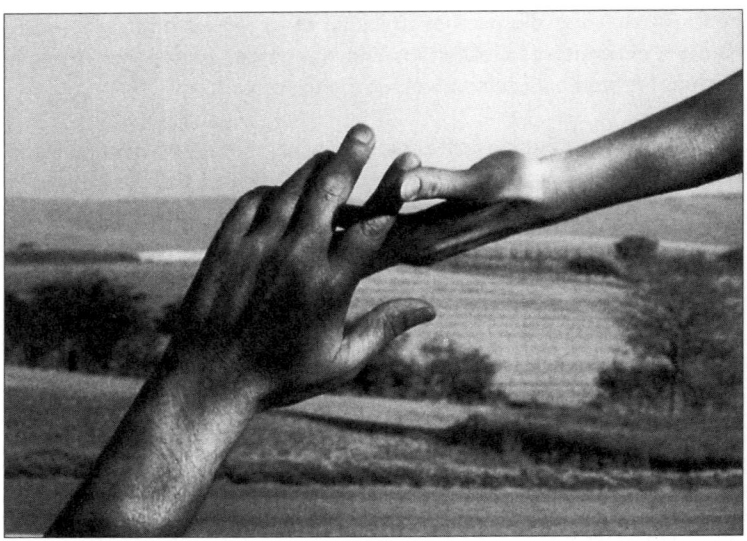

»Wie wunderbar, etwas geben zu können, was man nicht hat.«[5] In der Gegeneinstellung sehen wir seine ausgestreckte Hand vor dem Blau, Braun und Grün der Berge und des Feldes und außerdem Elena, die mit ihrer Hand die seine ergreift. Als ihre Finger einander berühren, antwortet ihr Lennox: »Wunder unserer leeren Hände.« Dieser Augenblick der Erleuchtung steht völlig außerhalb der für Machtbeziehungen charakteristischen Psychodynamik. Weil die Gabe niemandem gehört, kann auch niemand etwas schuldig werden oder eine Verpflichtung eingehen. Es bleibt sogar unklar, und gerade das zeichnet die reinste aller Gaben aus, wer gegeben und wer empfangen hat. Lennox deutet an, daß der Akt ein gegenseitiger war; die Gabe entstammt nicht einer Hand, sondern beiden Händen.

HF: Das Bild der Hände von Elena und Lennox, die einander ergreifen, ist wie ein Gemälde gefilmt. Gibt ein Film Hände in Großaufnahme zu sehen, dann meist vor einem abschließenden Hintergrund, dicht am Körper oder auch liegend auf einem Musikinstrument oder Tisch. Die Hände von Lennox und Elena dagegen werden wie menschliche oder mythologische Figuren im dreidimensionalen Raum dargestellt.

KS: Der Titel dieses Gemäldes könnte lauten: »Hände in einer Landschaft«. Für einen Moment lang verbinden sich die Geschichte der Liebenden und die Geschichte des ländlichen Anwesens. Es scheint, als habe Elenas Aufmerksamkeit für den Baum diese wundersame Verschmelzung ermöglicht.

HF: *Nouvelle Vague* greift in dieser Szene nicht nur allgemein auf Darstellungsweisen der Renaissance zurück, sondern spielt auch auf ein ganz bestimmtes Bild an: Michelangelos Schöpfungsfresko in der Sixtinischen Kapelle, auf dem Gott seine Hand nach Adam ausstreckt. Damit gibt der Film zu verstehen, daß es sich bei der Gabe, die im Mittelpunkt dieser Szene steht, irgendwie um das Leben selbst handelt – mit dem Unterschied allerdings, daß hier als Schöpfermacht die menschliche, weniger die göttliche Liebe in Erscheinung tritt. Mit ihren delikaten Bewegungen führen die Hände von Elena und Lennox eine Art Ballett auf, bei dem sich Prinz und Prinzessin begegnen.

KS: Die nächste Szene spielt einige Monate später und ist von einem gänzlich anderen Geist erfüllt. Nicht nur, daß diese Szene keinerlei Nähe zur Natur aufweist – Ort des Geschehens ist die Fabrik Torlato Favrini –, die Beziehung zwischen Prinz und Prinzessin wird jetzt als vollkommen geregelt geschildert, allerdings deuten sich Spannungen an. Daneben werden einige neue Figuren eingeführt – der PDG (PDG steht für *Président Directeur-Général*, eine ironische Abkürzung für den »Ober-Oberboß«, A.d.Ü.), Della, ein Staatssekretär sowie ein namenloser Funktionär. Wieder handelt es sich um Repräsentanten aus der Schicht der *working rich* – ein Begriff, den man früher für ein Oxymoron gehalten hätte.

HF: Die Kamera fährt hin und her mit der überraschenden Wirkung, daß Vordergrund und Hintergrund deutlich gegeneinander abgesetzt werden. Die Szene als solche liegt eher quer zu den Erwartungen, die mittels dieser visuellen Differenzierung erzeugt werden. Weder werden das Hintergrundgeschehen dem Vordergrundgeschehen noch die zweitrangigen Figuren den Hauptpersonen nachgeordnet. Was der PDG (Jaques Dacqmine) Lennox oder dem Staatssekretär (Raphael Delpard) oder Della mitzuteilen hat und was der Assistent des PDG (Laurence Guerre) gegenüber dem Funktionär oder der Staatssekretär gegenüber Elena verlauten läßt, präsentiert sich uns auf ein und derselben Ebene. Auch was die Narration anbelangt, geht nicht wirklich etwas weiter. Die Figuren sind ihren Funktionen völlig angepaßt: Der Fabrikdirektor leitet, der Staatssekretär verwaltet und die Contessa regiert. Die Ordnung, an der sie teilhaben, ist ein diachrones, kein synchrones Gefüge.

KS: Die Gespräche drehen sich um zwei Themen – Liebe und Geld –, von denen klar ist, daß wir sie aufeinander zu beziehen haben. Den PDG über Liebe philosophieren zu hören ist vielleicht überraschender als die Erkenntnis, daß die Ökonomie über ein Vokabular verfügt, mit dessen Hilfe sich die Erotik auf den Begriff bringen läßt. Denn seit dem Erscheinen von Freuds *Drei Abhandlungen zur Sexualtheorie* sind wir es gewohnt, affektive Beziehungen in Kategorien des Kapitals zu denken: Wir besetzen Objekte mit Libido und erhöhen so deren »Wert«; zugleich vermindern wir unsere eigenen psychischen Reserven, was bis zum »Bankrott« gehen kann.[6] Während aber Freud solche Begriffe wie »Wert« und »Bankrott« lediglich metaphorisch gebraucht, weigert sich *Nouvelle Vague* auch an dieser Stelle, die eine Sphäre der anderen unterzuordnen. Die Ökonomie liefert nicht nur die Metaphern, sondern ist ganz wörtlich zu nehmen; sie hat nicht nur die Funktion, erotische Konstellationen abzubilden, sondern ist selbst eine Angelegenheit der Erotik. Aus diesem Grund eröffnet die Überschneidung von Erotik und Ökonomie, zu der es in dieser Szene kommt, noch eine ganz andere psychische »Buchhaltung« [ledger], als Freud sie beschrieben hat. In dieser Buchhaltung ist auch kein Platz für die reine Gabe der vorherigen Szene. Wie wir noch sehen werden, gilt in *Nouvelle Vague* die Regel: libidinöse Besetzungen schlagen dem Empfänger als Verlust zu Buche – und nicht dem Part, der gibt. Wenn es zum Bankrott kommt, dann ist die Wahrscheinlichkeit hoch, daß es den trifft, der einheimst.

HF: Gegen Ende der Fabriksszene führen Elena und Lennox eine Unterhaltung, in der die Gleichstellung von Liebe und Leben untermauert wird. Er sagt: »Du vertraust also nicht mir, sondern der Liebe.« Woraufhin sie ihm antwortet: »[Die Liebe] stirbt nie; es sind die Menschen, die sterben. Die Liebe verfliegt, wenn du ihrer nicht würdig bist.« Wird in der Unfallszene das Entstehen der Liebe als Schöpfungsakt inszeniert, verknüpft die Fabrikszene das Vergehen der Liebe mit dem Tod.

KS: In der kurzen Szene, die hieran anschließt, bricht sich der Todestrieb Bahn. Zugleich wird das Thema Herrschaft und Unterwerfung eingeführt, um das sich der restliche Film zentrieren wird. Im Garten hinter Elenas Haus geht Cécile unter der strengen Aufsicht ihrer Mutter mit einem Tablett voller Gläser auf und ab. Während ihre Hände panisch zittern, schreit Yvonne: »Das muß noch besser werden! Disziplin, Cécile! Wir sind arm – vergiß das nicht!«

Dem Sadomasochismus fällt hier die Funktion zu, den Unterschied zwischen Herren und Knechten anschaulich zu machen.

HF: An anderer Stelle wird der Sadomasochismus eingesetzt, um diesen Unterschied gerade zu leugnen. In einer Szene, die fast unmittelbar anschließt, spricht Raoul mit Lennox über Elenas »zerstörerisches« Wesen und ihr Begehren, »offenen Auges erobert werden zu wollen«. Obwohl sich der Sadomasochismus zur Darstellung von Klassenverhältnissen eignet, scheint es doch, als würde er seinem Wesen nach keinerlei soziale Grenzen respektieren.

KS: Das stimmt. Im Grunde verkörpern eher Elena und Lennox den »Sklaven«, und nicht Jules, Yvonne oder Cécile. Der fixe Gegensatz von Herr und Knecht wird in *Nouvelle Vague* auch noch auf andere Weise unterlaufen. Es sind nicht nur die Reichen, denen die Wechselkurse am Herzen liegen; auch Cécile offenbart Interesse. Und nicht nur Dorothy Parker redet in Zitaten, sondern auch Jules. *Nouvelle Vague* handelt von Klassenbeziehungen unter Bedingungen des Spätkapitalismus. All die traditionellen Alibis, die einst für die Trennung von Arm und Reich herhalten mußten, sind unglaubwürdig geworden. Der einzige Unterschied, der noch gilt, ist der Reichtum selbst. Soviel läßt auch der Film zum Ende der Szene mit Yvonne und Cécile verlauten. Auf Céciles Frage: »Aber sind denn die Reichen so viel anders als wir?« antwortet Yvonne mit einem berühmten Zitat von Hemingway: »Ja, sie haben mehr Geld.«[7]

HF: Doch zeigen Aussagen, die der PDG immer wieder aus dem Off einfließen läßt, daß die Klassenzugehörigkeit in der Welt von *Nouvelle Vague* noch immer einen *psychischen* Unterschied bedeutet: »Die Gesellschaft, in der wir groß geworden sind, kann man als vergangen ansehen. Sollte in Zukunft ihrer noch einmal gedacht werden, dann als freundliche Episode innerhalb der Menschheitsgeschichte. Man wird sagen: ›Es war eine Zeit, da gab es noch Reiche und Arme, es gab Festungen, die erobert werden wollten (...) Dinge (...) die so gut verteidigt wurden, daß ihre Attraktivität gewahrt blieb. Der glückliche Zufall hatte seine Hand im Spiel.‹«

KS: Ja, die Klassenzugehörigkeit hat einen psychischen Einfluß in *Nouvelle Vague*, und genau das wird in der Szene, in der Cécile das Tablett mit den Gläsern balanciert, herausgestrichen. Die Worte des PDG machen deutlich, warum das so ist. Indem die vermögende Klasse

Reichtum und materielle Güter von den Armen fernhält, entfacht sie
bei ihnen das Begehren, jene Dinge zu besitzen. Und auf genau diese
Weise wird die Klasse der Diener geschaffen. Weil *Nouvelle Vague* ausgerechnet den PDG sagen läßt:»Der glückliche Zufall hatte seine Hand
im Spiel«, denkt man zuerst, es seien die Reichen, die von diesem
Arrangement profitieren. Der Lyrismus der Bilder, die die Worte des
PDG begleiten, wie die vorweggenommene Nostalgie, die aus ihnen
spricht, lassen dagegen auf eine tiefere Wahrheit schließen. Aus der
Perspektive des Films sind es in letzter Konsequenz die Armen, für
die der glückliche Zufall seine Hand im Spiel hat. Denn nur sie sind
mit einem Gut gesegnet, das man als das einzig dauerhafte bezeichnen kann: das Begehren. Gewiß widerspricht eine derartige Betrach-
tungsweise nicht nur dem Marxismus, sondern ist auch ein Schlag
ins Gesicht sämtlicher konventioneller Moralvorstellungen. Mit den
Lehren der Psychoanalyse weiß sie sich dagegen in Einklang.[8]

HF: Unmittelbar im Anschluß an die Szene mit Yvonne und Cécile läßt
der Gärtner einige Sätze fallen, die er am Filmende wiederholen wird:
»Der Sommer kam dieses Jahr etwas früher als erwartet und gebär-
dete sich ein wenig ungestüm. Alles blühte auf einmal…« Er kenn-
zeichnet damit die Jahreszeit, in der sich die Figuren wiederfinden, als
Abweichung innerhalb der Wiederkehr des Ewig-Gleichen. Die Be-
deutsamkeit dieser Differenz werden wir erst dann richtig einzu-
schätzen wissen, wenn der Gärtner seine Sätze wiederholt. Erst dann
werden Elena und Lennox am ungestümen Sommer teilhaben.

KS: Nach diesen beiden kurzen Episoden, in denen Dienstboten eine
Rolle spielen, wendet sich *Nouvelle Vague* wieder der Herrschaft zu.
Man sieht Elena, Lennox, Raoul und Raouls Freundin zum Anwesen
zurückkehren. Wohl als Anspielung auf Lennox meint Raoul auf dem
Weg ins Haus:»Bei der Liebe merken wir zumeist erst, wenn es zu spät
ist, ob uns ein Herz nur geliehen, ob es uns geschenkt oder ob es uns
geopfert wurde.« Folgt man *Nouvelle Vague*, dann kann die Liebe völlig
unterschiedliche Formen annehmen. Sie kann ein Geschenk sein, frei-
willig gegeben und ohne daß sich eine Seite dabei schuldig macht. Sie
kann ihr flüchtiges Wesen offenbaren und wieder entzogen werden. Sie
kann aber auch so einseitig sein, daß entweder der gebende Part
völlig aufgerieben oder der empfangende in Schulden gestürzt wird.

HF: In Form eines Refrains, der sich noch oft wiederholen wird, fragt
Raouls Freundin in dieser Szene:»Was soll ich tun?« Dieser Satz, ein

Echo auf Anna Karinas Frage in *Pierrot le Fou*, erinnert uns, daß nicht alle Reichen in *Nouvelle Vague* Aktivität zeigen. Manche haben keinen anderen Job, als die Natur, die Architektur oder das Licht zu bewundern. Dasselbe träge Staunen kultiviert der Film auch in uns. Die Zeit vergeht, und plötzlich geschieht etwas, das mit der Erzählung überhaupt nichts zu tun hat. Raoul schlendert durch den Garten, Lennox steht vor der Tür und schneidet Grimassen, wir sehen ein Photo von Elenas Eltern und dann eine Innenaufnahme mit dem Treppenhaus. Die mit diesen Bildern erzielte Wirkung läßt sich mit der eines Tages vergleichen, an dem man draußen sitzt und in die Wolken schaut. Langsam verschieben sich die Schichtungen, und auf einmal ist ein ganz anders gestimmtes Himmelsbild gegeben.

KS: Die nächste Szene trägt sich im Haus zu. Im Wohnzimmer tanzt, ohne Musik, Elena mit Raoul und raucht dabei eine Zigarette. Sie bläst ihm den Rauch aggressiv ins Gesicht, woraufhin er ihr eine Ohrfeige gibt und davongeht. Elena läßt das kalt. Sie bittet Lennox, der in einer Ecke des Raumes steht, die Musik anzudrehen, und so tanzen sie zu Werner Pirchners tiefromantischer *EU. Sonate vom romantischen Leben*. Das anschließende Geschehen wird mit einer Kamera gefilmt, die zurück- und wieder vorfährt: von Lennox und Elena in das angrenzende Treppenhaus, wo Raoul und seine Freundin — später kommt noch Cécile hinzu — stehen und lauschen.

HF: Manchmal bricht die Kamera aus und schwenkt über das Wasser. Es scheint, als befinde sich der Genfer See im Zimmer nebenan. An anderen Stellen können wir das Wasser zwar hören, jedoch nicht sehen, oder wir bekommen einen Anblick der Wellen geboten, auf den unmittelbar ein Schnitt auf die lauschende Cécile folgt. Die Atmosphäre ist wie verzaubert. Nicht nur können Menschen Zimmer an Zimmer mit dem See wohnen, die Kamera fährt auch mühelos durch die dickste Mauer, an der Raoul und seine Freundin, ihre Gesichter von dramatischen Schatten überzogen, verwundert horchen. Eine Glocke läutet, ein Hund bellt, woraufhin die Kamera den nächtlichen See mit plätschernden Wellen zeigt. Als sie zu Elena und Lennox zurückfindet, sieht man das Paar zu einem theatralischen Tableau erstarrt, kurz darauf einem zweiten. Nicht viel anders als die übrigen, die nebenan harren, scheinen sie unter einem Bann zu stehen.

KS: Als sich die Kamera zum ersten Mal von Elena und Lennox zu Raoul und seiner Freundin hinbewegt, setzt sich Elena, in einer Pose der Dankbarkeit, vor Lennox nieder und küßt seine Hand. Aus dem Off erklingt ihre Stimme:»Daß ich geboren bin ist unerheblich. Sichtbar wirst Du an dem Ort, wo ich nicht mehr bin.« Damit artikuliert sie – in einer ziemlich präzisen psychoanalytischen Diktion – jene Logik von Herr und Knecht, die nahezu durchgängig ihre Beziehung zu Lennox prägt.[9] In der Regel ist der Erfolg einer dieser beiden Figuren mit der Unterordnung, wenn nicht sogar Negation der anderen verbunden. Für dieses Mal stimmt Elena eher der eigenen Auslöschung zu, statt die von Lennox einzufordern. Als die Kamera Raoul und seine Freundin das erste Mal ins Bild gesetzt hat, um anschließend ins Wohnzimmer zurückzufahren, macht Elena jedoch erneut ihre Vorrangstellung geltend. Sie bietet Lennox an, für ihn zu *arbeiten*: »Bis ans Ende des Lebens will ich für dich arbeiten.« verspricht sie ihm. »Des Nachts aber wirst du mir meine Fehler vorwerfen, einen nach dem anderen.« Wie uns in der ersten Hälfte von *Nouvelle Vague* immer wieder vorgeführt wird, negiert Elena ihren Liebhaber vor allem durch ihre Tüchtigkeit als Geschäftsfrau.

HF: Auf den ersten Blick sieht das nach einer zwar überraschenden, doch allem Anschein nach auch ziemlich direkten Umkehrung von Hegels Herr/Knecht-Dialektik in der *Phänomenologie des Geistes* aus. Erklärlich wird sie aus dem geänderten Stellenwert, den wir heute der Arbeit beimessen. Bei Hegel arbeitet der Knecht, in *Nouvelle Vague* dagegen der Herr.

KS: Ja, doch kommt es auch innerhalb der Umkehrung zu einigen sonderbaren Verkehrungen. Bei Hegel fällt, zumindest am Anfang, die Arbeit des Knechts dem Herrn zu. Das begründet zugleich die Unterordnung des Knechts unter den Herrn.[10] In *Nouvelle Vague* dagegen fällt die Arbeit des Herrn ihm selbst zu. Je mehr der Herr für den Knecht schuftet, desto mehr schuldet ihm der Knecht; und je größer die Schuld des Knechts, desto totaler seine Unterordnung. Dieses Bild ökonomischer Verhältnisse zieht sich durch nahezu alle Lebensbereiche in *Nouvelle Vague*. Der PDG vertritt die herrschende Ideologie der Welt von Lennox und Elena, wenn er in der Fabrikszene sagt:»Man muß den Leuten die Vorstellung von der Schuld aufzwingen.«

HF: Mit Elenas Worten »einen nach dem anderen« folgt ein Schnitt auf das Bild des nächtlichen Sees. Der See ist in *Nouvelle Vague* der bevorzugte Austragungsort für den Kampf um die Positionen von Herr und Knecht. Als die Kamera zu Lennox und Elena zurückkehrt, sieht

man das Paar zu einem Tableau erstarrt, auf dem Elena triumphiert: Lennox hockt auf allen Vieren; sein Rücken dient Elenas ausgestrecktem Bein als Ruhekissen. Von dieser Einstellung wendet sich die Kamera erneut Raoul und seiner Freundin zu. Als sie schließlich ins Wohnzimmer zurückkehrt, bilden Elena und Lennox ein neues Tableau: Lennox steht jetzt vor Elena, die aus kniender Stellung heraus flehentlich zu ihm aufblickt. Noch bevor sich die Kamera Lennox zuwendet, hören wir den See rauschen. Das zweite Tableau nimmt zukünftige Entwicklungen vorweg. Bald wird er von Elena den arbeitenden Part übernehmen; Lennox wird dominieren und Schulden machen.

KS: In einem der Augenblicke, in denen die Kamera Raoul und dessen Freundin zeigt, meint Elena: »Weil wir die Anfänge unseres Glücks in den eigenen Händen halten, sind wir vielleicht die ersten, es zu zerstören.« Die Betonung scheint auf dem Wort »halten« zu liegen. Die Liebe entfaltet ihre lebensspendende Kraft in jenen Momenten, in denen sie gegeben und empfangen wird. Immer wieder wird *Nouvelle Vague* darauf bestehen, daß sich derartige Momente der Transzendenz nicht fixieren lassen; gilt die Liebe als sicherer Besitz, dann wird sie zu einer Angelegenheit des Alltags und muß ökonomischen Prinzipien gehorchen. Wenn es aber möglich ist, vom Außergewöhnlichen ins Gewöhnliche zurückzufallen, dann muß es ebenso gut möglich sein, sich wieder zum Außergewöhnlichen aufzuschwingen. Und genau das

macht Elena einen Augenblick später, indem sie zu Lennox sagt:
»Danke, daß du es annimmst.« Sie erkennt an, daß in *Nouvelle Vague*
nehmen meist seliger ist denn geben.

HF: Zum Teil geht die Magie dieser Szene auf die Beleuchtung zurück.
Kehrt man nach einem ausgedehnten Spaziergang in eine Strandhütte
oder ein Landhaus zurück, um eine Kleinigkeit zu sich zu nehmen oder
für ein Nickerchen, dann bewahrt sich die Schönheit des Tages noch
immer im Licht, das durch die Fenster fällt. Genau diese Qualität kann
Nouvelle Vague erfassen, weil der Film mit natürlichem Licht gedreht
wurde: Godard muß – um das möglich zu machen – viele Tage in dem
Haus zugebracht haben, Tage, in denen er nichts anderes tat als herauszufinden, wohin zu welcher Stunde die Sonnenstrahlen fallen. An
diesen Strahlen orientieren sich Godard und sein Team wie an einer
Sonnenuhr.

KS: In dem Maße, wie die Szene, die in Elenas Haus spielt, das Äußere
nach innen verschiebt, gestaltet die anschließende Parkszene ein In-
neres aus dem Äußeren heraus. Elena und Lennox wandern umher.
Sie plaudern unter einer vom Regen noch nassen Baumgruppe, durch
deren dichtes Laub die Sonne kaum durchdringt. Daneben hört man
Vogelgezwitscher, das synästhetische Wahrnehmungen freisetzt, die
das Kino eigentlich nicht reproduzieren kann: Erinnerungen an den
köstlichen Duft nasser Bäume und Erde. Elena reicht Lennox zwei
Postkarten, die von Dorothy Parker und dem Doktor stammen;
beide sind, wie üblich, getrennt auf Reisen. Schließlich erhalten wir eine
Großaufnahme der Postkarten, die sich als großartige Beispiele einer
nicht-identischen Wiederholung entpuppen. Beide zeigen einen von
Gauguin gemalten Akt, allerdings in unterschiedlichen Farbtönen und
Ausschnitten.

HF: Seit nun schon fast vierzig Jahren wählt Godard seine Einstellungen entweder als Totale oder als Großaufnahme. Der Verzicht auf die
Halbtotale führt dazu, daß die Großaufnahme eine überraschende oder
sogar desorientierende Wirkung haben kann. Als ein weiterer Effekt
kann sich, während der Standard [production value] gewahrt bleibt,
die Erzählung selbst verflüchtigen – ähnlich den Bildern Picassos aus
einer bestimmten Periode, auf denen man die Konturen dreier Frau-
en am Strand sieht, nicht aber die Frauen selbst. Der Kamerablick auf
die Postkarten liefert dafür ein gutes Beispiel. Lennox und Elena
stehen an einem Baum und fragen sich naiv, wie es denn sein könne,

daß derart einfache Bilder einen solch hohen Wert haben. Wir sehen Lennox und Elena in der Halbtotalen, so daß wir vom Postkartenmotiv nur einen vagen Eindruck erhalten. Die klärende Großaufnahme wird erst zu einem späteren Zeitpunkt nachgereicht – dann nämlich, wenn wir Della, die gerade über die Liebe sinniert, in ihrem Auto sitzen sehen. Eine Großaufnahme nicht früher, sondern erst jetzt zu bringen, ist ein bißchen so, als machte man die Worte eines Satzes zur Überschrift. Dieses Verfahren gibt den Worten die Chance, der Erzählung gegenüber unabhängig zu bleiben und der semantischen Unterordnung zu entgehen.

KS: Zu einem späteren Zeitpunkt, doch in der gleichen Szene, sitzen Elena und Lennox auf einer Bank vor dem Stall; ein angebundenes Pferd steht neben ihnen. Ihre Unterhaltung dreht sich um das Erinnern, das sich immer deutlicher als das der Tragödie und der Erlösung gemeinsame Prinzip herauskristallisiert. Lennox sagt: »Die Erinnerung ist das einzige Paradies, aus dem wir nicht vertrieben werden können.« Worauf ihm Elena sarkastisch entgegenhält: »Das gilt nicht in jedem Fall.« Lennox schüttelt leicht den Kopf, wie um ihre Einwendung zu bestätigen, und macht dann die totale Kehrtwendung: »Die Erinnerung ist die einzige Hölle, in die wir ohne jede Schuld verstoßen werden.« Einen Moment später wird klar, daß Lennox und Elena voneinander Abschied nehmen. Lennox fragt Elena, ob es etwas gibt, daß sie be-

dauert. Unter allen ökonomischen Auffassungen von der Liebe, die im
Film vertreten werden, ist ihre Antwort die grausamste: »Bedauern
ist selten etwas anderes als das Bewußtsein, für eine mittelmäßige
Sache einen zu hohen Preis entrichtet zu haben.« Die Ironie ihrer
Formulierung liegt darin, daß wir erst nach Abzug unserer libidinösen
Besetzungen überhaupt in der Lage sind, einen vormals geliebten
Menschen in dieser Weise wahrzunehmen. Tatsächlich haben wir
selbst die »Abwertung« vorgenommen, indem wir unsere psychischen
»Spielmarken« zurückgefordert haben.

HF: Zwar haben Elena und Lennox soeben voneinander Abschied
genommen, doch setzen sie, allen Vorsätzen zum Trotz, ihr Gespräch
unter einem der animistischen Bäume des Films weiter fort. Dieser
Moment liefert eines der besten Beispiele in *Nouvelle Vague* für Worte,
die zueinander sprechen. Der Gärtner deklamiert aus dem Off: »Sie
alle, die sich vor dem Hintergrund erheben, den der Sommer in
prachtvollen Grüntönen schildert, der Herbst als königliche Glut und
der Winter als Ruin, bevor das erste Sprießen des Frühlings einsetzt,
schließen sich nun zusammen.« Es folgt eine kurze Pause, in der Elena
Lennox um einen »anderen Satz« bittet, worauf Lennox anhebt: »Also,
es kam ihm die Idee, daß auch sie …« In der Zwischenzeit, bevor
Lennox seinen Satz ausredet, vollenden der Chauffeur und der Gärtner in einer Art »Kanon« jenen Text, den der Gärtner begonnen
hatte: »…verbünden sich nun; ein wenig geschwärzt von der Witte-
rung, dem Klima und der Lebensdauer, doch ruhig dabei, und uner-
gründlich …, nicht als würden sie mit ihrer monolithischen Masse
und ihrem enormen Gewicht die Lebenden vor den Toten schützen,
sondern eher die Toten vor den Lebenden bewahren … vor der Angst
und Unmenschlichkeit der menschlichen Rasse.« Während die beiden deklamieren, blickt Lennox hinauf zu den Wipfeln des Baumes;
die Kamera folgt seinem Blick. Dann kehrt sie zu der Menschengruppe
zurück und hält auf den versunkenen Ausdruck, den Elenas empor-
gewandtes Gesicht zeigt. Auch Lennox blickt auf Elena, bevor er den
Satz zu Ende spricht: »Also, sie hatte den Eindruck, daß ihr Glück,
sollte sie auch nur ein bißchen zögern, ebenso rasch vergehen könnte wie das Laub, das dieser unbeständige Sommer vertrocknen ließ.«
Während dieser Rede blicken er und Elena erneut aus dem Bild. Die
nächste Einstellung, die nach dem Wort »vergehen« beginnt, bringt
ins Bild, worauf sie offenbar schauen: eine noch sommerlich grüne
Baumgruppe.

KS: Diese Szene enthält einen der entscheidenden Momente, in denen die beiden Erzählungen von Nouvelle Vague eins werden. Die Erzählung von Elena und Lennox verschmilzt mit der des Landsitzes Torlato Favrini, was sich nicht nur daran zeigt, daß Lennox die Zerbrechlichkeit von Elenas Glück in die Metapher vom vertrockneten Laub kleidet, sondern daß beide Figuren zusammen in einer Weise in der Landschaft aufgehen, die an die frühere Unfallszene erinnert. In diesem Moment der Versunkenheit rühren sie an etwas, das sich mit der Bezeichnung der Mittelmäßigkeit ganz und gar nicht verträgt. Mit ihrem emporgerichteten Blick in die Bäume, deren feierliches Wesen der Chauffeur und der Gärtner bestätigen, verbünden sich Elena und Lennox mit den »Toten« gegen die »Lebenden«. Sie fordern Schutz vor ihrer eigenen Grausamkeit und Unmenschlichkeit.

HF: Als die Kamera die Baumgruppe ins Bild setzt, schwenkt sie über diese zunächst hinweg. Dann fährt sie langsam hinauf, bevor sie sich wieder zu senken beginnt. Mit der Fahrt nach unten ist sie auf der anderen Seite der Bäume angelangt. Wir sehen eine Straße, auf der Cécile entlangradelt und die Jules überquert. Plötzlich ist offenkundig, daß – ohne Schnitt – eine neue Szene begonnen hat.

KS: Und diese neue Szene hat eine gänzlich andere Färbung. Mit der nächsten Einstellung erblicken wir Elena und Lennox, in derselben Kleidung wie zuvor, bei einem Auto stehend. Cécile radelt herbei, Jules kommt gelaufen. Elena telephoniert und ist vollkommen in ein Gespräch über Wechselkurse vertieft. Lennox versichert sich selbst im Off-Kommentar, daß er ihr hilft, obwohl er faktisch zur Untätigkeit verdammt ist. Wieder einmal stecken wir mitten im Alltäglichen.

HF: Delon hat noch immer etwas Jungenhaftes, obwohl er doch schon auf die Sechzig zugeht und sein Körper und Gesicht unübersehbar vom Alter gezeichnet sind. Er weiß der Zeit zu trotzen. Aus diesem Grund eignet er sich für die Rolle eines herausgeputzten Niemand besonders gut.

KS: Da sich die Hauptfiguren von Nouvelle Vague bereits in der Parkszene Lebewohl sagen, erhält die anschließende Szene, in der Elena Lennox ins Wasser stürzt und seine Hilferufe ignoriert, eine gewisse narrative Notwendigkeit. Verflüchtigt sich die Liebe, dann sterben die Menschen; soviel haben wir ja schon in der Fabrikszene gelernt. Zu Beginn dieser Szene, auf ihrem Weg zum See hinunter, rezitiert Elena das erste Mal aus Dantes *Divina Comedia*: »Die Stunde kam, da auf der hohen See / den Schiffer Heimweh faßt, und er im Herzen / um liebe Freunde bangt, die er verließ / und da im jungen Pilger Liebesweh / erwacht beim fernen Hall der Abendglocke – / wie Weinen klingt es um den Tod des Tages (...)«. Diese Zeilen stehen am Anfang des achten Gesangs des *Fegefeuer*[11]. Wie bei vielen anderen Gleichnissen aus der *Divina Comedia* verweist auch dieses auf die Seefahrt. Im Original wird das Wort »Schiffer« metaphorisch gebraucht. Hier ist es wörtlich aufzufassen – nicht nur wegen der anschließend gezeigten Bootsfahrt, sondern auch aufgrund der zwei Bilder vom See, die das Rezitativ begleiten.

HF: Diese Szene nimmt auch die Todesmetapher aus dem epischen Gleichnis wörtlich; die Zeile »um liebe Freunde bangt, die er verließ« verweist zurück auf die Waldszene.

KS: Das Entscheidende an diesem Zitat ist aber wohl das Motiv des sehnsüchtigen Verlangens, das es in den Film einführt. Noch während Elena den Tod von Lennox vorausahnt, scheint sie den Augenblick zu erwarten, zu dem es ihr wieder möglich sein wird, ihn zu lieben.

HF: Auch Lennox zitiert Verse, während er an der Anlegestelle auf Elena wartet. »Ach, wie ich mich verschwende in meinem kraftlosen Streben / zurückzufinden in die Wirrnisse, denen ich entflohen / wie oft noch werde ich sterben, und doch weiterleben / kennst du das Verbrechen, mit dem du betrogen?« deklamiert er erst nur für sich und später auch an Cécile gewandt. Wie Elenas Rezitativ stecken diese Verse voller Vorahnungen des Kommenden. Sie künden nicht nur von einem Verbrechen, sondern sprechen auch von einem Opfer, das seinem Schicksal erwartungsvoll entgegensieht.

KS: Lennox scheint »halb in Liebe entbrannt zum lindernden Tod«, wie Keats es ausdrücken würde.[12] Dagegen kann die Zeile »wie oft noch werde ich sterben, und doch weiterleben?« als Hinweis gelten, daß der Tod, den Lennox auf dem See erleidet, nicht endgültig sein wird, vielmehr ein anderes Leben ermöglicht.

HF: Elena steigt zuerst ins Boot. Lennox streift seine Schuhe ab und wirft sie über die Mauer. Dann steigt er die wenigen Stufen von der Anlegestelle zum Wasser hinunter. Aus einer Position oberhalb der Darsteller schwenkt die Kamera über die grünen Tiefen des Wassers hinweg zu Jules, der in einem anderen Boot sitzt und in die Fluten starrt, wobei er sich fragt: »Was bedeuten all diese Bilder?« Wie üblich ist er »woanders«. Die Kamera setzt ihren langsamen Schwenk über das Wasser fort, bis sich ein Boot aus blank poliertem Holz ins Bild schiebt. Von einem Ort, der weder gezeigt noch erklärt wird, steigt Lennox im rechten Bildrand ins Boot hinein. Man kann sich nur vorstellen, daß er in einem anderen Boot, vielleicht im Boot von Jules, dorthin gelangt ist. Hier sind wir erneut mit den Konkretionen einer Erzählung konfrontiert, ohne über die tatsächliche Erzählung zu verfügen. Diese Spannung im Zusammenspiel mit Jules' Frage und den Klängen von Darlings *Journal October/Solo Cello* machen aus der Einschiffung ein Geheimnis.

KS: In dem Augenblick, als Lennox seinen Fuß ins Boot setzt, fragt der Chauffeur ihn aus dem Off: »Wurden Sie je von einer toten Biene gestochen?« Lennox ist von dieser Frage verblüfft, weil er sich, wie wir später erfahren, an die richtige Antwort nicht erinnern kann. Der Chauffeur ruft dem ausfahrenden Boot nach: »Sie, sie wußte es!« [13]

HF: Den Ablauf des Geschehens, der zum Ertrinken von Lennox führt, kann man genau verfolgen. Wir sehen Elena ins Wasser springen und hören ihre wiederholten Rufe, Lennox soll auch hineinkommen. Mehrfach weist er sie darauf hin, daß er nicht schwimmen kann. Elena verleiht ihrer Aufforderung immer mehr Nachdruck. Wir bemerken Lennox' zögerliche Reaktion, nachdem Elena ihn gebeten hatte, ihr beim Zurückklettern ins Boot behilflich zu sein. Die Behandlung aber, die *Nouvelle Vague* dem vermeintlichen Höhepunkt dieser Szene zukommen läßt, ist typisch Anti-Action. Sowohl der Moment, als er tatsächlich ins Wasser fällt, wie auch sein Ertrinken entgehen uns.

KS: Im entscheidenden Augenblick schneidet Godard sogar auf Cécile und Jules, die am Boden sitzen und in die Ferne starren. »Cécile, was sind das für Bilder ... bald ungebunden, dann wieder eingefaßt? ... Diese ungeheuerliche Ansicht ... wenn die Formen vergehen, während die Farben leuchten?« fragt Jules. Als wäre Céciles Antwort mindestens ebenso wichtig wie das Geschehen auf dem See, folgt einen Augenblick später eine weitere Einstellung auf dieses Paar, so daß wir ihre Antwort verstehen können: »Das ist der Raum.«

HF: Daß wir Lennox' Tod sehen, spielt allerdings auch keine Rolle. Das entscheidende Bild ist die Hand, die sich vergebens nach Rettung streckt.

KS: Die Kamera wird nicht mehr zu Lennox und Elena zurückkehren. Nachdem sie Cécile und Jules zum zweiten Mal ins Bild gesetzt hat, bleibt sie bei ihnen. Cécile spricht verträumt: »Laß die Klagen des Windes und die Seufzer der Wellen, laß den Duft, der süß dich umflort, laß all das, was man sehen und hören und atmen kann, laß es kundtun: ›sie haben geliebt.‹« Gegen Ende dieser Rezitation erblicken wir den nun still ruhenden See; durch die Bäume hindurch können wir bei den Worten: »sie haben geliebt«, das hölzerne Boot ausmachen, das jetzt verlassen daliegt. Waren wir früher aufgerufen, in Lennox' Tod die Voraussetzung der künftigen Liebe zwischen ihm und Elena zu sehen, müssen wir ihn jetzt als Bestätigung ihrer vergangenen Liebe anerkennen. Es zeigt sich immer deutlicher, daß Tod in diesem Film etwas anderes bedeutet als bloße physische Auslöschung.

HF: Auf die Szene, in der Lennox ertrinkt, folgt eine Sequenz, die von Gewalt und Verschwörung handelt. Yvonne schlägt einem Fisch den Kopf ab, und Raoul versucht, die Schuhe loszuwerden, die Lennox, bevor er ins Boot stieg, zurückgelassen hatte. An diese Sequenz schließt sich eine Natur-Montage an. Über dem ersten Bild, das eine grüne

Wiese im Spätsommer oder beginnenden Herbst zeigt, spricht Elena die berühmten Anfangsverse von Dantes *Inferno*: »Dem Höhepunkt des Lebens war ich nahe / da mich ein dunkler Wald umfing und ich / verirrt, den rechten Weg nicht wieder fand / Wie war der Wald so dicht und dornig / o weh, daß ich es nicht erzählen mag / und die Erinnerung daran mich schreckt / Viel bitterer kann selbst der Tod nicht sein ...« [14] Es folgen sechs Bilder mit Land- und Wassermotiven – der heraufziehende Herbst und der Winter kündigen sich an. Wie Dantes Zeilen erzählt auch die Landschaft von Elena – sie legt Zeugnis ab von der düsteren Nacht, die Elenas Seele umfängt. Da ertönt Jules' Stimme, die verrät, daß der Winter fast vorüber ist. Über dem Bild, das die Veranda ihres Hauses im Aprilregen zeigt, fügt Elena die folgenden Verszeilen aus dem *Inferno* unmittelbar an: »Doch um das Gute, wie es dort mir wurde / zu zeigen, kommt das andre auch zum Wort«. (S. 25) Diese Passage kündigt einen dramatischen Stimmungswechsel an.

KS: Während Elena ihren Monolog fortspinnt, lesen wir zunächst auf schwarzem Grund den Zwischentitel »*Veni Creator*« (»Komm, Schöpfer«) und erblicken sodann Raoul, der gegen Frühlingsende oder im Frühsommer auf Elenas Anwesen eintrifft. Sowohl die Dante-Verse als auch die Bilder einer erholten Natur verraten, daß sich schon bald ein weiterer Schöpfungsakt vollziehen wird.

HF: Zwar wurde der Schöpfer herbeizitiert, doch noch hat er sich nicht zu erkennen gegeben. Während wir auf die Formel »*Veni Creator*« blicken, hören wir den PDG die Worte sagen: »In der Menge E einer algebraischen Darstellung nehmen wir eine Verknüpfung vor, indem wir zwei willkürlich festgesetzte Punkte miteinander verbinden: x und y von E. Das entspricht einer dritten Verknüpfung: der Funktion (x,y).« Auf diese Weise erfahren wir, daß aus der wunderbaren Verbindung von x und y, oder Elena und Lennox, Leben entspringen wird.

KS: Die Naturmontage wird mit einer festen Einstellung abgeschlossen, die recht außergewöhnlich ist. Wir sehen einen Teich, in dem sich Bäume und Schilf spiegeln. Über dem Wasser wirbelt Blütenstaub. Delon kommt als Spiegelung ins Bild. Breitbeinig, in autoritärer Pose, hat er sich vor dem Teich aufgebaut. Für den Rest des Films wird er darauf bestehen, nicht Elenas früherer Liebhaber zu sein, Roger Lennox, sondern dessen Bruder, Richard Lennox.

HF: Von nun an wird Lennox eine andere Haltung einnehmen, er wird von ihrem Haus und Anwesen, und auch von ihrer Firma, Besitz ergreifen.

KS: Die nächste Einstellung zeigt einen Zwischentitel auf schwarzem Grund: »Je est un autre« (»Ich ist ein anderer«).[15] In der Regel wird diese berühmte Zeile von Rimbaud zitiert, wenn es darum geht, die Andersheit des Selbst zu bezeichnen oder die dem Selbst äußerliche Herkunft von Begehren und Identität.[16] Daß diese Bedeutungen hier tatsächlich mitschwingen, zeigt sich darin, daß uns Lennox als sein Spiegelbild gegenübertritt. Doch ebensogut läßt sich das Zitat als Herausforderung lesen. Es provoziert zu einer Reihe dringlicher Fragen: Warum scheint der Mann, der jetzt vor dem Teich steht, derselbe und doch ein anderer zu sein? Ist er wirklich der Bruder von Roger Lennox? Oder handelt es sich nicht vielmehr um Roger selbst, der ins Leben zurückgekehrt ist?

HF: Wir werden gleich erfahren, warum Raoul auf Elenas Anwesen zurückkehrt. Die ganze Clique von Geschäftspartnern wurde herbeizitiert, um mit der Krise fertig zu werden, die sein Auftauchen oder Wiederauftauchen ausgelöst hat. Mit einer Reihe kleiner Szenen, die allesamt in Elenas Haus spielen, flickt Nouvelle Vague etwas zusammen, das nach allem, was uns der Film bis dahin geboten hat, am ehesten

einer üblichen Erzählung entspricht. Außer Frage steht, daß Lennox
aufgetaucht ist, um erstens Elena für sich zu beanspruchen und um
zweitens, als Preis für das Stillschweigen über den Tod seines Bruders,
einen Anteil am Betrieb für sich herauszuschlagen. Die anderen Figuren philosophieren nicht länger über die Liebe, sondern schmieden
Pläne und Ränke. Unter dem Vorwand feststellen zu wollen, ob er überhaupt einen passablen Geschäftspartner abgeben würde, wird Lennox
einem Verhör unterzogen. Er muß all das wiedergeben, was er in der
ersten Filmhälfte hätte mitbekommen können. Dabei handelt es sich
um mehr als nur eine einfache Wiederholung. Eher müßte man von
einer Gedächtnisprüfung sprechen. Früher, bei der Frage nach der
toten Biene, hatte er eine solche Probe nicht bestanden. Jetzt
demonstriert er seine Fähigkeit, auf Befehl den Mädchennamen und
die Personalakte von Della Street herunterzusagen sowie eine Beschreibung des subatomaren Teilchens liefern zu können, das die
Torlato Favrini-Fabrik entdeckt zu haben glaubt.

KS: Doch das sind Erinnerungen alltäglicher Art. Kurz nachdem Lennox
seine Leistungsfähigkeit unter Beweis gestellt hat, entsteht ein Gespräch, in dem die erlösende Kraft der Erinnerung beschworen wird.
Während Elena auf den Stufen der Veranda vor ihrem Haus auf- und
abgeht, wiederholt sie jene Worte, die Lennox einst im Park zu ihr gesagt hatte: »Die Erinnerung ist das ein einzige Paradies, aus dem wir
nicht vertrieben werden können.« Aus dem Off vernimmt man seine
Antwort: »Es reicht nicht, Erinnerungen zu haben. Man muß auch
wissen, wie man sie vergißt, wenn sie überhand nehmen, und die Geduld aufbringen, ihre Rückkehr abzuwarten. Denn Erinnerungen sind
nicht nur das. Erst wenn sie in uns zu Fleisch und Blut, Blicken und Gesten werden, erst wenn sie ihren Namen abstreifen und sich von uns
nicht mehr unterscheiden lassen … erst dann kann aus ihnen in einem
glücklichen Moment …« Lennox spricht seinen Satz nicht zu Ende; das
übernimmt für ihn *Nouvelle Vague*. Erst wenn Erinnerungen zu Fleisch
und Blut, Blicken und Gesten werden – erst wenn Elena und Lennox
bereit sind, sie als ihre ureigenste Substanz anzuerkennen –, können
die Geschichte von Elena und Lennox und die Geschichte des Landsitzes miteinander verschmelzen. Ihr Bezug zueinander zeigt allerdings,
wie weit sie noch davon entfernt sind, in der Landschaft aufzugehen.

HF: Während seines Verhörs macht Lennox eine Aussage, die wie
so viele andere sowohl eine psychische als auch ökonomische Geltung haben kann: »Es wird immer schwieriger, mit Ungleichgewichten

umzugehen, die außer Kontrolle geraten. Die Zentralbanken sind Marionetten; die Wechselkurse heraufzusetzen ist genau dasselbe wie an Fäden zu ziehen – sieht man einmal davon ab, daß Menschen sterben. In der Vergangenheit haben derart wilde Manipulationen mit Krediten und Schulden stets zu furchtbaren Katastrophen geführt.« Wie wir noch sehen werden, spricht Lennox hier im selben Maße über seine neue Beziehung zu Elena wie über das Großkapital. Es bleibt nicht dabei, daß die Form ihrer Beziehung den Empfänger in Schulden stürzt; ab jetzt gilt außerdem das Prinzip des quid pro quo. Richard Lennox scheint entschlossen, aus seiner Verbindung mit Elena jenen Profit herauszuschlagen, der die früheren Verluste seines Scheinbruders aufwiegt.

KS: Während Elena auf der Veranda auf und ab geht, liefert Dorothy Parker einen impliziten Kommentar zum Stand der Dinge. »Man hat einen Preis dafür zu zahlen, wenn man gut ist ... und ebenso, wenn man schlecht ist ... Und es sind die Guten, die die Rechnung, wenn sie kommt, nicht ignorieren können. Die Schlechten, die können sich weigern. Einfach aus dem Grund, weil niemand von ihnen erwartet, daß sie zahlen, weder jetzt noch später. Doch die Guten können das nicht.« Mit diesen Worten macht sie uns bewußt, daß wir ökonomische Verhältnisse zu moralisieren gewohnt sind: Diejenigen, die zahlen – ob mit ihrem Leben, ihrem Geld, ihrer Libido oder ihrer Arbeit – sind »gut«; diejenigen, die es nicht tun, sind »schlecht«. Aber niemand ist wirklich bereit, immer zu bezahlen. Wir erwarten, daß gegenwärtige Verluste durch zukünftige Gewinne aufgefangen werden. Viele Jahrhunderte lang galt die Überzeugung, daß den Menschen, die in diesem Leben bezahlt haben, im Himmel reicher Lohn winken werde. Der Gedanke verschaffte ihnen Genugtuung, daß diejenigen, die nicht auf Erden zahlten, das in der Hölle nachzuholen hätten.

HF: Doch die Welt, die Dorothy Parker beschreibt – und die sich von unserer selbstverständlich in nichts unterscheidet –, ist eine Welt, in der diese Versprechungen nicht mehr gelten. Die Guten zahlen ohne Gewißheit, daß sie in der Zukunft entschädigt werden; die Bösen haben, wenn sie säumig bleiben, keine Vergeltung zu fürchten.

KS: So ist es. Die Bewohner dieser Welt glauben nicht länger an eine Ewigkeit, in der die Ungleichgewichte der menschlichen Existenz durch göttliche Gerechtigkeit ausgeglichen werden. Sie halten aber noch immer an dem Glauben fest, daß die Zahler die Guten sein müssen und die Nichtzahler die Schlechten; damit einher geht die Überzeugung, daß die Guten am Ende ihren gerechten Lohn erhalten werden. Doch es gibt kein Leben nach dem Tod. Deshalb findet die einzige Abrechnung im Feld menschlicher Beziehungen statt; nur hier wird für Verluste aufgekommen. Was dem einen rückerstattet wird, muß aber dem anderen als Verlust zu Buche schlagen. Insofern ist die ganze Vorstellung vom Ausgleich ein Unding. Erschwerend kommt hinzu, und *Nouvelle Vague* betont das immer wieder, daß die Begriffe »Geber« und »Empfänger« in fataler Weise mehrdeutig sind. Wer kann in einer Ökonomie, in der Empfangen Verlust und Geben Gewinn bedeuten, als Zahler gelten? Wer kann mit Recht behaupten, der »Gute« zu sein?

HF: Für die Gefahren, die sich ergeben können, wenn man libidinöse Angelegenheiten im Sinne einer Ökonomie betreibt, liefert die Beziehung zwischen Elena und Lennox drastisches Anschauungsmaterial. Was Lennox über Erinnerung sagt, weist aber vielleicht auf eine andere Existenz – auf eine andere Lebensweise.

KS: In ihr ist auch eine andere Erotik angelegt; während der langen Nachtszene in Elenas Haus scheint davon etwas auf.

HF: Die Kamera fährt die volle Länge des Hauses ab, erst nach links, dann nach rechts, in einer Wiederaufnahme der früheren Tableau-Szene. Lampen tauchen jeden Raum, den die Kamera auf ihrer Fahrt hinaus durchquert, in Licht. Bei ihrer Fahrt zurück erscheint Cécile, die sich etwa gleich schnell wie die Kamera bewegt. Sie knipst ein Licht nach dem anderen aus, und dennoch – dank des Wunders, das der neue Kodak-Film vollbringt, mit dem Godard *Nouvelle Vague* gedreht hat – können wir eine Menge sehen. Während Cécile sich über eine Lampe beugt, verwandelt sich ihr Gesicht für einen Moment lang zu einem leuchtenden Oval, das wie ein Mond in der Schwärze schwimmt. Die Überzeugung, Dunkelheit sei das Gegenteil von Helligkeit, dürfen wir aufgeben; es gibt lediglich unterschiedliche Grade der Beleuchtung.

KS: Der Anfang von Schönbergs *Verklärte Nacht* begleitet diese Einstellung und läßt anklingen, daß dies einer der Momente ist, in denen es den Hauptfiguren gelingt, das Alltägliche abzustreifen. Godard übernimmt lediglich die harmonischsten Teile dieser modernen Symphonie – die Teile, die auch aus dem neunzehnten Jahrhundert stammen könnten.

HF: Auch hier sucht er Moderne und Klassik unter einen Hut zu bringen. Daneben läßt sich, wie schon in der Tableau-Szene, das Geräusch der Brandung vernehmen. Es signalisiert eine Drohung, doch auch ein Versprechen – Drohung und Versprechen des Schicksals, das die Figuren in sich tragen und das der See versinnbildlicht.

KS: Die Tableau-Szene ging Lennox' Tod im See voraus. Man konnte sie als Vorwegnahme lesen, doch jetzt, im nachhinein, hat sie eine andere Bedeutung bekommen. Bei dem Geräusch der Wellen denken wir an Lennox' Tod. Das Vergangene klingt im Gegenwärtigen an. Nicht nur wir machen diese Erfahrung. Das Gespräch zwischen Elena und Lennox zeigt, daß auch sie das Geschehen auf dem See wiedererinnern. Nachdem die Kamera auf ihrem Weg am Haus entlang drei Räume durchquert hat, erreicht sie die Türöffnung und das Paar. Weil Elena hinter einer Glastür steht, hat ihr Bild – als wohnte sie im See – die Instabilität einer Wasserspiegelung.

HF: Lennox meint:»Das Positiv ist uns bereits gegeben. Das Negativ herzustellen ist etwas, das wir selbst tun müssen.« Ich verstehe das Positiv im Sinne von Leben. Das Negativ bezieht sich dagegen auf solche ihrem Wesen nach menschlichen Dinge, mit denen wir uns dem Verhängnis der Bedeutung ausliefern: Worte, Bilder, Ideen oder gar – wie bei Hegel – Arbeit.[17]

KS: Als die Kamera nach links fährt, findet sie schließlich wieder zu Lennox und Elena zurück. Ein letztes Licht brennt noch. In seinem Schein kann man Elena erkennen, die Lennox anblickt, während ihr Kopf an seiner Brust ruht. Sie sagt:»Es gibt keinen Richter, auf gar keinen Fall. Was nicht durch die Liebe aufgelöst wird, das bleibt für immer in der Schwebe.« Das bedeutet: Wir bewohnen eine postmetaphysische Welt. Es gibt keine übergeordnete Instanz, die entscheidet, was falsch oder richtig ist und wer zahlen muß oder wer profitieren darf. Die einzige Berufungsinstanz ist die Liebe. Bei diesem Gerichtshof werden unterschiedliche Ansprüche allerdings nicht gegeneinander abgewogen, sondern eher aufgelöst. Auflösung ist hier musikalisch zu verstehen und meint den Moment, in dem erneut eine Harmonie entsteht. Vor dem Liebesgericht werden Schulden nicht bezahlt, sondern gestrichen; Gewalt wird nicht bestraft, sondern neutralisiert.

HF: Es scheint, als würde diese Einstellung Liebe zur Religion erheben und dadurch wieder die Metaphysik in den Film hineinschmuggeln.

KS: Insofern *Nouvelle Vague* die Chance eröffnet, der Binarität von Geben und Empfangen – oder Herr und Sklave – durch eine Auflösung libidinöser Art zu entkommen, macht sich der Film zugleich für eine Art Ethik der Liebe stark. Allerdings ist das Transzendenz-Prinzip dieser Ethik immanenter Natur; es liegt in den Figuren, und nicht in irgendeiner höheren Sphäre verborgen. Indem es Elena und Lennox gelingt, ihre Alltäglichkeit abzustreifen, überwinden sie nicht das Irdische, sondern fangen überhaupt erst an, ihm gerecht zu werden. Sie akzeptieren ihr »In-der-Welt-Sein«. Diese Form der Transzendenz lenkt den Blick unweigerlich auf Existenzformen, bei denen das »Verfallensein« im Vordergrund steht – Existenzformen, denen die Transzendenz erst abgerungen werden muß. Den Begriff »Verfallensein« übernehme ich von Heidegger, der damit keinen Zustand nach dem Sündenfall meint, aus dem wir stets errettet werden können, sondern eher den menschlichen Normalzustand.[18]

HF: Ich frage mich: Liegt hier wirklich eine Auflösung vor? Gerade diese Szene endet doch ohne jede Lösung. Nachdem Elena die Worte »das bleibt für immer in der Schwebe« gesprochen hat, folgt ein Schnitt auf den Zwischentitel »Seit den Anfängen«. Damit wird angedeutet, daß sich die Liebenden seit den Anfängen menschlicher Existenz gegenseitig ins Wasser geschubst haben. Außerdem schiebt Godard, statt diese Szene mit einer musikalischen Auflösung ausklingen zu lassen, die Auflösung noch zwei Einstellungen hinaus.

KS: Wie Du sagst, spricht Lennox zu Beginn der Schönberg-Einstellung: »Das Positiv ist uns bereits gegeben. Das Negativ herzustellen ist etwas, das wir selbst tun müssen.« Dabei handelt es sich um ein klassisches Beispiel von These und Antithese. Ein weiteres Beispiel ist der Film im Ganzen. These: Elena wirft Lennox ins Wasser, und er fleht um Hilfe. Antithese: Lennox wirft Elena ins Wasser, und sie fleht um Hilfe. An diese letzte Szene werden wir uns zu halten haben, um festzustellen, ob dieser Gegensatz schließlich aufgelöst wird oder nicht – und, falls er aufgelöst wird, in welcher Form die Auflösung erfolgt. Doch zuerst müssen wir über die Szene sprechen, in der das Negative in den Vordergrund tritt: die Szene, in der ein potentieller Käufer Elenas Haus besichtigt.

HF: In dieser Szene ist Elena allein zu Haus. Sie steht neben einem beinahe völlig abgedunkelten Fenster. Ihre Haltung verrät, daß sie jemanden erwartet. Damit erfüllt sie die traditionelle Funktion der

»Frau«; Sänger singen, Tänzer tanzen und Frauen warten, daß ihre Männer zurückkehren. Wir hören Schritte und eine Stimme dazu, die aus dem Off verkündet: »Ich habe einen Termin mit Monsieur Lennox.« In der anschließenden Unterredung springt der Mann mit Elena um, als sei sie eine Hausangestellte, eine, dergegenüber er sich ungeduldig und etwas rüde zeigen kann. Eigenartigerweise fügt sich Elena dieser Behandlung. Lennox kommt und beauftragt Cécile, die Zeitungen zu holen. Della taucht mit einem Schriftstück auf, das er unterzeichnen soll. Lennox' Aktivität steht in deutlichem Gegensatz zu Elenas Passivität. Elena geht ganz langsam, fast schlafwandlerisch, um auf Lennox zu treffen, der sie umarmt, während er stolz verkündet: »Vier Millionen Dollar«, so als würde er seine Liebe in Zahlen fassen.

KS: Bei dem Gespräch kurz darauf im Haus zeigt sich, daß der Status des Schulden- und Kreditsystems unangefochten ist:
Elena: Ihr Gesicht ...
Lennox: Was soll das heißen, mein Gesicht? ...
Elena: Ich sehe Sie nicht.
Lennox: Schau mich nur an!
Elena: Nein, ich sehe Sie nicht; noch nicht ...
Lennox: Laß uns rausgehen. Hier drin sieht man ja nichts ...
Elena: Hätte er nicht Ihr Gesicht gehabt ... Ich wäre nicht gezwungen, Sie zu lieben. Sogar dann, wenn Sie nicht ... ein anderer wären, wären Sie es ... Sie haben mir meine Existenz geraubt!
Lennox: Etwa weil ich mich um alles kümmere?
Elena: Indem Sie mich aus meiner Existenz befreit haben, haben Sie sie mir geraubt ... Sie kamen von außerhalb und ... durch die Liebe haben Sie sich in mir festgesetzt, und ich habe Sie aufgenommen ... durch die Liebe.
Wieder läßt sich beobachten, daß die Befreiung, die die Liebe verspricht, in eine neue Form der Unterdrückung umschlagen kann und sich ihre Gaben zu einem Schuldenberg auftürmen. Auch hier gilt, daß der Herr den Knecht paradoxerweise durch seine Arbeit beherrscht. In der zweiten Filmhälfte ist es Lennox, der auf Geschäftsreise geht, Schecks ausschreibt und Millionen scheffelt, während Elena immer weniger zu tun bleibt. Sie, die Lennox bis dahin geduzt hatte, sagt nun »Sie« zu ihm – genauso wie er das früher mit ihr tat.

HF: All das schlägt sich auch in Lennox' physischer Erscheinung nieder. Was ihn in der ersten Filmhälfte auszeichnete, war vor allem der jungenhafte Charme, der sich in seiner Kleidung und der Art zeigte, sich den Umständen entsprechend nachdenklich oder unschuldig zu geben und immer die passende Redensart parat zu haben. Sein einziger Job bestand darin, zu gefallen. Jetzt ist er der Herr, und derlei Blendwerk ist überflüssig geworden. Elena auf der anderen Seite wird in dieser zweiten Hälfte immer blasser und lethargischer. Es scheint, als würde ihr der Lebenssaft ausgesogen.

KS: Elena steht unter dem Bann, den Mann zu lieben, der vorgibt Richard Lennox zu sein. Es ist aber bezeichnend, daß dieser Bann nicht davon abhängt, daß Lennox irgendwelche tollen Dinge tut. Es kommt darauf an, daß er das Gesicht von Roger Lennox hat. Er ist die Reinkarnation des Gewesenen. Gleich der Vergangenheit, über die Heidegger schreibt, erscheint Elena dieses Gesicht aus der Zukunft, in Gestalt ihres Schicksals.[19]

HF: Und genau aus diesem Grund erwidert Lennox, nachdem Elena die Worte »Indem Sie mich aus meiner Existenz befreit haben, haben Sie sie mir geraubt« gesprochen hat: »Die Gegenwart, die Du Dir ausgesucht hast, läßt keinen Abschied zu.« Egal wie, entweder als er selbst oder in Gestalt des Mannes, der an seine Stelle tritt: Lennox ist auf ewig an Elena gekettet. Einer von beiden wird auf ewig den anderen ins Wasser werfen und sich weigern, die hilfesuchende Hand zu ergreifen.

KS: Doch *Nouvelle Vague* gibt zu verstehen, daß sich dieses Szenario nur so lange zwanghaft wiederholen wird, wie sich Lennox als der Andere darstellt, der zugleich derselbe ist – als der Fremde namens Richard Lennox, der berechtigt ist, Elenas Liebhaber zu sein, weil er das Gesicht seines Bruders hat. Der Film hat aber noch eine weitere Option in der Hinterhand, und für sie hat er das Rimbaud-Zitat gewählt: Lennox ist einerseits wieder Roger, zugleich aber ein Anderer.

HF: Wir sind nicht sonderlich überrascht, als Elena und Lennox unmittelbar nach ihrem Gespräch im Haus wieder ins Boot steigen; ihre Beziehung, soviel ist klar, kann in dieser Form nicht weitergehen. Zunächst hat es den Anschein, als würde sich die Geschichte, nur mit umgekehrten Vorzeichen, wiederholen: Die Schuhe Elenas bleiben am Ufer zurück; sie fällt ins Wasser, ohne daß wir das sehen; Lennox ignoriert anfangs, nicht anders als Elena damals, die ausgestreckte Hand. Und dennoch lassen sich einige Unterschiede gegenüber der früheren Bootsszene feststellen. Das Wetter ist schlecht und der See daher aufgewühlt. Lennox stößt Elena fast gewaltsam ins Boot, während er einige paradoxe Formeln, die ihre Liebe charakterisieren, hersagt: »Für Dich bin ich eine Falle«, »Je mehr ich Dir zugetan bin, desto öfter werde ich Dich betrügen«, »Meine Offenheit wird Dein Ruin sein«. Auf dem Wasser fordert er von Elena einen Kuß, den sie ihm verweigert – in ihr drückt sich aus, daß sie den Mann liebt und zugleich fürchtet. Als sie aber im Wasser ist und die Hand um Hilfe ausstreckt, ergreift Lennox diese. Die Wichtigkeit dieser Geste wird dadurch betont, daß sie ganz kurz, für den Bruchteil einer Sekunde zu sehen ist – das Wunderbare läßt sich nur andeuten. Wie nach dem Unfall zu Beginn des Films wird hier eine reine Gabe übertragen.

KS: Und so kommt es doch zu einer Auflösung. Elena und Lennox entgehen der Logik des quid pro quo, weil sie verstanden haben, daß das einzige Gut, was sich wirklich herschenken läßt, etwas ist, was niemandem gehört. Sie sind zu dieser Einsicht fähig, weil sie ihre Vergangenheit anerkannt und ihre Erinnerungen zu Fleisch und Blut, Blicken und Gesten umgeformt haben. Das Bewußtsein von dem, was sie einmal waren, gibt Elena und Lennox Gelegenheit, sich beim Umschreiben der Erzählung, die ihr Schicksal ist, einige Freiheiten herauszunehmen. Sie können diese Erzählung weniger zwanghaft und weniger auf genaue Entsprechungen bedacht durchspielen. Auf diesem Weg gelangen sie sogar dahin, die Rollen von Herr und Knecht, Geber und Empfänger zu überwinden. Lennox formuliert das in einem in dritter Person gehaltenen Off-Kommentar, während er mit Elena vom See in Richtung Haus zurückschlendert: »Im Ganzen hatten sie den Eindruck, das alles schon einmal durchlebt zu haben. Und ihre Äußerungen schienen in den Spuren anderer Äußerungen aus anderen Zeiten zu erstarren. Sie schenkten dem, was sie einst getan hatten, keinerlei Beachtung. Wohl aber dem Unterschied, der es wollte, daß ihre jetzigen Handlungen Teil der Gegenwart sind, während die gleichen Handlungen von damals der Vergangenheit angehören. Sie fühlten sich groß, unbeweglich, und über ihnen spülten Gegenwart und Vergangenheit als identische Wellen im selben Ozean.«

HF: Während man die beiden in extremer Totale durch den Park ziehen sieht, rezitiert Elena eine weitere Passage aus dem ersten Gesang des *Inferno*. Auch hier steht die Metapher des Wassers im Vordergrund, die in der Erzählung von *Nouvelle Vague* buchstäblich ausgelegt wird: »Wie einer, der nach Atem keuchend ringt / sich aus dem Meer ans Ufer hat gerettet / zurückschaut auf das fürchterliche

Wasser / so wandte sich, noch immer weiter fliehend / mein Sinn, die Schlucht noch einmal zu bestaunen / die keinen mit dem Leben je entließ«. (S. 25) Diese Zeilen kommentieren das wundersame Entrinnen auf dem See. Lennox und Elena haben eine Erfahrung überlebt, die bis dahin stets tödlich verlaufen war.

KS: Und jetzt begreifen wir auch, was in *Nouvelle Vague* Tod bedeutet. Tod ist jene Entnervung oder Schwächung, die uns in dem Moment ereilt, wenn wir die schöpferischen Möglichkeiten, die uns die Liebe gibt, nicht mehr zu nutzen wissen. Tod bedeutet das Versiegen unserer Lebenskraft; wir sterben, sobald wir uns als unfähig erweisen, jene vom Eros verliehenen Kapazitäten einzusetzen, mit deren Hilfe man einer alten Geschichte eine neue Wendung geben kann. Zeigen sich Elena und Lennox außerstande, ihre Beziehung auf der Grundlage der reinen Gabe zu führen, sich weder in Schulden zu stürzen noch gegenseitig zu verpflichten, verschwinden die Liebe und mit ihr zugleich das schöpferische Vermögen. Doch in der wundersamen Landschaft, die sie bewohnen, kommt die Liebe immer wieder zurück und räumt ihnen eine weitere Chance ein. Deshalb heißt Tod nicht nur Ende, sondern immer auch die Möglichkeit zum Neuanfang.

HF: Zum Ende dieser Szene fährt die Kamera aufwärts und entfernt sich von Elena und Lennox – bis ein riesiger Baum unseren Blick auf das Paar verstellt. Diesmal jedoch scheint der Baum die menschlichen Figuren nicht auslöschen zu wollen, sondern ergreift für sie das Wort. Wenn sich Elena und Lennox groß und unbeweglich fühlen, dann in impliziter Analogie zu den Bäumen im Park. Die Kranaufnahme, die einem dieser Bäume einen solch prominenten Status zuerkennt, ist in erster Linie als formaler Bezug auf jene »Größe« zu verstehen.

KS: Jules' vordringliche Funktion im Film besteht darin, uns auf immer neue Arten mit der Frage zu konfrontieren: Wie gestaltet sich das Verhältnis zwischen den beiden Geschichten des Films – der Geschichte der Menschen und der der Natur. Manchmal vertritt er die Auffassung, Gräser und Bäume seien nichts weiter als menschliche Projektionen oder das Ergebnis von Bezeichnungen. Dann wieder meint er, Bezeichnungen seien gewalttätig und Worte würden die Dinge unterjochen; die Welt solle von menschlichen Markierungen verschont bleiben. Am Ende heißt der Film allerdings keinen dieser beiden Standpunkte gut. Weder ist die Welt »in« uns noch »außerhalb« unser. Sie ist vielmehr der Ort, den wir bewohnen, wenn wir

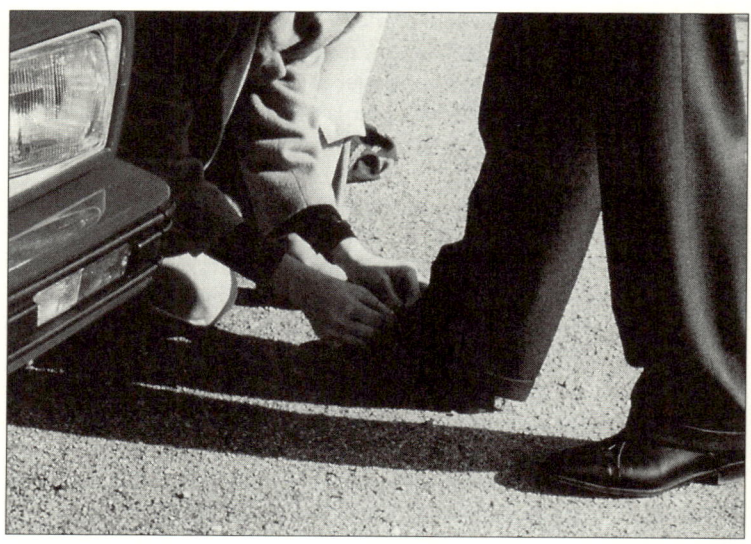

unser »Dasein« auf uns nehmen. Lennox sieht das nicht anders, als er in einem entscheidenden Augenblick der See-Szene meint: »Hier geschieht es: auf dem Wasser und zu Land.«

HF: In der Schlußszene nimmt Elena von den Dienstboten Abschied. Sie hat das Anwesen verkauft. Mag es nun anderen Liebenden als Schauplatz dienen, die sich hier gegenseitig ins Wasser stürzen und wieder herausziehen können. Lennox imitiert einen Tennisprofi, während die Dienstboten abfahren. Als Elena sich niederbeugt, um ihm die Schnürsenkel zuzubinden, vergleicht er sich mit Art Larsent, der einmal über das Netz sprang, damit ihm der Gegner die Schuhe zubinden konnte. Sein Konkurrenzverhalten bricht wieder hervor. Die Kamera aber wendet sich der wundervollen Landschaft zu, als Elena ein letztes Mal aus der *Göttlichen Komödie* zitiert: »... hielt ich mich an den trauten Weggenossen / Wie hätt ich fliehen können ohne ihn? / ... ward auch mein Denken, eben noch beklommen / jetzt wieder unbefangener und offen / so daß ich aufwärts schaute nach dem Hang / der himmelhoch sich aus dem Wasser hebt.«[20] Erneut gelingt es den Figuren, das Alltägliche abzustreifen.

KS: Während Elena die Verse spricht, wiederholt Lennox Worte, die er schon einmal im Film gesprochen hatte, deren Sinn sich aber erst jetzt erschließen läßt: »Meine Mutter pflegte zu sagen: ›Die Hand ausstrecken war immer das, was ich mir von der Freude erhoffte.‹« Worauf Elena erwidert: »Dann warst Du es also«. Sie duzt ihn jetzt, um die zeitliche Verdichtung anzuzeigen. Früher im Film wäre Lennox gezwungen gewesen, sie daraufhin mit »Sie« anzureden. Jetzt aber sagt er nur: »C'est toi, c'est moi.« – »Du bist es, ich bin es.«

HF: Doch dieser seltene Moment der Gleichheit ist rasch vorbei. Elena befiehlt sofort: »Ich fahre!«

KS: Obwohl Lennox wieder in seine alte Rolle schlüpft, hat sich die Ausgangslage gewandelt. Er weiß nun, daß er diese Rolle spielt: »Der Tausch ist getauscht«, meint er sarkastisch. Und als der Chauffeur ihm die alte Frage, die er zuvor nicht beantworten konnte, vorlegt – »Sind Sie je von einer toten Biene gestochen worden?« –, stellt sich heraus, daß er seinen Text kann. Des Chauffeurs »Wenn man barfuß läuft« ergänzt Lennox blitzschnell mit »dann sticht sie, als wäre sie lebendig – vorausgesetzt, sie war in Rage, als sie starb.«

HF: Nachdem Elena schon angekündigt hatte, daß sie den Wagen steuern wolle, überläßt sie unerwartet Lennox den Fahrersitz.[21]

KS: Der Schlußsatz in *Nouvelle Vague* bleibt dem Chauffeur vorbehalten. Es sind Worte, die wir erst jetzt in ihrer Bedeutung ermessen können: »Er ist nicht derselbe; er ist ein Anderer.«

1 Auf einer deutschen Pressekonferenz hatte Godard gemeint, daß er in *Nouvelle Vague* mit einer komplexen Vorstellung von Übersetzung arbeitet: »Ich habe versucht, ein Gleichgewicht zu finden zwischen Literaturzitaten, Aussprüchen und Bildzitaten, die die Natur zeigen. In diesem Film wird das Wasser zitiert oder die Bäume.« Der vollständige Text findet sich unter dem Titel ›Es Wiederfinden‹ in der TAZ vom 22.11.1990.

2 Godards genaue Formulierung lautet: »Das Kino muß aus seinem vertrauten Umfeld heraustreten und sich dorthin begeben, wo es kein Standbein hat.« Vgl. »Lutter sur deux fronts«, in: Alain Bergala (Hg.), *Jean-Luc Godard par Jean-Luc Godard*, Paris 1985, S. 320.

3 Bei den Filmzitaten haben wir uns an das Buch gehalten, das in *L'Avant-Scène Cinéma*, Nr. 396/397 (November/Dezember 1990) veröffentlicht wurde.

4 Hier wie auch an anderen Stellen beziehe ich mich bei meiner Filminterpretation auf Martin Heidegger, *Sein und Zeit* [1927], Tübingen 1953. Heidegger bezeichnet in diesem Buch das Subjekt als »Dasein« das über ein spezifisches »da« verfügt. Nach meiner Interpretation bedeutet die Landschaft für Elena und Lennox dieses »da«.

5 Die Idee von der Liebe als Gabe, die man nicht besitzen kann, stammt von Jacques
  Lacan. Vgl. ders., *Le séminaire, livre VIII: le transfer*, hg. von Jacques-Alain Miller und
  Judith Miller, Paris 1991, S.147.

6 Vgl. Sigmund Freud, »Drei Abhandlungen zur Sexualität« [1905], in: ders., *Studienausgabe*, Frankfurt a.M. 1969-75, Bd.5, S.121-122.

7 F. Scott Fitzgerald berichtet aus einem Gespräch zwischen ihm und Ernest
  Hemingway, in: Edmund Wilson (Hg.), *The Crack-Up, with Other Uncollected Pieces,
  Note Books and Unpublished Letters*, New York 1945.
  Fitzgerald: »Die Reichen, sie sind anders als wir.«
  Hemingway: »Ja, sie haben mehr Geld.«

8 Die Vorstellung, das menschliche Hauptanliegen bestehe darin, das Begehren auf-
  rechtzuerhalten, bildet das Zentrum von Lacans psychoanalytischer Ethik. Vgl.
  Jacques Lacan, *Das Seminar, Buch VII (1959-1960)*, aus dem Französischen von Norbert
  Haas, hg. von Norbert Haas und Hans-Joachim Metzger, Weinheim und Berlin 1996,
  S. 347-388.

9 Nach Lacan hat die imaginäre Logik, die der Herr/Knecht-Beziehung zugrundeliegt,
  folgende Form: »Bist Du's, dann bin ich nicht. Bin ich, dann bist Du's, der nicht ist.«
  Vgl. Jacques Lacan, *Das Seminar von Jacques Lacan, Buch II, Das Ich in der Theorie Freuds
  und in der Technik der Psychoanalyse* [1954-55], aus dem Französischen von Hans-
  Joachim Metzger, Weinheim und Berlin 1991, S. 216.

10 Vgl. G.W.F. Hegel, »Phänomenologie des Geistes«, in: ders., *Werke* Bd.3, Frankfurt
   a. M., S. 150-155. Bei Hegel triumphiert am Ende der Knecht durch die Arbeit.

11 Dante Alighieri, *Die Göttliche Komödie*, aus dem Italienischen von Karl Vossler, Zürich
   1942, S.228.

12 Dieser Satz stammt aus John Keats »Ode to a Nightingale«.

13 Die Geschichte mit der toten Biene, die am Ende des Films ihre Pointe findet, stammt
   aus dem Film *To Have and to Have Not* (1944) von Howard Hawks.

14 Dante Alighieri, *Die Göttliche Komödie*, zit. Anm. 11, S. 25.

15 Arthur Rimbaud in seinem »Brief an Paul Demeney« vom 15. Mai 1871, in: ders.,
   Œuvres complètes, présentées et établies par Louis Forestier, Paris 1920, S. 230.

16 Vgl. zum Beispiel Jacques Lacan, »L'agressivité dans la psychanalyse«, in: ders., *Écrits*,
   Paris 1966, S. 117/18.

17 Bei Hegel heißt es über den Knecht, dieser »setzt *sich* als ein solches [Negativ] in
   das Element des Bleibens und wird hierdurch *für sich selbst ein Fürsichseiendes*«, in:
   G.W.F. Hegel, »Phänomenologie des Geistes«, zit. Anm. 10, S. 154.

18 Martin Heidegger, *Sein und Zeit*, zit. Anm. 4, S. 175.

19 Ebd., S. 384 ff.

20 Dante Alighieri, zit. Anm. 11, S. 203.

21 »*Conduire*« bedeutet »fahren«, aber auch »führen«.